MERIAN *momente*

LAGO MAGGIORE
COMER SEE

EVA GERBERDING

W0084174

DEN LAGO MAGGIORE ENTDECKEN 4

DEN LAGO MAGGIORE ERLEBEN 20

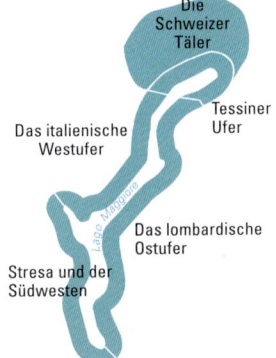

DEN LAGO MAGGIORE ERKUNDEN 58

TOUREN AM LAGO MAGGIORE 148

DEN LAGO MAGGIORE ERFASSEN 168

KARTEN UND PLÄNE

Der frühbarocke Palazzo Borromeo ragt imposant auf der Isola Bella (▶ S. 138) empor.

DEN LAGO MAGGIORE
ENTDECKEN

MEIN LAGO MAGGIORE

Seit Generationen zieht der Lago Maggiore die Menschen in seinen
Bann. Er ist Sehnsuchts- und Zufluchtsort, Inspiration und Muße.
Vor Jahren verfiel auch die Autorin Eva Gerberding dem Zauber
des Sees und machte ihn zu ihrer zweiten Heimat.

Immer wieder passiert es mir, dass ich im strömenden Regen in den Gotthardtunnel hineinfahre und wie ein Wunder 17 Kilometer später unter
einem strahlend blauen Himmel wieder hinauskomme. Hinter dem Gott-
hard beginnt der Süden Europas.

»Wenn ich diese gesegnete Gegend am Südfuß der Alpen wieder sehe,
dann ist mir immer zumute, als kehre ich aus einer Verbannung heim, als
sei ich endlich wieder auf der richtigen Seite der Berge … Die Gedanken
und Sorgen scheinen jenseits der Schneeberge liegengeblieben zu sein«,
notierte Hermann Hesse vor mehr als 100 Jahren nach seiner Ankunft im
Tessin. Und tatsächlich erscheint das Leben am Lago Maggiore leichter,
der Alltag fröhlicher und bunter. Bevor ich an den Lago fahre, nehme ich

◄ Sonntags Markt, abends entspanntes Flanieren auf Cannobios Promenade (► S. 125).

mir ganz viel vor, doch wenn ich dann da bin, verfalle ich dem »dolce far niente«, dem süßen Nichtstun. Der Virus des Müßiggangs erwischt mich schon am ersten Tag. So ging es mir auch vor vielen Jahren, als ich für vier Wochen nach Locarno, in die Wohnung eines Verwandten gezogen war, um meine Examensarbeit zu schreiben.

Lago Maggiore – allein schon der Name atmet Dolce Vita. Mit seinem subtropischen bis alpinen Klima, seinen steil aufragenden Bergen, den versteckten Tälern, mit dem bleichen Glamour der Orte an seinen Ufern erscheint der Lago Maggiore wie ein irdisches Paradies. In den letzten Jahrhunderten bot er Reisenden Erholung und Emigranten Zuflucht.

WILDE NATUR UND MEDITERRANES FLAIR

Der Lago Maggiore liegt südlich genug, um exotisch zu sein, aber noch innerhalb der mitteleuropäischen Komfortzone. »Lasst uns träumen vom Lago Maggiore« sang Rudi Schuricke in der Nachkriegszeit, den frühen Fünfzigerjahren. Und schon brach sie aus die »Italienseensucht«. Die Deutschen machten sich auf mit ihren Kleinwagen, um den See zu erforschen. Er galt als Inbegriff des Südens, als »Bella Italia« schlechthin. Alle wollten hierher. Der Lago Maggiore wurde zum beliebten Ziel der Wirtschaftswundergeneration, dann schien er einige Jahre aus der Mode gekommen zu sein. Genau das ist ein Grund, immer wieder hinzufahren, denn nirgendwo gibt es so viele Orte, die sich auf so angenehme Weise die Atmosphäre einer vergangenen Zeit bewahrt haben.

Der Lago Maggiore zieht sich von den südlichen Alpen bis zum Rand der Poebene. Durch diese Lage ist der See besonders geschützt, da die kalten Nordwinde von den Bergketten abgehalten werden. Das Monte Rosa Bergmassiv im Westen hilft dem See die Sommerwärme zu speichern und im Winter wieder auszuatmen. Aufgrund seiner Oberfläche von 212 Quadratkilometern erzeugt der See ein nichtalpines Mikroklima von statistisch ausgewiesenen 280 Sonnentagen beziehungsweise 2400 Stunden im Jahr. Palmen, Mimosen, Bougainvillen, Magnolien, Oleander, Jasmin und vor allem Kamelien gedeihen hier in Hülle und Fülle. Zahlreiche botanische Gärten präsentieren die Pracht.

Neben dem mediterranen Flair bietet die Region auch vielfältige Möglichkeiten: einen vorgezogenen Frühling, einen goldenen Herbst, exzellente Weine und gute regionale Küche. Auch für den Aktivurlaub gibt es zahllose Möglichkeiten vom Golfspiel bis zu Extremsportarten, ob Rafting in den wilden Bergflüssen, Wasserski oder eine gemütliche Segelpartie auf dem Lago – hier ist alles möglich. In den Bergen und Tälern rund um den Lago Maggiore finden sich Hunderte Kilometer von Wanderwegen und Ausflugsmöglichkeiten. Wenige Kilometer vom Seeufer entfernt, entdecke ich immer wieder neu den Zauber der grünen Täler, die von smaragdgrün schimmernden Flüssen durchzogen sind, mit ihren kleinen ursprünglichen Dörfern, eingebettet zwischen Kastanienwäldern.

WO IST DER LAGO MAGGIORE ATTRAKTIVER?

Der Großteil des Lago Maggiore liegt in Italien, nur rund 20 Prozent des lang gezogenen Sees, der in der Schweiz Langensee heißt, befinden sich im Tessin. Die Ufer des Sees sind sehr unterschiedlich. Der südlichste Kanton der Schweiz ist ganz auf Tourismus eingestellt und bietet eine perfekte Infrastruktur bis in die tiefsten Täler. Die Tessiner Orte – Brissago, Ascona, Ronco und Locarno – leben von Legenden und sind doch modern und trendy. Hier ist inzwischen fast jeder Zentimeter am Ufer und an den Hügeln bebaut, während das Ostufer, das lombardische Ufer, eher wild und naturbelassen und teils von steil aufragenden Felsen geprägt ist. Hier spürt man die Hektik des heutigen Lebens nicht, man fühlt sich oft wie aus der Zeit gefallen.

Das Tessiner und das piemontesische Ufer begeistern mit prachtvollen Villen, üppigen Gärten und fantastischen Ausblicken. Die Brissago-Inseln im Tessin und die Borromäischen Inseln vor Stresa waren seit jeher die Erfüllung des romantischen Traumes und das Ziel der Reisenden. Auf den Rundreisen zu den »tre laghi«, dem Lago Maggiore, dem Luganer und dem Comer See, die seit dem 18. Jahrhundert in Mode kamen, führten alle Wege zur Isola Bella. Alle scheinen dort gewesen zu sein, zumindest haben sie darüber geschrieben: Flaubert, Stendhal, Jean Paul, Dumas, Dickens, Lord Byron. Sie alle waren auf der Suche nach dem Licht und der Architektur des Südens.

FÜNF PALMEN VOR LOCARNO

Ich bin inzwischen nach vielen Jahren von der Schweizer Seite auf der italienischen Seite gelandet, wo ich regelmäßig meine Sommer verbringe. Wenn man die ostufrige Seite des Lago Maggiore von nördlicher Richtung ansteuert, kommt man in Magadino an eine Stelle, wo sich der Zauber des Lago Maggiore in seiner Gänze entfaltet: Man blickt auf die volle Pracht des Sees im Vordergrund fünf Palmen und im Hintergrund Locarno mit seinen Bergen. Bei diesem Blick geht mir das Herz auf und ich weiß, ich bin angekommen.

Die Unterschiedlichkeit und Vielfalt bezaubert. Im Winter ist die Piazza von Ascona ein Sehnsuchtsort für Wintermüde, im Frühjahr locken die suptropischen Parks der piemontesischen Seite, im Sommer sind es die wilden, ursprünglichen Strände am Ostufer und im Herbst die Kastanienwälder der Tessiner Täler.

ARCHITEKTUR UND ENERGIE

Lombardische Kunst und Zivilisation entfalteten sich in der Region seit der Antike. Davon zeugen noch heute viele romanische Kirchen und Campanili ebenso wie die Castelli und Palazzi von Locarno bis Angera. Etliche Künstler – Baumeister, Maler und Stuckateure – zogen vom Ufer des Lago Maggiore an die europäischen Höfe. Auch heute finden sich – vor allem im Tessin – wieder Architekten, die weltweit zur Avantgarde zählen, wie zum Beispiel Mario Botta. Der Glanz der Belle Époque zeigt sich vor allem auf der piemontesischen Seite, wo auch Grandhotels zwischen Palmen und Platanen mit der Pracht von gestern prahlen. Zu der Zeit als sie erbaut wurden, spürten Künstler und Lebenskünstler die besondere Energie, die vom Lago Maggiore ausgeht und probierten neue Lebensformen am Monte Verità. Sie nutzten die Kraft des Alpenkamms, der als starke kosmische Antenne wirkt. Die kristallklaren Flüsse, die Richtung See fließen, transportieren die Lebensenergie ins Tal.

Sie werden am Lago Maggiore atemberaubende Aussichtspunkte finden, aber auch pittoreske Orte mit schönen Promenaden und fast einsame Strände. Das Wasser ist wie Seide, das Licht ist weich, der Himmel blau, dazu das Rascheln der Palmblätter.

»Weder in Deutschland noch in Frankreich fand ich eine so beglückende Landschaft,« schwärmte Stendhal und sagte, wer ein Hemd und ein Herz habe, verkaufe das Hemd und reise an den Lago Maggiore.

DIE AUTORIN

Eva Gerberding erholt sich von beruflich bedingten Reisen nach Russland immer wieder am Lago Maggiore, wo sie neben Hamburg ihren Wohnsitz hat. Den Lago Maggiore kennt sie schon seit ihrer Jugendzeit und ist ihm seither verfallen. Als Filmemacherin dreht sie Dokumentationen zu kulturellen und gesellschaftlichen Themen (u. a. für die Fernsehsender WDR, 3SAT und ARTE).

MERIAN TopTen

Diese Höhepunkte sollten Sie sich bei Ihrem Besuch auf keinen Fall entgehen lassen: Ob die Brissago-Insel, die Piazza in Ascona oder der Nationalpark Val Grande – MERIAN präsentiert Ihnen hier die wichtigsten Sehenswürdigkeiten rund um den Lago Maggiore.

1 Filmfestival in Locarno

Höhepunkt für Cineasten im Sommer: Das Filmfestival, wenn die Piazza Grande mit Riesenbildschirm in einen Kinosaal verwandelt wird (▶ S. 52).

2 Piazza Motta in Ascona

Die verkehrsberuhigte Uferpromenade am Lago Maggiore mit ihrer schattigen Platanenreihe bietet einen weiten Blick auf den See (▶ S. 68).

3 Brissago-Insel

Nicht nur die Geschichte der Insel ist besonders, ihr botanischer Garten gilt als schönster im südlichen Europa! Mit Pflanzen aus fünf Kontinenten (▶ S. 76).

4 Verzascatal

Das Tal der Extreme verzaubert mit seinen doppelt geschwungenen Steinbrücken, dem smaragdgrünen Wasser des Flusses, der abhängig machenden Idylle und endloser Ruhe (▶ S. 91).

5 Santa Caterina del Sasso

An einer steilen Felswand über dem Lago Maggiore steht das Kloster Santa Caterina del Sasso. Die kunsthistorisch bedeutende Wallfahrtsstätte war einst eine Einsiedelei (▶ S. 109).

6 Villa Taranto

Die Landschaftsgärten der Villa Taranto in Verbania sind ein Paradies mit exotischen Pflanzen aus allen Teilen der Welt (▶ S. 118).

Nationalpark Val Grande

Der Nationalpark Val Grande ist das größte Wildnisschutzgebiet Italiens. Die Natur ist hier völlig ungezähmt – ein wirkliches Naturerlebnis (▶ S. 122).

Borromäische Inseln

Mitten im See sind drei Schönheiten zu bewundern: Isola Bella, Isola Madre und die Isola dei Pescatori (▶ S. 138).

Ortasee

Der kleine Nachbarsee lohnt unbedingt einen Ausflug. Schmale Gassen, stille Winkel in Orta und inmitten des Sees die idyllische Insel San Giulio (▶ S. 160).

Villa Panza in Varese

Die Villa Panza beherbergt eine Sammlung abstrakter amerikanischer Kunst. Nicht nur die Exponate sind beachtenswert auch die Villa selbst ist ein Juwel (▶ S. 165).

MERIAN Momente
Das kleine Glück auf Reisen

Oft sind es die kleinen Momente auf einer Reise, die am stärksten in Erinnerung bleiben – Momente, in denen Sie die leisen, feinen Seiten der Region kennenlernen. Hier geben wir Ihnen Tipps für kleine Auszeiten und neue Einblicke.

1 Kamelienfeste in Locarno, Cannero und Verbanio ⚑ C2, B3, B4

In Locarno, im Parco delle Camelie, breitet sich südlich vom Lido auf 10 000 qm der Stolz Locarnos aus. Gepflanzt von Gemeinderat (und zudem Gärtner) Fritz Zollinger auf der alten Bauschuttdeponie der Stadt, findet hier einmal im Jahr im März und April das Kamelien-Festival statt. Seit dem Jahr 2005 gibt es diesen Park, in dem etwa 900 verschiedene Kameliensorten prächtig gedeihen. Auch auf der italienischen Seite gibt die »Mostra della Camelia« in Cannero, wo der Sitz der »Società Italiana della Camelia« (Italienische Gesellschaft der Kamelie) ist. Deswegen wird jedes Frühjahr ein großes Kamelienfest veranstaltet, auf dem 200 Kamelienarten präsentiert werden. Dazu dürfen die Besucher Arien aus »La Traviata« lauschen. Meist blühen die Kamelien der Società am letzten Wochenende im März. Und in Verbanio findet in der Villa Giulia (Corso Zanitello 8) jedes Jahre Ende März eine große Kamelienausstellung statt.
www.camelieinmostra.it

2 Lagoblick von der Piazza in Ascona
▶ S. 69, b 4

Auf der Piazza in Ascona sitzen und die wechselnden Farben des Sees betrachten: von bleiern Schwarz, zu Himmelblau und Grün. Das mal dunkel, mal hell schillernde Licht von See und Himmel bietet ein Schauspiel, das hier besonders schön ist, da die ganze Weite des Sees vor uns liegt. Das muss auch gar nicht in einem der vielen Cafés sein, unter den Platanen stehen überall Bänke. Im Winter sitzen Sie am besten auf den Bänken der Biblioteca (▶ S. 67). Mit dem windschützenden Haus im Rücken und der Sonne von vorn.

3 Entspannung im »Parco Botanico« auf der Brissago-Insel 👫
C 2

Umgeben von exotischen Pflanzen, Vogelgezwitscher können Sie hier einen ganzen Tag vertrödeln. Die Anlage sucht ihresgleichen in ganz Europa! Die Insel ist bedeckt mit exotischen Pflanzen aus fünf Kontinenten: aus Chile, Australien, Südafrika, dem subtropischen Asien, den amerikanischen Südstaaten und natürlich der europäischen Mittelmeerregion. Verschlungene Wege führen durch die Anlage. Be-

sonders schön ist der riesige Bambuswald, aber auch die uralten Zedern, Zypressen, Palmen und Araukarien haben ihren Reiz. In einem Teil des Gartens gibt es Gewächse, die wir vor allem auf dem Esstisch kennen: Avocado, Szechuan-Pfeffer, Kaffee, Erdnüsse, Zuckerrohr.

www.isolebrissago.ch | die Schiffe zur Brissago-Insel legen in Ascona, Locarno oder Porto Ronco ab

4 Brotbacktradition im Verzascatal
C 1 / C 2

In vielen Dörfern gibt es nach wie vor die traditionellen Öfen, wie man sie im Museo di Val Verzasca in Sonogno (▶ S. 93) findet. An schönen Sommertagen werden in Dörfern wie Mergoscia und Sonogno die alten kommunalen Steinöfen belebt und an Sonntagen Brot- und Pizzafeste gefeiert. Einheimische wie Touristen sind dann eingeladen, am Fest teilzuhaben und vom leckeren Gebäck zu probieren.

5 Kirche in Brezzo di Bedero
C 3

Hoch über dem Dorf zwischen sanften Wiesen liegen der Kirchplatz und die Kirche in Brezzo di Bedero. Ein maleri-

scher Ort! Am schönsten zu erleben während des Musikfestivals »Stagione Musicale della Canonica« (www.musica incanonica.it) und einem Konzert in der Canonica di San Vittore zu lauschen. Ein wahrer Genuss!

Sonnenuntergang in Caldè
B 4

Der schönste Platz, um den Sonnenuntergang am See zu betrachten, ist die kleine Weinbar Sunset in Caldè. Lange Bänke und gusseiserne Tische, die am Promenadengitter festgeschraubt sind, sorgen dafür, dass die Gäste »wie die Hühner auf der Stange« sitzen. Doch bei einem Glas Wein oder einem Spritz vor sich kann man entspannt der Sonne zusehen, wie sie langsam hinter den Bergen des gegenüberliegenden Ufers verschwindet.
Caldè | Lungolago | Tel. 03 32/52 13 20

Monteviasco
C 3

Das stille Bergdorf Monteviasco wirkt wie aus einer anderen Welt mit seinen Steinhäusern und den stillen, engen Gassen. Es liegt östlich von Maccagno im Veddascatal auf einer Höhe von 924 m. Viele Jahre war das Dorf völlig abgeschnitten von der Welt, dann wur-

de eine Seilbahn gebaut. Der schönste Weg hinauf führt jedoch über etwa 1400 aus dem Stein gehauene Stufen durch den Wald. Viele der alten Gebäude des Dorfes sind bereits im ursprünglichen Stil restauriert worden und dienen nun als Ferienhäuser.
Parkplatz und Seilbahn in Mulini di Piero | www.monteviasco.it

Nacht der Sternschnuppen

In den klaren Nächten am Lago Maggiore können Sie im August Zeuge eines Himmelsspektakels werden: Sternschnuppen, auch Laurentiustränen genannt. Ein kosmisches Phänomen, auf das sich nicht nur Astronomen freuen. Um den 10. August herum sieht man sie am häufigsten. Also: Auf eine Liege in den Garten legen, warten und sich etwas wünschen, wenn man eine Sternschnuppe zur Erde rauschen sieht. Wer sie sieht, hat nach altem Volksglauben einen Wunsch frei. Diese Legende stammt aus der Antike: Die Griechen glaubten, dass die Sternschnuppen direkt von den Göttern stammten.

Sieben-Seen-Blick vom Mottarone
A 4

Der Berg Mottarone, der zwischen dem Lago Maggiore und dem Ortasee liegt, ist mit seiner Vielfalt an Wegen durch die Wälder, über Almen und Wiesen beliebt bei Wanderern. Der Blick auf den Lago Maggiore, das Gebirgsmassiv des Monte Rosa und die anderen kleinen Seen – er nimmt den Atem. Die 360°-Aussicht ist ein eindrucksvolles Spektakel – von der ligurischen Apenninenkette und den Seealpen bis hin zum Monte Rosa, zum Monviso und zu den Schweizer Gipfeln entfaltet sich die

Schönheit der Natur. Hinauf geht es zu Fuß, mit dem Auto oder der Seilbahn.

Seilbahn von Stresa | zu Fuß 20 Mintuten

10 Der Zuckerhut der Schweiz – auf dem Monte San Salvatore 🚶‍♂️ D3

Mit der Drahtseilbahn geht es auf Luganos Hausberg, den 912 m hohen Monte San Salvatore. Das Kirchlein auf dem Gipfel besitzt zwar keinen Turm, dafür aber eine außergewöhnliche Dachterrasse mit einem grandiosen Rundum-Panorama. Lugano und der See liegen einem zu Füßen, die anderen Aussichtsberge Monte Bré und Monte Generoso befinden sich auf Augenhöhe, im Norden zeigen sich nicht weniger als 80 (!) Alpengipfel, während man Richtung Süden über den Luganer See bis in die Poebene und auf den Apennin schaut. Bei klarem Wetter soll sogar der Dom von Mailand zu erkennen sein. Hier oben gibt es einen Picknickplatz, danach kann man entlang dem Grat bis zum Gipfel einem Naturpfad folgen und die Natur genießen.

Seilbahn von Lugano | März–Nov. alle 30 Minuten, Sommer: letzte Fahrt 23 Uhr

11 Aufstieg auf den Sacro Monte Varese C4

An den bewaldeten Hängen des Campo dei Fiori liegt der Sacro Monte, einer der größten und bedeutendsten Kreuzwege Italiens. Der »Heilige Berg« liegt oberhalb von Varese auf 883 m Höhe. Im 17. Jh wurde der 2 km lange Prozessionsweg als Bollwerk der Gegenreformation errichtet. Der Andachtsweg führt an 14 Kapellen vorbei. Oben angekommen werden Sie nicht nur mit einer wunderbaren Aussicht belohnt, sondern auch mit einer Ruhe, die ihresgleichen sucht, wenn Sie das Wochenende meiden. Hier thront die Wallfahrtskirche Santa Maria del Monte. 2003 wurde der Sacro Monte von der UNESCO zum Weltkulturerbe erklärt. Von der Terrasse des Ristorante Montorfano genießt man den Blick auf Varese und die umgebenden Seen.

www.sacromontevarese.net | Ristorante Montorfano: Tel. 03 32/22 70 27

NEU ENTDECKT
Worüber man spricht

Jede Region verändert sich – auch wenn vieles beim Alten bleibt. Durch neu eröffnete Museen, Hotels oder Restaurants gewinnen Orte und manchmal ganze Landstriche weiter an Attraktivität. Ebenso lässt sich die Region mit neuen Freizeitangeboten vielfältiger erleben und vielleicht sogar mit anderen Augen sehen. Hier erfahren Sie alles über die jüngsten Entwicklungen.

◄ Das moderne Design des Hotel de Charme (► S. 17) besticht durch Purismus.

MUSEEN UND GALERIEN
Museo Castello San Materno
► S. 69, nördl. c 1

Das Castello ist die älteste Festung in Ascona. Der deutschjüdische Textilindustrielle Paul Bachrach, der Brüssel im Ersten Weltkrieg verlassen musste, suchte eine neue Bleibe für die Familie und kaufte das Castello mit seinen tausendjährigen Fundamenten. Nach dem Tod seiner Tochter verfiel es, da die Nutzung unklar war, bis sich die Gemeinde Ascona zusammen mit einer Kulturstiftung 2012 zur Renovierung entschloss. Das deutsche Unternehmerpaar Kurt und Barbara Alten suchte einen Ausstellungsort für 47 Gemälde ihrer Kunstsammlung. Darunter Bilder von Liebermann, Kirchner, Corinth, Nolde, Jawlensky und Macke. 2014 wurde das Museum eröffnet. Ein Gewinn für Ascona! Das Castello gilt jetzt schon als neues Wahrzeichen und als Sinnbild für die neue Kulturpolitik vor Ort.
Ascona | Via Losone 10 | Tel. 0 91/7 59 81 60 | www.museoascona.ch | Do–Sa 10–12 und 15–18, So 14–16 Uhr | Eintritt 10 CHF, erm. 7 CHF, Kinder bis 18 Jahre frei

ÜBERNACHTEN
Casa Borgo
► S. 63, b 1/2

Schönes Ambiente – In einem Palazzo aus dem 16. Jh., einst Casa Balli, nun Casa Borgo, eröffnete die Familie Pura ein Bed and Breakfast. Lange stand das geschichtsträchtige Gebäude leer, nun leben und arbeiten unter dem neu renovierten Dach vier Generationen einer Familie. Bar, Geschenkboutique, Café Al Borgo mit lauschigem Innenhof. Die vier Zimmer sind mit viel Liebe zum Detail eingerichtet. Das Café al Borgo und die Bar erstrecken sich über mehrere nostalgische Salons und einen

lauschigen Innenhof. In der kleinen Geschenkboutique kann man nette Souvenirs erwerben.
Locarno | Via Borghese 2 | Tel. 0 91/7 51 74 21 | www.casaborgo.ch | 4 Zimmer | €

Hotel de Charme   ⚓ B 4
Superlage – Oberhalb des Yachthafens von Laveno ist auf dem Gelände der ehemaligen Keramikfabrik ein völlig neuer Komplex mit Apartments entstanden. In einem Teil hinter historischer Fassade liegt das Hotel. Alle Zimmer des erst im Juni 2014 eröffneten Hauses haben Seeblick, etwa die Hälfte mit eigener großzügiger Gartenterrasse. Die Innenausstattung der italienischen Designerin Bea Mitterhofer ist puristisch elegant. Der Pool befindet sich oberhalb des Hotels mit einem großen Ruheraum, wenn man im Pool schwimmt, liegt Laveno und das Panorama des Sees zu Füßen des Betrachters. Sehr schön sind auch die Außen-

terrasse vor dem Restaurant »ninfea« und der stilvoll angelegte Garten.

Laveno | Viale De Angeli 34 | Tel. 03 32/ 66 73 13 | www.laveno-hotel.com | 30 Zimmer | €€

Locanda Fior di Campo ↟↟ ◢◤ B 1

Alpiner Chic – Wie wäre es mit ein paar Nächten fernab von allem? Dann sollten Sie in das Dorf Campo Valle-maggia fahren, das in einem Seitental des Maggiatals liegt. Die Ruhe und Ab-geschiedenheit auf 1350 m Höhe ist einfach herrlich und der Ort der ideale Ausgangspunkt für Wanderungen. Die Locanda wurde 2014 eröffnet. Die Be-sitzer haben einen alten Albergo um- und ausgebaut und sehr behagliche Räume mit viel Naturmaterialien ge-schaffen. Im Haus sind ein Restaurant mit gut sortiertem Weinkeller, ein klei-nes Spa, eine Boccia-Bahn und hinter dem Haus ein Kinderskilift.

Campo | Tel. 0 91/7 54 15 11 | www. fiordicampo.ch | 10 Zimmer | im Nov. und zwei Wochen im Jan. geschl. | €€/€€€

ESSEN UND TRINKEN

RESTAURANTS

Tredici 8 ▶ S. 99, b 1

Nicht nur Pizza – Im Jahr 2014 eröff-nete in zentraler Lage in Luino dieses Slowfood-Restaurant (ein Ableger des gleichnamigen Restaurants in Varese). Neben etwa 40 verschiedenen Pizzen gibt es argentinisches Angusrind, Me-daillons von glücklichen Schweinen und leckere Suppen und Salate. Lassen Sie sich nicht von den roten Plastik-stühlen vor dem Haus abhalten. Eine der beiden Treppen geht es hinauf, dann sehen Sie den Innenhof eines schönen alten Gebäudes und rechts ist der Eingang zum Restaurant. Der Raum mit dem Kreuzgewölbe weist schöne Fresken im Renaissancestil auf, ein großer Marmorkamin steht im in-teressanten Kontrast zu den weißen Tischen und Stühlen.

Luino | Piazza Libertà 30 A | Tel. 03 32/ 53 41 77 | www.tredici8.com | Mo geschl. | €€

BARS

Il Negromante ▶ S. 63, b 2

Nicht nur junge Locarnesen gehen auf einen Absacker ins »Il Negromante«, Locarnos neuen Barhotspot. Lokale Bands spielen freitags und samstags Rock, Blues und Folk (bis 1 Uhr). Wem das Gewühl in der holzgetäfelten Bar zu viel ist, der kann auch im stim-mungsvoll beleuchteten Wein über-rankten Innenhof sein Getränk zu sich nehmen und die mittelalterliche Archi-tektur bewundern. Das Gebäude stammt aus dem 15. Jh. und ist eines der ältesten Häuser in Locarno. Die Küche bietet Mediterranes.

Locarno | Via Borghese 14 | Tel. 0 91/ 7 51 40 44 | www.negromante.com | So geschl.

KULTUR UND UNTERHALTUNG

Teatro San Materno ▶ S. 69, nördl. c 1

Die Tochter von Paul Bachrach (siehe Museo Castello San Materno, ▶ S. 17), Charlotte Bara (1901–1986), studierte Tanz bei Isadora Duncan und wünschte sich ein eigenes Theater. Bachrach en-gagierte 1927 den Worpsweder Archi-tekten Carl Weidemeyer (1882–1976). Das Teatro San Materno wurde das ers-te Gebäude Weidemeyers in Ascona im Bauhausstil. Die Tänzerin und Choreografin besaß nun eine Bühne für eigene Auftritte, aber auch für Gastspiele: Isadora Duncan, Rudolf von Laban und Mary Wigman trafen sich hier. Bis in die späten 1950er-Jahre bespielte Bara das Theater, 1978 verkaufte sie es der Gemeinde Ascona. Viele Jahre rottete es vor sich hin, bis der Architekt Guido Tallone 1999 ein Sanierungsprojekt vorlegte, das erst einige Jahre später realisiert wurde. Seit 2009 finden in dem Theater wieder Veranstaltungen statt.

Der Architekt Weidemeyer wurde zum Protagonisten des »neuen Bauens« im Tessin. Seine Entwürfe wurden in den 1930er-Jahren in zahlreichen Zeitschriften gezeigt und ein Foto der Villa Tutsch sogar in einer Ausstellung im Museum of Modern Art in New York. Gebaut für die ungarische Familie Tutsch unten am See, wird es heute von einer Zürcher Familie bewohnt, die das Haus im Originalstil restauriert hat.

Ascona | Via Losone 3 | Tel. 0 91/7 92 30 37 | www.teatrosanmaterno.ch

WELLNESS

Therme Locarno ▶ S. 63, südl. c 3

Für Ihren Wohlfühltag gibt es seit Sommer 2013 eine Top-Adresse. Am Lido Locarno eröffnete neben dem Schwimmbad ein Thermalbad mit Saunalandschaft, Solebad und Spa. Im 35 °C warmen Natursolewasser mit über 400 qm Wasserfläche beginnt die Erholung schon mit dem Blick über den See und auf die Berge von den Sprudelliegen des Außenpools. Optisch hat man das Gefühl im Lago Maggiore zu liegen, nur viel wärmer. Im Spa werden warme Ölmassagen angeboten. Die Ausstattung der Therme ist sehr exklusiv, ergänzt durch eine große Außenterrasse.

Locarno | Via Respini 7 | Tel. 0 91/7 86 96 95 | www.lidospa-locarno.ch | tgl. 9–21.30 Uhr, Di Frauentag! | Solebad 29 CHF, Solebad und Saunawelt 35 CHF

⚑ Weitere Neuentdeckungen sind durch dieses Symbol gekennzeichnet.

Innen wie außen bietet die Therme Locarno (▶ S. 19) alles, was man sich zur Erholung wünscht. Dienstags ist die Therme allein der Damenwelt vorbehalten.

Kulinarische Vielfalt an den Marktständen von Lugano (▶ S. 156).

DEN LAGO MAGGIORE ERLEBEN

ÜBERNACHTEN

Die Unterkunftsmöglichkeiten am Lago Maggiore sind genauso vielfältig wie die Region selbst. Ob Stadt oder Land, ob Berg oder Tal, ob Tradition oder Design, von allem gibt es etwas.

Luxuriöse Logenplätze mit Lago-Blick und Fünfsterne-Weltgewandtheit finden Sie in den alten **Grandhotels** in Stresa, Lugano und auch am Comer See. Bisweilen erscheinen sie etwas zu groß. Wem die historische Pracht zu gewaltig ist, der findet in kleinen, edlen Luxushotels von Ascona und Locarno mehr Intimität. So beispielsweise in der Villa Orselina: elegantes Understatement mit spektakulärem Blick und großzügiger Poolanlage.

IN VILLEN UND RUSTICI

Vor allem auf der italienischen West- und Südwestseite des Lago Maggiore gibt es viele **alte Villen**, die als Hotels oder Pensionen umgebaut wurden mit mehr oder weniger Charme, mit mehr oder weniger Erfolg. Sie sind meist – wie die Villa Azalea in Pallanza oder die Villa Margherita in Oggebio – umgeben von großzügigen Parks.

◀ Nomen est omen im Eden Roc (▶ S. 23):
Der Außenbereich des Hotels ist himmlisch.

In den Tälern des Tessins finden sich zum Teil kleine historische Hotels, aber auch Rustici am Hang zum authentischen Wohnen. Mehr als die Hälfte der Gäste, die Ferien am Lago machen, ziehen eine Ferienwohnung oder ein Ferienhaus vor. Angebote für Bed and Breakfast gibt es sowohl auf der Schweizer (www.bnb.ch) als auch der italienischen Seite (www.bbitalia.it) des Sees.

BELIEBTE BAUERNHÖFE

»Agriturismo« heißt in Italien (www.agriturist.it, www.agriturismitaliani. it) und im Tessin (www.agriturismo.ch/deu/) die beliebte Unterkunft – vor allem mit Kindern – auf dem **Bauernhof**. Vermietet werden Zimmer, manchmal auch Ferienwohnungen.
Die Hotels im Tessin können auch direkt über das Portal von Schweiztourismus (www.myswitzerland.com) gebucht werden.

BESONDERE EMPFEHLUNGEN

Camin Hotel Colmegna 🛋🏊   🚩 C 3
Verspielt im Park – Das Jagdschlösschen aus dem 18. Jh. liegt zwischen Straße und See mit einem sehr schönen parkähnlichen Garten zum See. Der ist immerhin 10 000 qm groß, d. h., für jeden gibt es ein ruhiges Plätzchen: Ob im kleinen Gewächshaus, am eigenen Strand, im Whirlpool am See oder unter Palmen mit Lagoblick. Die Zimmer sind im verspielt romantischen Stil. Auf jeden Fall nur Zimmer zum See buchen! Der Service ist sehr freundlich.
Colmegna | Via A. Palazzi 1 | Tel. 03 32/ 51 08 55 | www.caminhotel.com | 30 Zimmer | €€

Eden Roc   ▶ S. 69, südl. c 4
Paradies pur – Dieses Hotel ist das Nonplusultra in Ascona, allein schon von der Lage her. Dazu kommt die extravagante Ausstattung von Designer Carlo Rampazzi: kräftige Farben, ungewohnt zusammengemixt, ungewöhnliche Formen der Möbel. Keine Bilder an den Wänden, der See ist Bild genug. Die Zimmer hell und sonnig. Zwei Außenpools im Palmengarten. Großer Steg am See mit bequemen Outdoor-Möbeln. Dazu kommen vier außergewöhnliche Restaurants und ein luxuriöses Spa auf 2000 qm. Der Service ist hervorragend.
Ascona | Via Albarelle 16 | Tel. 0 91/7 85 71 71 | www.edenroc.ch | 95 Zimmer | €€€€

Palazzo Gamboni   🚩 B 2
Historisches Haus – Die Gamboni waren in Frankreich als Händler reich geworden, kamen zurück und bauten sich in Comologno Mitte des 18. Jh. einen Palast. Im Jahr 1996 kaufte das

Patriziat Comologno das Gebäude und renovierte es behutsam im historischen Stil. Heute ist hier ein sehr authentisches Hotel mit nur fünf Zimmern entstanden. Zwei Zimmer sind mit Originalmöblierung ausgestattet, ebenso die Aufenthaltsräume. Die anderen Zimmer sind im neuen Teil des Hotels, wo den Gäste auch eine Sauna und ein Whirlpool zur Verfügung stehen.

Comologno | Tel. 0 91/7 80 60 09 | www.palazzogamboni.ch | 5 Zimmer | €/€€ | 15. April–31. Okt.

Relais Villa Margherita ⚓ B 3

Dezenter Luxus – Hoch über der Uferstraße thront die Villa Margherita, die ein wirkliches Kleinod ist. Die Zimmer sind liebevoll und individuell eingerichtet, der terrassierte Garten ist geradezu paradiesisch. Hier wachsen Palmen, Kamelien, Glyzinien und vieles mehr. Um den Pool sind die Liegen großzügig verteilt. Entspannung pur!

Oggebbio | Via G. Polli 11 | Tel. 03 23/ 49 10 06 | www.villa-margherita.it | 18 Zimmer | €€

Verbano ⚓ B 4

Romantisch – Das rote Hotel aus dem 19. Jh. liegt auf der Stirnseite der kleinen Fischerinsel gegenüber dem Palast der Borromäer auf der Isola dei Pescatori. Abends, wenn die Tagesgäste wieder die Insel verlassen haben, hört man nur die Wellen des Lago und die Möwen. Dieses Hotel ist ein ganz besonderer Ort. Seit Jahrzehnten Ziel von Künstlern: Arturo Toscanini, Ernest Hemingway, George Bernard Shaw, Emil Ludwig und Gabriele D'Annunzio haben hier schon gewohnt. Marguerite Yourcenar war im Juni 1986, ein Jahr vor ihrem Tod, im Hotel. Die zwölf Zimmer – alle mit Seeblick – tragen Blumennamen und sind im Stil entsprechend den jeweiligen Blumen eingerichtet.

Alberto Zacchera überwacht bei Hochbetrieb, dass im Restaurant alles glatt läuft, seine Frau sitzt an der Kasse in der kleinen gemütlichen Lobby des Hotels. Das Restaurant ist eines der besten im Borromäischen Golf – nicht nur wegen der großartigen Terrasse. Da will man gar nicht wieder weg!

Borromäische Inseln, Isola dei Pescatori | Via Ugo Ara 2 | Tel. 03 23/3 04 08 | www.hotelverbano.it | 12 Zimmer | €

Villa Azalea und Villa della Quercia ⚓ B 4

Altmodisch im Park – Die beiden Villen liegen in einem großzügigen Park auf der Anhöhe Punta della Castagnola in unmittelbarer Nachbarschaft zur Villa Taranto. Zum See geht man knapp zehn Minuten Die Atmosphäre im Park ist sehr verwunschen, die Zimmer sind einfach und teils charmant altmodisch, aber der Preis ist auch wirklich extrem günstig. Das Doppelzimmer kostet ab 75 €! Die ruhige Lage will Enrico Leccardi, der Deutsch sprechende Besitzer, bewahren – alle Zimmer sind ohne Fernseher. Er kümmert sich liebenswürdig um seine Gäste.

Pallanza | Salita San Remigio 4 | Tel. 03 23/55 66 92 | www.albergovillaazalea. com | 35 Zimmer | €

Villa Orselina ▶ S. 63, nördl. b 1

Purer Luxus – 2012 eröffnete das Fünfsterne-Juwel am Lago Maggiore hoch über Locarno. Die Lage des kleinen Hotels ist traumhaft. Die Suiten

Die Villa Orselina (▶ S. 24) liegt oberhalb von Locarno, sodass jede der Suiten und Zimmer durch Seeblick besticht. Exquisites Design und Ausstattung verstehen sich von selbst.

und Zimmer sind ausgesprochen stilvoll und elegant eingerichtet. Schnörkellos und pur. Aus den großzügigen Zimmern, von den Terrassen und dem Restaurant ist der Blick auf den See atemberaubend. Ein perfekter Platz der Verzauberung. Sie können hier ein luxuriöses Spa genießen, abtauchen im Pool oder träumen unter weißen Sonnenschirmen in einer lauschigen Ecke des Gartens. Lagoblick inklusive. Liebevoll und mit Herzblut wird das Haus von Hoteldirektor und Pächter Christoph Schlosser geführt. Mit 15 Punkten bewertet Gault Millaut das hauseigene

Restaurant »Il Ristorante«. Für die kulinarischen Höhenflüge sorgt der Italiener Antonio Fallini. Er zelebriert auf höchstem Niveau eine mediterrane Küche mit Tessiner Touch. Ausgesprochen zuvorkommender Service.
Locarno, Orselina | Via Santuario 10 | Tel. 0 91/7 35 73 73 | www.villaorselina. ch | 21 Suiten und 7 Zimmer | €€€€

Weitere empfehlenswerte Adressen finden Sie im Kapitel LAGO MAGGIORE ERKUNDEN.
Preise für ein Doppelzimmer mit Frühstück:

€€€€ ab 300 €	€€€ ab 200 €
€€ ab 150 €	€ bis 150 €

Im Fokus
Zwischen Palmen und Poeten –
die alte Grandezza

Die Grandhotels an den Ufern der »tre laghi«
verkörpern das Lebensgefühl der Belle Époque. Sie
erzählen Geschichten von Glanz und Niedergang und
sind nach wie vor Magneten für die High Society.

Die Grandhotels begannen ihre unglaublichen Karrieren um die Jahrhundertwende und eskortierten die alte Ordnung beim letzten großen Finale. Es war die fantastische Zeit der Überseekoffer, Reisemarschälle und Salonwagen. Dank des neu erworbenen Reichtums entdeckte das Bürgertum für sich das Reisen, das zuvor dem Adel vorbehalten war. Zugvögeln gleich reiste man der Sonne entgegen, okkupierte die besten Lagen am See und genoss, während nördlich der Tessiner Alpen noch alles in Kälte erstarrt blieb, ein mildes Klima, den immer blauen See und die Glücksversprechen des Südens. Das Paradies lag in greifbarer Nähe seit der Eröffnung des Gotthardtunnels. Die Welt des Grandhotels glich der auf einem Ozeandampfer, einem in sich geschlossenen Kosmos – von Tanzen, Plaudern und Müßiggang –, dem die Berge, Täler und der See nur als Kulisse dienten.

◄ Vergangener Glanz des Grand Hotel Locarno (▶ S. 28). Heute wartet es auf Investoren.

Am Comer See, der nicht erst seit George Clooney als luxuriöse Destination gilt, gab es die größte Konzentration von Palasthotels. Die beiden schönsten am Comer See sind die Villa d'Este und die Villa Serbelloni.

ALTER GLANZ AM COMER SEE

Die Villa d'Este (▶ S. 155) wurde 1568 als Sommerresidenz von Kardinal Tolomeo Gallio gebaut. Später wohnte hier italienischer Adel, bis Caroline von Braunschweig, Prinzessin von Wales, das Anwesen 1815 erwarb und ihm seinen heutigen Namen gab. Seit 1873 beherbergt die Villa ein Luxushotel. In den bald 150 Jahren seines Bestehens wurde das Hotel selbst eine Berühmtheit. Alle waren sie hier: die gekrönten und ungekrönten Häupter, die Hollywoodstars und, und, und. So manche Liebesgeschichte spielte hier, wie die von Rita Hayworth und Orson Welles oder die von Wallis Simpson und Edward VIII. Das erste Foto, das nach dem Verzicht von Edward VIII. auf den englischen Thron 1936 um die Welt ging, zeigt den Prinzen von Wales mit Wallis Simpson in der Villa d'Este. Churchill saß im Park der Villa in der Sonne, wo auch Helmut Newton Fotos schoss. Die Villa d'Este ist ein Renaissance-Palast mit Belle-Époque-Flair und modernsten Sportanlagen. Auf dem See schwimmt ein beheizter Pool vom Ausmaß eines Fußballfeldes. Besonders in den letzten Jahren wurde die Villa d'Este zum It-Hotel der »guten Gesellschaft«. Doch die Diskretion ist perfekt – das Grandhotel at it's very best.

RENAISSANCEPALAST IN SCHÖNSTER LAGE

Das Luxushotel Villa Serbelloni (▶ S. 155) hat sich den schönsten Platz am Comer See ausgesucht: Am äußersten Rand von Bellagio von der Familie Stanga in der Frührenaissance (1492) direkt am See erbaut, erwarben diesen Palazzo Ende des 18. Jh. die Serbelloni, die ihn klassizistisch umgestalteten ließen. Dieser Belle-Époque-Palast diente Anfang des 20. Jh. russischen Prinzen als bevorzugte Herberge. Später ruhten hier allerlei gekrönte Häupter: König Faruk von Ägypten kam 1951 auf seiner Hochzeitsreise mit einer Entourage von 60 Personen. John F. Kennedy kam mit Jackie. Um nur zwei zu nennen. Die »New York Times« zählt die Villa Serbelloni zu den weltweit besten Hotels und die Liste der »celebrities« scheint es zu bestätigen. Seit fast 100 Jahren ist das Hotel schon in den Händen der Schweizer Familie Bucher und damit eines der wenigen Häuser, die noch im Privatbesitz sind. Geschmackvoll modernisiert und technisch auf dem neuesten Stand, öffnet sich das Hotel bewusst den Echoräumen der Vergangenheit. Das ist zu spüren abends im Salon, wenn das Streichquartett zu Walzermelodien aufspielt.

DIE GRANDHOTELS VON STRESA

Sie liegen am Ufer und steigern den Zauber und die Sehenswürdigkeit des Ortes. Die Rede ist von den Grandhotels von Stresa, Luxuspalästen, einer prächtiger als der andere. Vor 100 Jahren war Stresa einer der edelsten Kurorte Italiens. Heute trägt der Glamour Patina.

Einige Berühmtheiten, die von der Schönheit des Ortes besonders beeindruckt waren, haben dazu beigetragen, das Ansehen des Seestädtchens zu verbreiten. Dazu zählen der König von Italien, Umberto II., Prinzessin Margaret von England, Eleonora Duse, Gabriele D'Annunzio und Ernest Hemingway. 1918 erholte sich der junge Hemingway im Grand Hotel Des Iles Borromées (▶ S. 134) von einer Kriegsverletzung und verewigte das Hotel in seinem Roman »In einem anderen Land«. Luxuriöse Logenplätze mit Inselblick finden sich hinter der Zuckergussfassade des Grand Hotel Des Iles Boromées, der Villa Aminta oder des Lido Palace (▶ S. 134) in Baveno, wo Sir Winston Churchill während seiner Hochzeitsreise 1908 ankam und später oft zurückkehrte. Allein die Durchgangsstraße zwischen den Hotels und dem See stört. Doch von der Terrasse des Lido Palace liefert der Blick auf den See noch immer Projektionsflächen für Sehnsüchte.

LE TEMPS PERDU VON LOCARNO UND BRISSAGO

Noch liegt es still und geschlossen in dem 10 000 qm großen Park: das Grand Hotel Locarno. Das Haus steht unter Denkmalschutz, vor allem die Innenräume des 1875 erbauten Hotels müssen erhalten bleiben.

Hier wurde 1925 über die Friedensverträge von Locarno verhandelt, 22 Jahre später tummelte sich in Haus und Park die Filmwelt. Der Hoteldirektor ließ 1947 eine Kinoleinwand im Freien errichten. Vittorio De Sica genoss mit Gina Lollobrigida, Marlene Dietrich und François Truffaut den Luxus im Freien – ein ganz neues Gefühl und die Geburtsstunde der Filmfestspiele von Locarno. Bis zur Schließung im Jahr 2005 war das Hotel Herz des Festivals. Nun wartet das Haus auf einen finanzkräftigen Investor, der ihm den einstigen Glanz zurückgeben könnte.

In Brissago steht heute dort, wo sich einst das Grandhotel befand, ein hoher Klotz mit Eigentumswohnungen und schrägen Glasplatten. Der Verfall des Hotels begann mit der Schließung 1971. 20 Jahre später zerstörte ein Großbrand die oberen Geschosse und das Dach. Damit war das Schicksal des Hotels besiegelt. Was bleibt ist Nostalgie: »In Brissago lag ein schönes, großes bequemes Hotel mit einem alten Park und anderen Vorzügen. Hier gedachte ich, ein neues Buch anzufangen, mietete außer einem Balkonzimmer noch einen zweiten Balkon und zog jeden Tag mit der Sonne und einem Schreibblock von einer Hotelseite zur anderen,« notierte Erich Kästner 1931. Er war nicht der einzige Schriftsteller, der hier abstieg. Das 1906 eröffnete Hotel beherbergte zahlreiche Berühmtheiten der Literatur: Thomas Mann, Ernest Hemingway, Erich Maria Remarque, Vladimir Nabokov sowie Hermann Hesse. Hesses Schwiegertochter, Isa Hesse-Rabinovitch hat noch in dem Hotel 1989 ihren Film »Gäste und Geister, in memoriam Grand Hotel Brissago« gedreht.

SPLENDIDE ROYAL IN LUGANO

Als sich Lugano im 19. Jh. auf den Tourismus einstellte, wurden viele Villen am Ufer des Sees in Hotels verwandelt – darunter 1887 auch die Villa Merlina, sie trug fortan den Namen »Hotel Splendide« (▶ S. 159). Die ersten Gäste hatten gewiss die Sonette von William Wordsworth im Gepäck, der zur Zeit der französischen Revolution Lugano entdeckte und nicht müde wurde, diesen Ort zu besingen, seine geheimnisvolle Aura, das Wasser, die bis an die Ufer reichenden Bergen und die nahen Horizonte. Auch die durch weltpolitische Ereignisse heimatlosen Intellektuellen wählten das Splendide Royal als Stützpunkt auf Zeit – und organisierten von hier aus nicht zuletzt ihre geschäftlichen Angelegenheiten. Vladimir Nabokov verhandelte 1960 vom Hotel aus telegrafisch mit dem amerikanischen Filmproduzenten Harris und Regisseur Kubrick über die Verfilmung seines Bestsellerromans »Lolita«. Nabokov, der bislang immer abgelehnt hatte das Drehbuch selbst zu schreiben, fand im Tessin die nötige Muße. In den ruhigen Stunden auf der Terrasse, den Luganer Monte Brè im Blick, fällte er die lang erwartete Entscheidung und sagte zu. Das Splendide Royal widerstand als eines der wenigen Häuser dem Wandel und erhielt mit bewundernswerter Hartnäckigkeit den Glanz der Vergangenheit. Ein wahres Kleinod, denn in den eleganten Salons scheint die Zeit stillzustehen. Sämtliche Details im Splendide Royal spiegeln einen sensiblen Umgang mit Tradition und Moderne, angefangen bei der sorgfältigen Instandhaltung der Zimmer mit ihren Möbeln, Murano-Leuchtern, Seidentapeten – bis hin zu den Salons, Treppenhäusern und dem Lift mit Sitzbänkchen. Die großen, berauschenden Illusionen fanden und finden am Luganer See ihr ideales Zuhause.

ESSEN UND TRINKEN

*Am Lago Maggiore treffen drei unterschiedliche
Regionen mit ihren typischen Spezialitäten aufeinander.
Die Gerichte sind würzig, die Produkte regional, die
Aromen kräftig und fein zugleich.*

Die Küche rund um den Lago Maggiore vereint drei unterschiedliche kulinarische Regionen: Im Norden das Tessin, im Westen das Piemont und im Osten die Lombardei. Die traditionelle Esskultur ist hier von Nachhaltigkeit und Ursprünglichkeit geprägt. Nicht zufällig ist die »Slow-food«-Bewegung im Piemont entstanden. Alle drei Küchen basieren auf den Grundrezepten der »cucina povera«, der »armen Küche«. Speck und Butter, Reis und Polenta, im Herbst ergänzt durch Kastanien-und Pilzgerichte und eine große Vorliebe für geschmortes Fleisch: in der Lombardei »ossobuco«, im Piemont der Schmorbraten »brasato al barolo« und in den Tessiner Tälern wird auch oft »capretto«, Zicklein, aus dem Ofen angeboten. Im Mittelpunkt am Lago stehen natürlich auch Fischgerichte. Im See wird »lavarello« (Blaufelchen) und »persico« (Flussbarsch) gefangen. Sehr beliebt ist »fritto misto« aus dem See.

◄ Der schmackhafte italienische Käse »Bitto«
wird noch immer in Handarbeit gefertigt.

Das typische Tessiner Lokal ist das Grotto, beliebte Freiluftrestaurants in den Tälern, die neben kalten Platten mit Wurst und Käse sowie Merlot auch deftige Hausmannskost auf den Tisch bringen.

PRODUKTE AUS DER JEWEILIGEN PROVINZ

»Agriturismo« ist die italienische und Tessiner Version von »Ferien auf dem Bauernhof«. Im Restaurant eines »Agriturismo«-Betriebes muss 50 % dessen, was auf dem Teller kommt, aus der Provinz stammen: würziger Alpkäse, Salami, knuspriges Tessiner Brot und Polenta.
Die Initiative »Ticino a tavola« (Tessin zu Tisch) fördert den Einsatz und die Kenntnis typisch lokaler Produkte in der Gastronomie. Die teilnehmenden Restaurants verpflichten sich, ganzjährig eines oder mehrere Menüs anzubieten, die ausschließlich aus lokalen Produkten stammen.
Fast alle Restaurants haben von **12–14.30 und ab 18.30 bzw. 19 Uhr Küche bis 22 Uhr**. Nur dort, wo es sich unterscheidet haben wir es vermerkt.

BESONDERE EMPFEHLUNGEN

Al Sorriso　　　　　　🖋 A 5

Raffiniert einfach – Ein verschlafenes Dorf in der Nähe des Lago Maggiore und des Ortasees. Doch für Luisa Valazza kommen die Gäste von überall her. Denn sie gilt als eine der drei besten Köchinnen Italiens. Ihre Gerichte sind raffiniert einfach, ob grüne Ravioli gefüllt mit Bettelmatt (einem Bergkäse), Risotto mit Kürbis, Rinderfilet mit Nusskruste oder das Milchkalb mit Gänseleber und Mandelsplittern. Steinpilze setzen einen Kontrast zum milden Steinbutt. Die Weinkarte ist üppig mit 900 Positionen ausgestattet. Mit ihrem Mann Angelo hat sie das Restaurant Anfang der 1980er-Jahre gekauft. Sie hat sich in den Sternenhimmel gekocht, je nach Bedarf stehen mit ihr in der Küche vier bis fünf Köche.

Während ihr Mann die Einkäufe besorgt und das kleine Hotel mit acht Zimmern betreut.
Soriso, Novara | Via Roma 18 | Tel. 03 22/98 32 28 | www.alsorriso.com | Mo und Di geschl. | €€€

Da Rodolfo　　　　　　🖋 C 2

Rustikale Küche – Das Restaurant befindet sich in einem Haus aus dem 18. Jh. mitten im Dorf. Ein Familienbetrieb in vierter Generation. Pablo Ratti bewirtet seine Gäste in vier rustikalen Sälen, zum Teil mit Kamin. Im Sommer kann man an den Granittischen unter der Glyzinien-Pergola Platz nehmen. Blick auf den See gibt es nicht, braucht man auch nicht, denn das Essen ist exzellent. Spezialität ist der Fritto Misto del Lago, ein Klassiker auch der Brasato »Rodolfo« mit Polenta, einfach köstlich. Signor Ratti ist eine Tessiner Legende.

Vira | Via Cantonale | Tel. 0 91/795 15 82 | www.ristoranterodolfo.ch | Mo und So abends von Sept.–Juni geschl. | €€€

Grotto La Baita C 2

Perle der Grotti – Hoch über Magadino sitzt man auf einer Terrasse mit Blick auf Locarno, den See und die Berge. Bei Claudia und Gianluca – sie kümmert sich um die Gäste, er um die Küche – finden Sie traditionelle Fleischgerichte wie Brasato, Ossobuco, Kaninchen, aber auch Fisch und Wild. Je nach Saison. Sollte das Wetter nicht mitspielen, sitzt man drinnen am Kamin. Viele leckere Tessiner Tropfen auf der Karte.

Magadino, Orgnana | Via Orgnana 75B | Tel. 0 91/7 80 43 38 | www.grottolabaita.ch | Mo, Di sowie Nov.–Ende Feb. geschl. | €€

Il Sole di Ranco B 4

Highlight auf lombardischer Seeseite – Seit mehr als 150 Jahren sind Hotel und Restaurant im Familienbesitz der Brovelli. Ob auf der Terrasse mit Seeblick oder im Gastraum, Davide Brovelli bietet Kochkunst auf höchstem Niveau! Er mixt Traditionelles mit Modernem. Das viergängige Seemenü kostet 70 €. Die grünen Tagliolini mit Calamaretti und Minz-Zucchini-Pesto sind unübertroffen. Fisch hat hier Tradition, aber auch die Cotoletta alla Milanese ist köstlich. Im gleichnamigen Hotel stehen 14 – auf schöne Art altmodische – Zimmer zum Übernachten bereit, Pool und Garten gibt es auch.

Ranco | Piazza Venezia 5 | Tel. 03 31/97 65 07 | www.ilsolediranco.it | Mi–So, Mo nur abends | €€€

Piccolo Lago B 3/4

Perfekte Leichtigkeit – Mit zwei Sternen hat ihn Michelin ausgezeichnet. Chef Marco Sasso serviert ungewöhnliche Spezialitäten wie Spanferkel in Lakritzsoße. Traumhafte Lage direkt am Lago di Mergozzo. Zum Restaurant gehört außerdem ein Garten direkt am See, in dem man den Abend ein- oder ausklingen lassen kann. Marcos Bruder Carlo ist der Gastgeber, sein Weinkeller umfasst 1600 Positionen. Eine Besonderheit: Auf Wunsch lässt sich der Aperitivo in der Küche einnehmen, so kann man einen exklusiven Blick hinter die Kulissen des Sterne-Restaurants werfen. Perfekter, entspannter Service.

Fondotoce | Via Filippo Turati 87 | Tel. 03 23/58 67 92 | www.piccololago.it | Di–So abends, Sa und So auch mittags | €€€€

Seven ▶ S. 69, b 3

Wild und fantastisch – Kosmopolitische, junge Küche. Mit viel Experimentierfreude setzt Ivo Adam in Ascona neue Akzente. Der Zürcher Tagesanzeiger bezeichnete ihn einst als »Enfant terrible des Küchenestablishments«. Sein Konzept »Von allen Welten nur das Beste« ist jedoch überzeugend: Jeder Gang ist virtuos komponiert. Die Portionen sind klein, fast federleicht, die Anzahl der Gänge hoch und manchmal exotisch. Wochentags wird mittags ein kleines Businessmenü (drei Gänge) für 36 CHF angeboten. Große Terrasse zum See, das Interieur im »Urban Chic« ein Mix aus Marmor, Schiefer, Glas und Holz.

Ascona | Via Moscia 2 | Tel. 0 91/7 80 77 88 | www.seven.ch | April–Okt. tgl. | €€€€

Die Einrichtung des exklusiven Restaurants Seven (▶ S. 32) ist ein moderner Mix aus kühlen und warmen Materialien wie Marmor und Holz. Der Koch verzaubert mit kreativen Gerichten.

Smeraldo 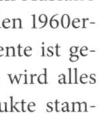 C3

Traditionell – 2011 übernahm Adriano Pelandella die Osteria aus den 1960er-Jahren. Das einfache Ambiente ist geblieben, aber in der Küche wird alles frisch zubereitet. Die Produkte stammen fast ausschließlich von regionalen Erzeugern und Brot sowie Pasta sind hausgemacht.

Ein guter Einstieg ist die Bruschetta mit Lardo di Colonnata auf einem Honig-Gewürz-Brot oder die frittierten Zucchiniblüten, danach schmecken die Ravioli aus Buchweizenmehl und das Risotto dello Smeraldo mit Pilzen und Möhren köstlich. Sehr gut sind auch die Fischgerichte wie der Wolfsbarsch in der Kräuterkruste. Die Terrasse ist einfach und ohne nennenswerte Ausblicke. Der große Speiseraum auch. Hier konzentriert man sich allein auf das Essen.

Dumenza, Runo | Via Fiume 1–3 | Tel. 03 32/51 70 65 | Di geschl. | €€

Weitere empfehlenswerte Adressen finden Sie im Kapitel **LAGO MAGGIORE ERKUNDEN**.

Preise für ein dreigängiges Menü:

€€€€	ab 80 €	€€€	ab 50 €
€€	ab 30 €	€	bis 30 €

Grüner reisen
Urlaub nachhaltig genießen

Wer zu Hause umweltbewusst lebt, möchte vielleicht auch im Urlaub Menschen unterstützen, denen ein verantwortungsvoller Umgang mit der Natur am Herzen liegt. Empfehlenswerte Projekte, mit denen Sie sich und der Umwelt einen Gefallen tun können, finden Sie hier.

Italien ist alles andere als für sein Umweltbewusstsein bekannt, wenn auch das Problem im Norden etwas weniger ausgeprägt ist. So legen die Politiker hier immer stärker ihr Augenmerk auf Umweltschutz und Landschaftspflege, wollen den besonderen Charakter der Region erhalten. Und doch, in Sachen Klimaschutz ist Italien trauriges Schlusslicht, obwohl das Land ideale Voraussetzungen für die Nutzung erneuerbarer Energiequellen bietet. Zwar gibt es Windenergieanlagen an einigen Berghängen, doch in Sachen Sonnenenergie, die ja überreichlich zur Verfügung stünde, liegt die Entwicklung des Landes noch Jahre zurück.

Das Tessin jedoch ist laut einer Studie der Zürich-Versicherung der umweltfreundlichste Kanton der Schweiz. Hier wurde die Initiative »Ticino a Tavola« (Tessin zu Tisch) ins Leben gerufen (www.ticinoatavola.ch). Die teilnehmenden Restaurants haben sich dazu verpflichtet, ganzjährig eines oder mehrere Menüs anzubieten, die ausschließlich mit regionalen Produkten zubereitet werden.

Im Tessin gibt es auch viele Initiativen, landwirtschaftliche Produkte, die fast vergessen waren, wieder einzuführen. Aber auch in der italienischen Region um den Lago Maggiore lassen sich in den letzten Jahren solche Bemühungen erkennen: Verlassene Bergdörfer werden wieder bewohnt, Ziegen gehalten, Käse hergestellt. Wer sich jenseits des Ufers in die abgelegenen Bergdörfer begibt, findet schöne Unterkünfte – vor allem in den Tessiner Tälern, aber auch in Italien werden es immer mehr –, die unter ökologischen Aspekten gebaut wurden. Die Grotti im Tessin, aber auch viele »Agriturismo«-Gasthöfe in Italien servieren ausschließlich regionale und traditionell angebaute Produkte.

ÜBERNACHTEN

Albergo Sass da Grüm   🍃 C2

Oberhalb von Vairano öffnet sich ein himmlischer Blick auf den Lago Maggiore. Vor Jahren wollte Hotelbesitzer Peter Mettler ein Rustico an diesem Ort kaufen, weil er davon erfahren hatte, dass hier ein besonderer Kraftort sei. Er entschied sich, ein Hotel zu bauen, doch die Tessiner Baubehörden wollten nur einwilligen, wenn eine Expertise beweisen könne, dass der Platz außergewöhnlich sei. Daraufhin führten Wissenschaftler auf dem Hochplateau Messungen durch und wiesen extrem hohe positive Strahlenwerte nach, die durch seltene Konstellationen der Natur entstanden sind. Deshalb eignet sich der Ort gut für Meditationen und Erholung. Das Haus ist nach baubiologischen Prinzipien erbaut, der Strom wird mit eigenen Generatoren erzeugt, gekocht wird meist mit dem Holzherd. Die Küche offeriert biologische Vollwertkost mit Kräutern aus dem eigenen Garten. 70 verschiedene Kräuter werden hier gezogen. In den Zimmern stört kein WLAN, kein Fernseher. Ruhe ist angesagt. Der Pool ist mit kristallklarem Bergwasser gefüllt.

Dieser Traumort inmitten einer Waldwiese auf 660 m Höhe lässt sich nur zu Fuß erreichen. Man startet am Parkplatz Vairano und geht 25 Minuten hinauf. Das Gepäck wird mit einem Lastenaufzug befördert.

San Nazzaro, Vairano | Via Campea 27 | Tel. 0 91/7 85 21 71 | www.sassdagruem. ch | 19 Zimmer | €€€

Capanna Agrituristica Alla Fattoria   🍃 C2

15 Minuten geht man zu Fuß von der Bergstation Cardada zu diesem Gasthaus, einem kleinen Paradies. Es ist familiär geführt, liegt mitten im Grünen und Pferde, Hasen, Hühner und Katzen fühlen sich hier wohl. Das Haus wurde energiesparend umgebaut und bietet drei einladende Zimmer (zwei Doppelzimmer, ein Vierbettzimmer) mit Bad auf der Etage. Die Küche ist spezialisiert auf regionale Gerichte mit hausgemachten Produkten vom eigenen Hof, darunter Gemüse, Beeren, Eier und Hasenfleisch. Sonst beziehen sie von biologischen Betrieben aus der Gegend.

Cardada | Tel. 0 91/7 51 11 | www. allafattoria.ch | 3 Zimmer | Do–So (im Winter geschl.) | €

Villa Novecento ▶ S. 69, nördl. d 1

Die über 100 Jahre alte Villa wurde baubiologisch renoviert. In der liebevoll geführten Pension werden sechs helle, modern renovierte Zimmer vermietet. Bis 11 Uhr verlockt im Kaminzimmer ein Bio-Frühstücksbüfett. Der Garten bietet schöne lauschige Plätze, an denen man zur Ruhe kommt. Mindestmietzeit: drei Nächte! Die Lage im Zentrum von Locarno ist ideal: Die Villa liegt nicht weit von Bahnhof, See und Piazza Grande.

Locarno | Via Buetti 1 | Tel. 0 91/7 43 45 93 | www.nove-cento.ch | Nov.–Feb. geschl. | 6 Zimmer | €

ESSEN UND TRINKEN

Azienda Agrituristica ⚑ B 3

Wilma Tschangs Azienda in den Bergen oberhalb von Castelveccana auf 450 m über dem See ist immer einen Besuch wert. Käse, Marmelade und Honig wird in Eigenproduktion hergestellt. Gekocht wird nur mit regionalen Produkten und es wird gegessen, was Wilma kocht. Zu Fuß geht man eine gute Stunde hinauf. Zimmer werden auch vermietet.

Castelveccana | Tel. 03 32/52 08 65 | www.agriturismocelestino.it | Mittagessen um 12.30, Abendessen um 20 Uhr (nur mit Vorbestellung) | €

Barchet ⚑ C 3

In dem schönen stillen Dorf Monteviasco liegt die kleine Trattoria. Moreno Tosi führt die Trattoria seit etwa 25 Jahren und unterrichtet an der Hotelfachschule in Luino. Köstlich: der Ziegenkäse aus heimischer Produktion. Je nach Saison wird das Risotto mit Pilzen oder Waldfrüchten serviert. Die

Polenta kommt mit Hirsch-, Wildschwein oder Gämsenfleisch auf den Tisch. Nach Monteviasco kommt man nur per Seilbahn oder zu Fuß.

Monteviasco | Via Leonardo da Vinci 1 | Tel. 03 48/8 83 94 18 | www.monteviasco.it | Sa und So 12–15 Uhr, Juli und Aug. auch Mo–Fr, abends nur mit Vorbestellung | €

EINKAUFEN

Atelier Pagliarte ⚑ C 2

Sechs Frauen haben einen Verein gegründet, um die Tradition des Strohflechtens in der Tradition des Tals zu bewahren. Extravagante Hüte, Taschen, Schachteln, Körbe, Schmuck und vieles mehr aus geflochtenem Stroh. Bunt und kreativ. Wer selbst das Handwerk ein bisschen erlernen möchte, kann sich zu einem Kurs anmelden.

Berzona, ehem. Casa Communale | Tel. 0 91/7 97 17 06 | www.pagliarte.ch | Juni, Juli, Aug. Di 9.30–12, Fr 14.30–17, April, Mai, Sept., Okt. Di 9.30–12 Uhr

AKTIVITÄTEN

Bolle di Magadino ⚑ C 2

Die Bolle di Magadino sind ein idyllisches Naturparadies inmitten einer pulsierenden Tourismusregion. »Bolle« heißt Blasen, diese produziert das Sumpfgras. Zwei Auenwälder und über ein Dutzend Moorbiotope erstrecken sich über eine Fläche von 660 ha und bilden damit das größte Feuchtwassergebiet der Schweiz. Die Mündung des Ticino ist ein Refugium für Fauna und Flora sowie Heimat für etwa 300 Vogelarten, unterschiedliche Amphibien und Reptilien. Hier wachsen 90 Algen-, 20 Moos- und Flechtenarten sowie verschiedene Farne und Schachtelhalme. Dank der Lehrpfade kann man das Naturschutzgebiet auf eigene Faust oder im Rahmen einer Führung besuchen, ohne die natürlichen Bewohner zu gefährden oder zu sehr zu stören. Am meisten sieht und erfährt man bei einer geführten Wanderung.

Infos: www.gambarognoturismo.ch, www.ticino.ch, www.bolledimagadino. com

Parco Regionale Lombardo della Valle del Ticino ⚡ B 5/6

Der Parco Regionale Lombardo della Valle del Ticino, der sich entlang des Ticino auf piemontesischer und lombardischer Seite im Süden des Lago Maggiore erstreckt, bietet Lebensraum für bedrohte Tierarten. Das gesamte Naturschutzgebiet ist 91 410 ha groß und der Park bildet eine »grüne Lunge« in der stark besiedelten Region. Die Fuß- und Radwege (insgesamt ca. 780 km) kann man im Netz auf einer interaktiven Karte erforschen.

Park: www.parcoticino.it, Radwege: www. vieverditicino.it

Waldreservat im Onsernonetal (Riserva forestale dell'Onsernone) ⚡ B/C 2

2002 entstand zum Schutz der Waldlandschaft im westlichen Onsernonetal das größte Waldreservat der Schweiz. Es ist ein wunderschönes Wandergebiet voll dunkler Nadel- und Mischwälder. Mit seinen weiten Blicken übers Tal, der gesunden Luft, der Ruhe abseits des Massentourismus, der mitunter bedrohlich eindrucksvollen Natur, können Sie tief durchatmen und auf Erkundungstour gehen. Es kann eine Karte des Gebietes mit vorgeschlagenen Wanderwegen heruntergeladen werden. Ausgangspunkte finden Sie in Crana, Comologno oder Spruga. Das Besucherzentrum des Waldreservats mit Infotafeln befindet sich im Ortskern von Comologno.

Karte: www.riservaforestaleonsernone.ch

Der lang gezogene Ticino-Park (▶ S. 37) ist ein wahres Vergnügen für Wanderer und Radfahrer. Im Fagiana Parkcenter können verschiedene Führungen gebucht werden.

EINKAUFEN

In der Region um den Lago Maggiore sind nicht nur die kulinarischen Produkte hervorragend und vielfältig. Schmackhafte Mitbringsel lassen sich hier ebenso gut erwerben wie Stoffe oder Mode. Das Tessin und Oberitalien sind wahre Einkaufsparadiese.

Fast jedes Dorf hat einen **Wochenmarkt**. In Tessin sind es besonders die Märkte in Locarno (donnerstags) und in Bellinzona (samstags), in Italien bieten die großen Märkte in Luino, Cannobio und Verbania eigentlich alles. Neben Unterhaltsamem und Überflüssigem wird hier die köstliche Vielfalt regionaler Produkte dargeboten: Pasta und Olivenöl, Honig, diverse Käse-und Wurstsorten aus den Tälern rund um den See, Eingelegtes und Gebackenes (besonders das Tessiner Brot), Pfeffer aus dem Maggiatal, Süßigkeiten, Steinpilze, Trüffel sowie Regenschirme und gefälschte Handtaschen. Kulinarisches einzukaufen, ist das reinste Vergnügen: sehen, riechen, schmecken.

Ob Alessi, Bassetti oder Foxtown mit seinem riesigen Designerpool – die Outlet-Stores bieten Markenware zu deutlich reduzierten Preisen. Hinfahren lohnt sich in jedem Fall.

◄ Ein Füllhorn an kulinarischen Verlockungen ist der Markt in Luino (► S. 41).

Sowohl das Tessin als auch das Piemont sind außerdem bekannt für edle **Weine**. In Weinläden oder in einer »Enoteca« werden Sie sicher fündig. Auf der Seite www.ticinowine.ch finden Sie Produzenten Tessiner Weine.

EDLE TROPFEN UND EDLE STOFFE

Auch die großen Supermärkte auf der italienischen Seite bieten eine große Auswahl an Weinen guter Qualität. Wer **Seide** liebt, sollte unbedingt einen Ausflug nach Como machen. Como ist das wichtigste europäische Zentrum für Seidenproduktion.

Die meisten Geschäfte haben sowohl in Italien als auch im Tessin in der Mittagszeit geschlossen. Viele Läden sind auch am Montag bzw. am Montagvormittag geschlossen.

BESONDERE EMPFEHLUNGEN

DESIGN

Alessi 🦋 A 4

1921 wurde Alessi in Omegna gegründet. Das Unternehmen wurde als »Fabbrica dei sogni«, als »Traumfabrik«, bezeichnet. Die Produkte sollen »einen Beitrag zum Glücklichsein leisten und dem Bedürfnis nach dem Künstlerischen und Poetischen, das alle Menschen verbindet, Tribut zollen.« Vielleicht nicht glücklich, aber doch fröhlich kann das Alessi-Design schon machen: der Pinocchio als Trichter, die Duck-Timer, die Katzen- oder Hundefutterschalen, Gino Zucchino – der Zuckerspender oder einfach der klassische Wasserkessel mit dem kleinen Vogel. Für 50 % unter dem herkömmlichen Verkaufspreis werden die Produkte hier direkt vom Werk verkauft.

Omegna, Crusinallo | Via Privata Alessi 6 | Tel. 03 23/86 86 48 | www.alessi.com | Mo 14–18, Di–Sa 9.30–18 Uhr

Foxtown 🦋 D 4

Ein Paradies für alle Fashionistas: Prada, Gucci, Jil Sander, Armani, Boss, Burberry – 130 Shops sind in dieser riesigen Mall untergebracht. Neben Designermode gibt es auch Sportartikel, Schuhe, Dessous und Accessoires. Die Preise liegen 30 bis 70 % unter dem üblichen Verkaufsangebot. Große Tiefgarage im Gebäude.

Mendrisio | Via Angelo Maspoli (ab Autobahnabfahrt Mendrisio ausgeschildert) | www.foxtown.ch | tgl. 11–19 Uhr

KULINARISCHES

Enoteca La Cambusa 🦋 B 4

Rosario Bolla, die Besitzerin, parliert mit ihren Kunden in sieben Sprachen. Die Regale sind vom Boden bis zur Decke voll mit Weinflaschen, lokalen Spezialitäten, Pasta … Einfach viele schöne Sachen zum Verschenken. Rosaria und ihr Sohn Ruben führen den kleinen Laden und bieten auch Weinproben an, in der Gruppe oder einfach, wenn Sie Lust haben, einen bestimmten Wein zu probieren. Mehr als 800 Posten stehen im Laden, darunter große Namen wie Sassicaia oder Tignanello. Im Regal liegt kein Wein unter 8,80 €, Rosaria findet: »Eine Flasche Wein unter diesem Preis ist kein Wein.« Diese Enoteca dürfen Sie nicht versäumen!

Stresa | Via Cavour 27 | Tel. 03 23/3 19 38

La Casa del Fungo ⚑ B 4

Nur zehn Minuten fährt man von Laveno nach Gemonio im Hinterland. Für alle Pilz- und Trüffelliebhaber lohnt die kurze Strecke, denn für sie ist dieses altmodische kleine Geschäft ein Paradies: In großen und kleinen Kisten lagern die Pilze und Trüffel, sortiert nach Art, Farbe und Größe. In den Regalen stehen eingelegte Pilze in Gläsern. Gastronomen zwischen Mailand und Turin lassen sich von der »Casa del Fungo« beliefern.

Gemonio | Via Verdi 27 | Tel. 03 35/5 40 39 23 | ww3.lacasadelfungo.it | April–Dez. tgl. 8.30–12.30, Di–Sa auch 15–19 Uhr

La Casera di Eros Buratti ⚑ B 4

Den Laden bauten ursprünglich die Eltern auf, doch Sohn Eros verlegte ihn 1991 ins Zentrum von Intra. Seither ist das Geschäft Anlaufstelle aller Käseliebhaber der Region. Vor lauter Käse und sonstigen Leckereien weiß man gar nicht, wo man zuerst hingucken soll. Den Käse kauft Eros Buratti bei den besten Käsereien der Region. Ob Robiola, Ziegenfrischkäse, der für 20 Tage in Kohl-oder Kastanienblätter eingewickelt wird, Taleggio oder Bergkäse aus dem Piemont, die Vielfalt ist

unbeschreiblich. Neben Käse gibt es auch Olivenöl, Bresaola, Salami, Schinken und Dolce. 2012 wurde der Laden umgebaut und durch eine kleine Degustation erweitert, d.h. der Käse und einiges mehr können auch vor Ort probiert werden.

Intra | Piazza Ranzoni 19 | Tel. 03 23/58 11 23 | www.formaggidieros.it | Mo, Di, Do, Fr, Sa 8–23, Mi bis 19 Uhr

Läderach in Locarno ▶ S. 63, c 2

Die ganze Schweiz ist Schokoladenland, aber im Schokohimmel sind Sie in diesem Geschäft: offene Pralinen und Trüffel, natürlich auch schön als Geschenk verpackt, Tafeln diverser Anbieter. Das Einzigartige ist die Frisch-Schoggi aus weißer, dunkler oder Milchschokolade in den unterschiedlichsten Variationen. Mein Favorit ist die Chili-Limetten-Scholalade. Sie können sich je nach Bedarf etwas abwiegen lassen.

Locarno | Via alla Ramogna 10 | Tel. 0 91/7 51 64 64 | www.laederach.com | Mo–Fr 9–16 Uhr

Mercato in Luino ▶ S. 99, b 1/2

Jeden Mittwoch werden früh morgens 400 Wagenläden aufgebaut, die sich wie riesige Bienenwaben in der Stadt verschachteln. Dieser Markt ist kein gewöhnlicher Markt, denn hier gibt es einfach alles: kulinarische Genüsse verschiedenster Art, Regenschirme, Taschen, Socken, Haarspangen, Kleider, Lederjacken und Kaschmirpullover. Mit leeren Taschen verlässt niemand das Gewimmel. Dieser Markt in Luino ist außergewöhnlich, er ist ein wirklicher Supermarkt!

Luino | Mi 9–16 Uhr

Negozio alla Fattoria ▶ S. 69, östl. c 1

Im Laden von Walter Nauer gibt es Hühnerfleisch aus Gordolo und Spezialitäten wie Putensalami, Ravioli mit Steinpilzen und diverse Käsesorten. Der Shop offeriert zudem die besten Produkte aus dem Tessin: Wein, Polenta, Pfeffer aus dem Maggiatal und mehr. Viele Produkte sind von »Terreni alla Maggia«, einem Asconeser Gut, das ca. 150 ha groß ist und auf Ackerweinbau sowie eine Besonderheit, auf den »Riso Nostrano Ticinese«, spezialisiert ist. Der Reis kommt aus dem Maggiadelta, dem einzigen Reisanbaugebiet der Schweiz. Alles wird nach den Richtlinien der integrierten Produktion hergestellt.

Ascona | Via Ferrera 87 | Tel. 0 91/7 91 28 50 | www.terreniallamaggia.ch | Mo–Fr 8–12 und 14.30–18.30, Sa 8–12 und 14–17 Uhr

KUNST UND KREMPEL

Brocante in Locarno ▶ S. 63, b 2

Die engen Gassen der Altstadt scheinen noch näher zusammenzurücken während des Flohmarkts, wenn die Stände aufgebaut sind. Nicht nur professionelle Händler sind hier unterwegs, viele Schweizer räumen für diese Brocante ihre Dachböden und so kommt hier besonders Schönes und Seltenes auf den Markt: Silberlöffel, Schmuck, Puppen, Bücher, Karaffen und Kleider. Der schönste Flohmarkt in der gesamten Region findet leider nur einmal im Jahr statt – immer am Himmelfahrtswochenende.

Locarno | Altstadt | am Himmelfahrtswochenende Fr–So

Weitere Geschäfte und Märkte finden Sie im Kapitel **LAGO MAGGIORE ERKUNDEN**.

Seit Jahrhunderten gilt Como (▶ S. 150) als »Hauptstadt der Seide«. Wer sie nicht nur kaufen möchte erfährt im Museo didattico della Seta di Como alles über die Geschichte des Stoffes.

SPORT UND STRÄNDE

Eine atemberaubende Landschaft, mildes Klima, 2300 Stunden Sonnenschein im Jahr – da bietet es sich an, viel Zeit im Freien zu verbringen und Sport zu treiben. So vielfältig wie die Landschaft um den Lago Maggiore sind auch die Sportangebote rund um den See.

Vor allem die Schweiz verzeichnet interessante Sportangebote. Das Hauptaugenmerk richtet sich in beiden Ländern natürlich auf den See, auf das Baden. Von Juni bis Anfang Oktober liegt die Wassertemperatur im Lago Maggiore zwischen 20 und 24 °C. Rund um den See finden sich viele schöne Badeplätze. Die meisten jedoch sind Kieselstrände, nur in Ascona, Cannobio, Dormelletto bei Arona und Tenero gibt es Sandstrände. Auch zum Wassersport eignet sich der See bestens, ob Segeln, Windsurfen oder Wasserskilaufen.

BERGE UND TÄLER FÜR EXTREMSPORTLER

Wilder geht es in den Flusstälern zu, hier können Sie Rafting oder Canyoning betreiben. Und natürlich laden die Berge zu sportlichen Aktivitäten, zum Klettern, Mountainbiken oder einfach zu traditionellen Wandertou-

◄ Die Capanna-Bovarina-Hütte auf 1870 m ist nur eines der vielen Tessiner Wanderziele.

ren. Auch leidenschaftliche Bergwanderer finden hier ideale Bedingungen für ausgedehnte Bergtouren auf vielen Tausend Kilometern markierter Wanderwege. Am Morgen mit den Skiern von der Cimetta oder vom Monte Mottarone hinabwedeln, am Nachmittag an der Seepromenade in Ascona oder Pallanza die Sonne des Winters genießen. Auch das Hinterland hat genügend Herausforderung für Skiläufer und Snowboarder.
Im Sommer sind die steilen Berge für Drachenflieger und Paraglider ein Paradies. Einige Golfplätze bieten Golfern nicht nur einen guten Abschlag, sondern auch eine gute Aussicht.
Auch Radfahrer zieht es an den Lago, obwohl leider kein zusammenhängender Radweg rund um den Lago Maggiore vorhanden ist.

ANGELN

Das Angeln im See und in den Seitentälern ist mit einer Lizenz erlaubt, die in der Schweiz von den Touristeninformationen ausgestellt wird. In Italien erhält man im Piemont in den Angelgeschäften einen Schein, den man anschließend im Postamt einlösen muss. In der Lombardei erledigen dies auch die Touristeninformationen.

BÄDER

Lido Locarno ► S. 63, südl. c/d 3

Das neue Lido Locarno ist eine Oase für alle, die Sport, Spaß und Wellness rund um das Thema Wasser lieben.
Locarno | Via Respini 11 | Tel. 0 91/7 59 90 00 | www.lidolocarno.ch

Splash & Spa Tamaro C2

Der modernste Wasserpark Europas. Ein Brandungswellenbad mit Strand, atemberaubende Rutschen, ein wunderbarer Kinderspielbereich, große Thermalbecken und ein Spa mit Saunalandschaft und Hamam.
Rivera, Monteceneri | Via Campagnole 1 | Tel. 0 91/936 22 22 | www.splashespa.ch

BOCCIA

Auf manchen Plätzen oder in der Schweiz auch in einigen Grotti kann man Boccia spielen.

BUNGEE-JUMPING C2

Verewigt im James-Bond-Klassiker »Goldeneye« ist ein Bungeesprung von der 220 m hohen Staumauer im **Verzascatal** 4. Seit dem Filmstart 1995 ist der Staudamm ein Touristenmagnet. Wagemutige können es nachmachen, aber es ist nicht ganz billig. Ein Sprung kostet 195 CHF.
Vogorno | www.trekking.ch

CANYONING

Canyoning ist eine Mischung aus Wandern, Klettern, Abseilen und Wassersport. Ein Erlebnis für Abenteurer, die sich in die Schluchten der Täler hinter Locarno stürzen möchten. Am Comer

See bietet der Jungle Raider Park in Civenna Canyoning an.

Locarno: www.canyoning-ticino.ch oder www.trekking.ch

Comer See: www.jungleraiderpark.com

DRACHENFLIEGEN UND PARAGLIDING

Die Berge rings um den See sind ein Paradies für Drachenflieger und Paraglider. Sie finden einen guten Abflugort auf dem Sasso del Ferro oberhalb von Laveno, den man mit der Seilbahn erreicht. Die Cimetta oberhalb von Locarno ist ebenfalls ein beliebter Absprungplatz.

Laveno: www.parapendiolaveno.it, www.deltaclublaveno.it

Locarno: www.paragliding-ticino.ch

FALLSCHIRMSPRINGEN　C 2

Im »Para Centro« am Flughafen von Locarno werden Fallschirmsprünge angeboten. Mit einem Tandemabsprung bekommt man einen ersten Einblick in den Fallschirmsport. Auch Einzelsprünge und Kurse können gebucht und belegt werden.

Gordola | Aeroporto Cantonale | Tel 0 91/7 45 26 51 | www.paracentro.ch

GOLF

Rund um den Lago Maggiore befinden sich etliche Golfplätze.

ITALIEN, LOMBARDEI

Varese Golf Club　C 4

Der 18-Loch-Platz hat eine wunderbare Lage. Die Bälle werden mit Blick auf den Lago di Varese und die Hügel des Varesotto abgeschlagen.

Luvinate | Via Vittorio Veneto 59 | Tel. 03 32/22 93 02 | www.golfclubvarese.it

Golf dei Laghi　B 4

Der 18-Loch-Platz befindet sich zwischen dem Lago Maggiore, dem Lago di Monate und dem Lago di Varese.

Travedona Monate | Via Trevisani 926 | Tel. 03 32/97 81 01 | www.golfdeilaghi.it

ITALIEN, PIEMONT

Golf des Iles Borromées　B 4

Der Platz liegt oberhalb von Stresa auf einer Hügellandschaft. Panoramablick inklusive: zu den Simplonalpen und in die Schweiz. Vom Abschlag auf Loch 18 hat man eine großartige Sicht über den Lago Maggiore und zum Lago di Varese.

Brovello Carpugnino | Località Motta Rossa | Tel. 03 23/92 92 85 | www.golfdesiles.it

SCHWEIZ

Golf Club Patriziale Ascona
▶ S. 69, südöstl. C 4

Auf diesem noblen 18-Loch-Platz, der in den 1920er-Jahren angelegt wurde, spielt man auf der Landzunge von Ascona. Schön ist auch das Restaurant.

Ascona | Via Lido 81 | Tel. 0 91/ 7 85 11 77 | www.golfascona.ch

Golf Target Locarno　▶ S. 63, südl. a 3

9-Loch-Platz am See. Mit Driving Range, Golfschule, Angebot von Kursen.

Locarno | Via Respini | Tel. 0 91/7 52 33 53 | www.golflocarno.ch

Golf Gerre Losone　C 2

In beonderer Lage am Eingang zum Maggiatal liegt dieser 18-Loch-Parcours. Neben einer Driving Range mit 16 gedeckten Abschlagplätzen kann man hier auch Unterricht nehmen.

Losone | Via alle Gerre 5 | Tel. 0 91/7 85 10 90 | www.golflosone.ch

KLETTERN

Zum Trainieren eignet sich der Klettergarten »Palestra di Roccia« (www.hikr.org/tour/post9298.html), der hinter dem Bahnhof in Bellinzona liegt.
Am Anfang des Maggiatals gibt es in Ponte Brolla ein Klettergebiet mit diversen Routen (www.swissmountains.ch/typo2/index.php?id=ponte-brolla).

RADFAHREN

Die Streckenlänge rund um den See beträgt etwa 190 km. Sie sollten dafür mindestens zwei Tage einplanen. Leider ist kein zusammenhängender Radweg rund um den Lago Maggiore vorhanden, immer wieder muss die Straße benutzt werden. Deswegen sollten Sie keinen Radurlaub mit Kindern planen, denn die meisten Streckenabschnitte erfordern Fahrten auf stark befahrenen Straßen. Ein schöner Radweg verbindet Ascona mit Bellinzona. Die Tour führt durch die Magadino-Ebene.
Mit dem Mountainbike kann man schönste Touren bergauf planen. In dieser so weitläufigen und abwechslungsreichen Gegend des Hinterlandes ergeben sich viele Möglichkeiten für Touren mit rasanten Abfahrten.

RAFTING C 2

Im Tessin gibt es mehrere Angebote für organisierte Rafting-Touren bei:
Gordola, Indepth | Vicolo Capella | Tel. 0 78/6 14 98 77 | www.indepth outtthere.com

SCHLITTSCHUHLAUFEN

Locarno on Ice ► S. 63, b 2
Von Ende November bis Anfang Januar wird auf der Piazza Grande zum all-

Für Freunde des Segelsports ist ein Törn auf dem Lago Maggiore schon beinahe obligatorisch. Mehrere Segelschulen rund um den See bieten auch Anfängern ihre Dienste an.

gemeinen Vergnügen eine künstliche Eisbahn von 2000 qm aufgebaut.

Locarno | Piazza Grande | www.locarnoonice.ch | Ende Nov.–Anfang Jan. tgl. 10–24 Uhr

SEGELN

Die beste Zeit zum Segeln sind Frühjahr und Herbst, da blasen die besten Winde. Segelschulen gibt es u. a. in Brissago und in Cerro.

Brissago: www.yachtsportresort.com
Cerro: www.centrovela.it

SKIFAHREN UND SNOWBOARDEN

Oberhalb von Locarno locken Cardada und Cimetta in nächster Nähe, in Stresa der Monte Mottarone mit seinem Skigebiet. Im Hinterland weitere Tessiner und piemontesische Skiparadiese.

TAUCHEN

Der Bergfluss Verzasca im Schweizer Kanton Tessin gilt bei Kennern als einer der schönsten Tauchplätze der Welt und als Hotspot in der Taucherszene. Doch das ist nicht ganz ungefährlich: So schön die Unterwasserfelsformationen sind, so reißend ist der Fluss. Deswegen lautet der Leitfaden zum Flusstauchen: »So nice, so dangerous« – so schön, so gefährlich. Nur für sehr erfahrene Taucher geeignet!

TENNIS

In fast allen größeren Orten gibt es Tennisclubs. Auch manche große Hotels haben einen eigenen Tennisplatz.

WANDERN

Tausende Kilometer von Wanderwegen finden sich rund um den Lago Maggiore in den Bergen und Tälern. Diverse Wanderführer machen Vorschläge für vielfältige Touren.

WASSERSKI   C2

Sportliche Betätigung wie Wasserskifahren, Wakeboarden, Wakeskaten, Wakesurfen, Monoskifahren oder ein Bananaboat mieten bietet der Veranstalter Watersports Tenero.

Tenero | Watersports Tenero | Tel. 0 79/6 85 58 17 | www.watersports.ch

WINDSURFEN   C3

Überall gibt es Segel- und Windsurfschulen mit Surfbrettverleih, die größte Windsurf- und Kitesurf-Schule »La Darsena« liegt an der windigsten Stelle des Lago Maggiore nahe Pino. Die Schule bietet verschiedene Kurse an.

Pino | La Darsena | Tel. 03 39/2 96 29 27 | www.ladarsenawindsurf.com | April–Sept.

STRÄNDE

ITALIEN

Die meisten Strände auf der lombardischen Seite des Lago Maggiore sind nicht so gepflegt wie auf der Schweizer Seite und besitzen auch nicht die Infrastruktur – mit Café, Toilette, Dusche und Spielplatz – wie die Schweizer Strände. Dafür muss man keinen Eintritt bezahlen und findet schöne kleine Buchten mit idyllischen Stränden, vor allem zwischen Castelveccana und Laveno. Große Strände mit Liegewiese gibt es in Angera, Cerro und Maccagno. Entlang der Küste entdecken Sie braun-weiße Hinweisschilder zum Strand. Darauf steht »Spiaggia pubblica«. Auf der piemontesischen Seite des Sees sind die Strände gepflegter, mit

Sonnenliegen und Sonnenschirmen ausgestattet und ab und an mit angeschlossenen Cafés (in Baveno, Pallanza und Cannero). Zu den schönsten Strände zählen:

Castelveccana (Ostufer) 🏖 B 3/4
In der Bucht von Caldè gibt es einen weitläufigen Kieselstrand. Rechts vom Ort in Richtung der alten Zementfabrik verstecken sich kleine Badebuchten.

Cannero (Westufer) 🏖 B 3
Hier befindet sich der schönste Strand der piemontesichen Küste! Im Süden des Ortes liegt der Kies- und Sandstrand mit einer Liegewiese und Sonnenterrassen aus Granit.

SCHWEIZ

Ascona ▶ S. 69, südöstl. c 4
600 m Sandstrand bietet der Grande Lido. Kabinen, Duschen, Umkleideräume, zwei Beachvolleyballfelder, Tischtennistische, Spielplätze, ein 4 m hohes Sprungbrett und zwei Badeinseln im See vervollständigen die Infrastruktur und das Freizeitangebot.
Ascona | Via Lido 81 | Tel. 0 91/7 91 93 58 40 | www.lidoascona.com | Mai–Sept. tgl. 8.30–17.30 Uhr | Eintritt 3 CHF Kinder (7–14 Jahre) 2 CHF, für Einwohner und ab 17.30 Uhr gratis; Juli und Aug. 4 CHF, Kinder 3 CHF

Brissago 🏖 C 2
Ein Schwimmbad, eine Rutsche, ein Sprungbrett und eine gepflegte Liegewiese mit Rasen, das bietet der Strand von Brissago.
Brissago | Via Valmara 1 | Tel. 0 91/7 93 13 46 | www.brissago-lido.ch | tgl. 9–20 Uhr | Eintritt 6 CHF, Kinder 3 CHF

Locarno ▶ S. 63, südl. c/d 3
Der Lido Locarno wurde in einen ganzjährig geöffneten Wasserpark umgewandelt und 2013 noch durch einen Spa-Bereich ergänzt. Im Wasserpark stehen zur Verfügung: ein Freiluft-Spaßbecken und -Planschbecken, ein Olympia- und Sprungbecken und ein modernes Hallenbad. Vier verschiedene Rutschen mit Längen von 49 bis 102 m warten auf mutige Wasserratten. Ein Highlight ist die Looping-Rutsche. Neben Sport, Wellness und Erholung bietet der Lido im Sommer jeden Freitagabend Grillabende.
Locarno | Via Respini 11 | Tel. 0 91/ 7 59 90 00 | www.lidolocarno.ch | tgl. 8.30–21, Do ab 6.30 Uhr

San Nazzaro 🏖 C 2
Sehr angenehmer Strand mit großer Liegewiese, kleinem Sandstrand, Café und Badeinsel.
San Nazzaro | Via Cantonale | Tel. 0 79/9 31 02 21 | www.casaiguana.ch | tgl. 9–22 Uhr | Eintritt frei

Tenero 🏖 C 2
Auch hier gibt es ein Schwimmbad am See und ein Planschbecken. Der Strand am nördlichen Zipfel des Lago Maggiore hat eine große Liegewiese, Beachvolleyballplatz und Tischtennisplatten sowie einen kleinen Sandstrand.
Tenero | Lido communale, Via della Roggia 11 | Tel. 0 91/7 45 20 30 | www.lido tenero.ch | Eintritt 7 CHF, Kinder 3 CHF

Vira 🏖 C 2
Am Delta des Flüsschens Vadina befindet sich der Strand von Vira mit viel Platz unter schönen Bäumen.
Vira | Eintritt frei

Im Fokus
Riva, la Diva! – Ikonen aus Mahagoni

Atemberaubende Flitzer aus glänzendem Mahagoni, mit chrom-blitzenden Armaturen, dem Cockpit eines Straßenkreuzers und türkis- oder orangefarbener Liegefläche, die rasant über den Lago Maggiore brausen. Die Riva ist ein echter Hingucker und ein Mythos.

Carlo Riva wuchs mit Booten auf. Schon als Jugendlicher arbeitete er in der Werft, die sein Urgroßvater 1842 in Sarnico am Lago d'Iseo gegründet hatte. In den 1950er-Jahren suchte er nach einem schnellen, luxuriösen Wasserfahrzeug für die oberitalienischen Seen. Nach dem Vorbild des amerikanischen Cabriolet-Boat entwickelte er ein Speedboat. Den hinteren Teil gestaltete Riva als Liegewiese zum Sonnenbaden. Darunter wummerten für Chris-Craft General-Motors-Benzinmotoren. Rivas gehörten zu den ersten echten Luxusprodukten nach dem Krieg. Sie sind die Klassiker der Wirtschaftswunder-Ära. Der Besitz eines solchen Bootes war Nachweis für die Zugehörigkeit zum Jetset. Die Aquarama, die seit Anfang der 1960er-Jahre gebaut wurde, ist eine unvergängliche Schönheit. Sie avancierte zum Prestigeobjekt. Die weltweite Fangemeinde wuchs rasant: die Flicks, die Grundigs, Gunter Sachs, Aga Khan, oder Stars wie Rex Harrison, Peter Sellers, Roger Vadim, Jean-Paul Belmondo, Brigitte Bardot, Anita Eckberg und Elizabeth Taylor.

◀ Das formvollendete Statussymbol aus
Mahagoni: die Riva Aquarama.

Bis 1996 verließen rund 4000 Motorboote aus Mahagoni die berühmte Werft »Cantieri Riva« am Lago d'Iseo in Norditalien. Nur die Hälfte soll davon noch existieren. Eigentlich wurden sie nicht gebaut, sondern liebevoll getischlert. Erfinder Carlo Riva legte größten Wert auf Perfektion und passte seine Mahagoni-Flotte den Ansprüchen der illustren Kundschaft an. Die kleineren Modelle Super Florida und Ariston zählen zu den Klassikern, die Tritone und ihre Nachfolgerin Aquarama mit rund 9 m Länge sind die größten.

TRAUMBOOTE IM RETROSTIL

Der Lago Maggiore hat eine große Dichte an Riva-Booten. Er ist mit seinen 66 km Länge das standesgemäße Revier für die zeitlos schönen Fahrzeuge. Sie passen auch wunderbar in den Ort Caldè, der selbst wie ein Relikt aus den 1960ern wirkt. Wenn man hier an der Piazza sitzt, kann man Riva-Boote bewundern. Etwa 40 Stück lagern in der Werft der Albertolis. Der Tessiner Linneo Poroli entdeckte schon mit 15 Jahren seine Leidenschaft für Riva-Boote. Begonnen hat alles mit seinem Vater, einem Fischer aus Ronco. Er organisierte Anfang der 1950er-Jahre mit eigenen Schiffen den Transfer von Porto Ronco zu den Brissago-Inseln. Die Firma Poroli Special Boats (www.poroli.ch) besteht seit rund 40 Jahren als Familienbetrieb. Mit Showroom in Ascona, Luxusjachten der Marken Riva und Colombo. In Quartino ist die Werft, wo die Wasserfahrzeuge betreut und gelagert werden. Darunter auch etliche Aquaramas. Einmal im Jahr – im August – organisiert Poroli für seine Kunden einen »Riva day« auf dem Lago Maggiore. Die prachtvollen Boote gleiten dann mit ihrem sonoren Sound im Tiefflug über den See.

Auch am Comer See in Lezzeno gibt es eine hohe Dichte von Riva-Booten in der Werft Matteri (www.matteri.com). Der berühmteste Bewohner des Comer Sees, George Clooney, besitzt auch eine Aquarama. Rivas werden immer noch gebaut. Dort, wo Carlo Riva begann, am Lago d'Iseo. Heute sind es Motorjachten, die ausschließlich aus Kunststoff bestehen. Der Mythos Riva bleibt davon unberührt: Dass die Mahagoni-Modelle nicht mehr gebaut werden, hat das Verlangen nach den alten Unikaten nur gesteigert. Rivas sind Liebhaberobjekte. Sie sind teuer, aberwitzig teuer. Und wenn man sie nicht mit ererbtem Geld kaufen kann, dann bleibt einem das Staunen über die makellose Schönheit dieser Stilikonen.

FESTE FEIERN

Jede Jahreszeit wird geehrt: Zu Jahresbeginn wird bei Karnevals-umzügen mit Leib und Seele gefeiert, im Frühjahr finden Kamelien-feste statt. Der Sommer bringt musikalische Klänge an die Seeufer und im Herbst dreht sich alles um die Kastanie.

Musik ist alles so scheint es am Lago Maggiore. Während der Musik-Sessions in den heißen Sommermonaten Juli und August von Locarno, Ascona und Stresa spielt die **Musik** die Hauptrolle. Bei bestem Wetter ist das Gedränge um das musikalische Spektakel groß: Urlauber, Ferienhausbesitzer und Einheimische wollen in die italienische Interpretation des Jazz eintauchen oder die Rockstars auf der Piazza Grande hören.
Das Tessiner Ufer des Lago wartet mit einer internationalen Trilogie auf: »Moon and Stars«, **Filmfestival Locarno** ⭐ und das Jazz-Festival in Ascona. Auch die lombardische Seite des Sees bietet seit Kurzem ein Jazzfestival im Sommer. Das Maggiatal lockt mit seinem Magic Blues Festival sechs Wochen lang Zuhörer weg vom See. Auch die klassische Musik kommt nicht zu kurz: In Magadino geht es um die Orgel, in Stresa um Klassik und in Baveno um die Oper.

◄ Zehn Tage lang findet in Locarno großes
Kino statt (► MERIAN TopTen, S. 52).

Doch auch andere Feste werden gern gefeiert. Zur **Karnevalszeit** ziehen
Umzüge durch fast alle größeren Orte, besonders schön sind sie in Bellin-
zona und Ascona. Am Fastnachtsdienstag verwandelt sich die Piazza in
Ascona zu einer großen Freiluftküche: In großen Töpfen wird Risotto ge-
kocht und zusammen mit Luganighe, der Tessiner Bratwurst, serviert.
Im März und April finden auf der Westseite des Sees **Kamelienfeste** statt.
Und am Karfreitag ziehen große Prozessionen durch Dörfer und Städte.
Am ersten August feiern die Schweizer ihren Nationalfeiertag. An diesem
Tag schlossen sich im Jahre 1291 die drei Urkantone Uri, Schwyz und
Unterwalden zusammen. In allen Schweizer Orten finden **Feuerwerke**
statt, das schönste sehen Sie auf der Piazza in Ascona. Am 15. August zu
Ferragosto, der als einer der wichtigsten italienischen Feiertage gilt, revanchieren sich die Italiener mit großen Seefeuerwerken. Damit man
auch richtig was davon hat, veranstalten die Gemeinden die Feuerwerke
versetzt am 14., 15. oder 16. August.
Der Herbst – wie kann es anders sein im Kastanienland – ist im Tessin
geprägt von **Kastanienfesten**.
In der Vorweihnachtszeit finden teilweise **Weihnachtsmärkte** statt und
werden Krippen aufgestellt. Besonderer Anziehungspunkt ist die Unterwasserkrippe in Laveno.

FEBRUAR
Carnevale
Karneval wird mit Umzügen und Fes-
ten in fast allen größeren Orten gefeiert. Zugleich gibt es in verschiedenen
Dörfern öffentliche Risotto- oder Po-
lentaessen. Vor allem in Ascona sind
die Warteschlangen an den Töpfen lang
und die Atmosphäre ausgelassen.
Fastnacht

MÄRZ
Kamelienfeste
Auf der Westseite des Sees finden alljährlich Kamelienfeste statt. In Locarno blühen im »Parco delle Camelie«
über 900 Kamelien an der Seepromenade. In Cannero befindet sich der Sitz
der »Società Italiana della Camelia«
(Italienische Gesellschaft der Kamelie).
Deswegen wird in jedem Frühjahr ein
großes Kamelienfest veranstaltet, auf
dem 200 Kamelienarten präsentiert
werden. Dazu darf man Arien aus »La
Traviata« lauschen (meist am Letzten
Wochenende im März; www.cameliein
mostra.it). Auch in Verbanio findet
eine Kamelienausstellung in der Villa
Giulia, Corso Zanitello 8, statt.
Mitte/Ende März

MÄRZ/APRIL

Osterprozessionen

Die Osterprozessionen am Karfreitag finden in vielen Dörfern statt.

Karfreitag

JUNI/JULI

Jazzfestivals, Ascona

Auf der Piazza in Ascona werden in der letzten Juniwoche Bühnen aufgebaut: New Orleans, Blues, Traditional Jazz und Swing wird von internationalen Stars gespielt. Mitte Juli gibt es in Lugano das »Estival Jazz« zum Nulltarif auf der Piazza della Riforma.

Letzte Juniwoche und Mitte Juli
Ascona | www.jazzascona.com,
www.estivaljazz.ch

JULI/AUGUST

Magic Blues Festival

Über sechs Wochen finden an drei Tagen meist kostenlos in Grotti und auf Piazze unter Sternenhimmel Blueskonzerte statt. Große und kleine Bands treten von Brontallo bis Bosco Gurin im gesamten Maggiatal auf.

Ende Juni–Anfang August
Maggia | Tel. 0 91/7 53 18 85 |
www.magicblues.ch

Moon & Stars, Locarno

Open-Air-Rockevent mit weltberühmten Musikern auf der Piazza Grande.

Zehn Tage, Mitte Juli
Locarno | www.moonandstars.ch

Jazz Festival

Auch die Lombardische Seite des Sees bietet Jazz an: Die Orte Luini, Germignaga, Cittiglio, Maccagno, Laveno und Lavena Ponte Tresa veranstalten im Sommer ein Jazzfestival mit internationalen Ensembles. Die Konzerte beginnen jeweils um 21 Uhr.

Letzte Juli- und erste Augustwoche
www.jazzinmaggiore.blogspot.it

Stresa Festival

Jazz im Juli. Klassik im August.

Juli und die letzten zwei Augustwochen
Stresa | www.stresafestival.eu

Festival Umberto Giordano, Baveno

Ein Opernworkshop mit Aufführungen und Liederabenden, zur Erinnerung an den Komponisten, der hier lebte.

Erste Julihälfte
Baveno | www.festivalgiordano.it

Stagione Musicale della Canonica

Musikfestival in Brezzo di Bedero.

Mitte Juli
www.musicaincanonica.it

Open-Air-Cinema, Vira

Ein paar Tage lang findet in Vira im Gambarogno ein Open-Air-Kino statt.

Ende Juli

Feuerwerke

Am Nationalfeiertag gibt es am See in den Tessiner Orten eindrucksvolle Feuerwerke, vor allem in Ascona ist das ein aufwendiges Spektakel.

1. August

⭐ Filmfestival in Locarno

Filmstars und Filmbegeisterte verwandeln Locarno für zehn Tage in eine Metropole: Auf der Piazza Grande findet großes Kino statt – internationale Top-Filme unterm Sternenhimmel. Ein wunderbares Erlebnis!

Zehn Tage, Anfang August
Locarno | www.pardolive.ch

Ferragosto

Am als einer der wichtigsten italienischen Feiertage geltenden Ferragosto revanchieren sich die Italiener mit großen Seefeuerwerken.

15. August

SEPTEMBER/OKTOBER

Settimane Musicali, Ascona

Bei den Musikwochen von Ascona sind Stars der klassischen Musik zu Gast. Seit mehr als 50 Jahren ein wichtiger Treffpunkt für Klassikliebhaber.

Ende August–Mitte Oktober
Ascona | www.settimane-musicali.ch

Kastanienfeste

Auf zahlreichen Dorfplätzen im Tessin werden Kastanienfeste gefeiert. In Ascona findet das größte dieser Feste auf der Piazza statt.

Meist erstes Wochenende im Oktober
www.kastanienland.ch

NOVEMBER

Eisbahn, Locarno

Auf der Piazza Grande in Locarno wird eine künstliche Eisbahn von 2000 qm aufgebaut.

Ende November–Anfang Januar
Locarno | www.locarnoonice.ch

DEZEMBER

Weihnachtsmärkte, Ascona, Locarno, Bellinzona und Lugano

Die Unterwasserkrippe in Laveno zieht viele Besucher an (neben dem Zeitungskiosk an der Promenade).
Zu Weihnachten kann man in Brezzo di Bedero eine lebendige Weihnachtskrippe erleben.

Erster Advent bis Weihnachten

Neben Umzügen und Festivitäten wird vielerorts am Fastnachtsdienstag öffentlich Risotto und Polenta gekocht. Besonders in Ascona (▶ S. 67) wirkt dieses Erlebnis beinahe verwunschen.

MIT ALLEN SINNEN
Lago Maggiore spüren & erleben

*Reisen – das bedeutet aufregende Gerüche und neue
Geschmackserlebnisse, intensive Farben, unbekannte Klänge
und unerwartete Einsichten; denn unterwegs ist Ihr Geist
auf besondere Art und Weise geschärft. Also, lassen Sie sich
mit unseren Empfehlungen auf das Leben vor Ort ein,
fordern Sie Ihre Sinne heraus und erleben Sie Inspiration.
Es wird Ihnen unter die Haut gehen!*

◀ In Verscio dreht sich seit über 40 Jahren alles um die Kunst der Clownerie (▶ S. 56).

ESSEN UND TRINKEN
Kollektivgenuss – Grotto Baldoria
▶ S. 69, b 4

Auf den Tisch kommt, was es gibt. Keine Speisekarte, keine Preise. Meist wird begonnen mit Salami, Mortadella und Brot, dann Salat, anschließend geht Gastgeber Mauro mit dampfender Pasta herum, bevor der Schmorbraten mit Polenta auf den Tisch kommt. Zum Abschluss: Käse und Kuchen. Sehr unterhaltsam, denn man sitzt mit fremden Leuten am Tisch, wenn man nicht gerade in einer Gruppe kommt.

Ascona | Vicolo S. Omobono 9 | Tel. 0 91/7 91 32 98 | www.grottobaldoria.ch | Ostern–Okt. tgl. abends

Ein Film- und Esserlebnis ganz besonderer Art – Ticino Experience 👫
🔖 C 2

Ein Fest für alle Sinne: Auf der Leinwand läuft ein Film, der einen Streifzug durch Tessiner Täler zeigt, auf der Suche nach einheimischen Produkten. Alles was Sie im Film sehen, bekommen Sie zugleich auf den Teller zum Schmecken. Der Film ist ein Stummfilm im Genre der Komödie.

Losone | La Casa Rustica | Via di Pioppi 14 | Tel. 0 91/78 57 002 | www.ticinoexperience.ch | März–Okt. Mo–Do 18, Fr und Sa 17 Uhr | 28 CHF

EINKAUFEN
Markt in Bellinzona
🔖 D 2

Dieser Markt nimmt die Tradition des mittelalterlichen Handels in der Stadt wieder auf. Von Käse aus dem Valle di Muggio, dem Maggia- und Bleniotal bis zur Salametti aus Esel-, Hirsch- oder Alpschweinefleisch, von Tessiner Broten bis Biogemüse, von Blumen bis Gebäck, von Honig bis Tessiner Wein – die Bellinzonesi lieben ihren Markt am Samstagmorgen mit Qualitätsprodukten aus der Tessiner Landwirtschaft. Auch Handwerker und Kunsthandwerker bieten an kleinen Ständen ihre Ware an. Danach oder zwischendurch ein Apéro auf der Piazza Nosetto.

Bellinzona | Piazza Nosetto/Piazza Collegiata | Sa 8–13 Uhr

KULTUR UND UNTERHALTUNG
Kunst im Freien
🔖 D 2

Nördlich von Bellinzona (über die Autobahn zu erreichen) findet man im Dorf Giornico einen monolithischen Betonbau, in dem Skulpturen und Plastiken des Bildhauers Hans Josephson ausgestellt sind. Die Schweizer Architekten Peter Märkli und Stefan Bellwalder bezeichnen den Bau »als architek-

tonischen Versuch zur Kunst«. Das Museum wirkt wie eine Betonruine und besteht aus unterschiedlichen Quadern mit offenen Oberlichtern. In dieser Stille kann man die Raumproportionen und den Lichteinfall auf die

Kunstwerke genießen. Ein Ort der Ruhe. Den Schlüssel bekommt man in der Osteria Giornico, ein Feldweg führt an Rebstöcken vorbei zu dem Museum. Giornico | www.sitterwerk.ch/kesselhaus-josephsohn/hans-josephsohn/werkschau/la-congiunta.html | Osteria Mo–Sa ab 8, So ab 9 Uhr (zur Schlüsselabholung) | Eintritt 7 CHF, erm. 5 CHF

Kunstpfad zu Ostern – »Sentiero d'Arte« 👫 💦 B 3

Fahren Sie zu Ostern in das Dorf Trarego Viggiona oberhalb von Cannero, wo sich in verschiedenen Häusern Künstler niedergelassen haben. Das Dorf verwandelt sich in diesen Tagen zu einem Dorado für Kunstliebhaber: In Häusern und Gärten werden entlang des »Künstlerpfades« während des »Sentiero d'Arte« Skulpturen aus Stahl, Marmor, Ton, Stein und Holz ausgestellt. Die Künstler sind persönlich anwesend. Der Spaziergang beginnt in der in der »Casetta Elisabetta« (www.casetta-elisabetta.de), einem typischen Natursteinhaus dieser Gegend, und führt dann durch die Dörfer Trarego und das benachbarte Cheglio. Dauer: etwa 20 Gehminuten. Livemusik und Performances ergänzen das Erlebnis. Trarego und Cheglio | www.prolocotraregoviggiona.it | Sentiero d'Arte: einige Tage an Ostern, im Jahr 2015: 3.–6. April; Mai–Okt. tgl. 13–18 Uhr: »Casetta Elisabetta« und andere Künstlerhäuser | während des Sentiero d'Arte verkehrt ein freier Bus-Shuttle zwischen Cannero und Trarego Viggiona

Sinnliches Clowns-Theater 👫 💦 C 2

Im kleinen Dorf Verscio dreht sich alles um einen Clown: 1971 gründeten Dimitri und seine Frau Gunda das Teatro Dimitri. Inzwischen beherrscht seine Kunst das ganze Dorf: Neben dem Theater mit 200 Plätzen, gibt es eine Theaterschule, ein Museum, einen Parco del Clown mit Skulpturen mehrerer Künstler und nun auch noch eine Casa del Clown, ein Forschungszentrum über den Humor. Das Teatro Dimitri ist zu einem der meistbespielten und wichtigsten Kleintheater der Schweiz geworden. Die Musik-, Tanz- und Pantomimevorstellungen verzaubern Abend für Abend von März bis Oktober die Zuschauer. Verscio | Teatro Dimitri | Tel. 0 91/7 96 25 44 | www.teatrodimitri.ch | März–Okt. | Eintritt 30/35/40 CHF, Kinder bis 14 Jahre 12 CHF

AKTIVITÄTEN

Panoramareise – Lago Maggiore Express 💦 C 2–A 2–B 4

Die schönste und entspannendste Art, den Lago Maggiore und sein Umland zu erkunden, ist der Lago Maggiore Express. In Locarno steigen Sie in die Centovalli-Bahn. Knapp zwei Stunden fahren Sie durch wilde Tessiner Täler, über schwindelerregende Brücken, vorbei an rauschenden Wasserfällen, durch Kastanienwälder und an steilen Felsen entlang. Naturgenuss pur! In Domodossola steigen Sie um in den Zug nach Stresa und von Stresa geht's mit dem Schiff zurück über den See nach Locarno: langsam und gemütlich auf dem Sonnendeck oder im schnellen Tragflügelboot ohne Außenterrasse. Man kann wählen zwischen einer Fahrkarte für ein oder zwei Tage und Sie können die Rundreise an verschiedenen Orten beginnen.

www.lagomaggioreexpress.com | Mitte
März–Mitte Okt. | Fahrkarte: 32 €/42 € |
weitere Infos: www.centovalli.ch

Segeltörn  C3

Die Berge, die Landschaft, den Lago
Maggiore aus einer anderen Perspekti-
ve erleben, das bietet Nunzio Quattro-
ne mit seinem Team. Sie können einen
Halbtagesausflug und einen ganzen
Tag mit Skipper buchen. Bis zu fünf
Personen können mitfahren.
Germignaga | Via Bodmer | Tel. 03 92/
4 08 78 96 | www.acquarya.it

Blütenpracht und Alpengipfel –
Parco Botanico del Gambarogno
C2

Der St. Gallener Otto Eisenhut entdeckte schon früh sein Interesse an
Pflanzen, zog ins Tessin und baute den
Park sowie die Gärtnerei in den 1950er-
Jahren auf. Das Grundstück liegt zwischen zwei Bächen, die der Wasserver-
sorgung dienen. Sohn Reto führt heute
den Betrieb. Eine der weltweit größten
Magnoliensammlungen, 1000 Kameliensorten, 400 verschiedene Azaleen
Rhododendren, Koniferen, Palmen,
Pfingstrosen, Glyzinien, Schneeglöck-
chen – ein Paradies für Pflanzenliebha-
ber. Besonders attraktiv ist das in den
Monaten März bis Juni, wenn sich der
20 000 qm große botanische Garten in
ein Blütenmeer verwandelt. Dann
blickt man durch die Blütenpracht auf
den funkelnden See und schneebedeckte Alpengipfel. Die Natur und die
Familie Eisenhut haben hier alles gege-
ben. Ein Sinnesrausch und Genuss!
Sohn Reto pflegt neben dem botanischen Garten auch die Gärtnerei und
hat großes Interesse an Zitronen, etwa
200 Sorten kann man besichtigen. Die
selbst gemachte Marmelade der Zitrus-
früchte wird verkauft.
Oberhalb von San Nazzaro | Via Parco
Botanico | Tel. 0 91/7 95 18 67 | www.
parcobotanico.ch, www.eisenhut.ch |
tgl. 7–22 Uhr | Eintritt 5 CHF

Bezaubernd anzusehen und betörend im Duft blüht eine Vielfalt an Magnolien in einer der
größten Sammlungen weltweit im Parco Botanico del Gambarogno (▶ S. 57).

DEN LAGO MAGGIORE
ERKUNDEN

Felsformationen im Fluss Verzasca unter der Ponte dei Salti in Lavertezzo (▶ S. 92).

DAS TESSINER UFER

Seit mehr als 100 Jahren ist das Tessin ein Ziel der Südsehnsucht. Die Reisenden kamen wegen des tiefblauen, palmengesäumten Sees, der Magie der Farben, des Dufts der Kamelien, der weiß gepuderten Bergspitzen und wegen der Sonne.

»Ich weiß nicht, ob Du die Landschaft im Südtessin kennst, sie ist wunderbar reich und schön, und vom Alpinen bis ganz zum Südlichen ist alles da,« schrieb Hermann Hesse 1916.

Die Landschaft um den Lago Maggiore gilt als ein Eldorado für Glückssucher und Künstler, Reiche und Extravagante. Zwischen Palmen und Platanen prahlt die Pracht von gestern.

VOM GLAMOUR ZUR BREITEN MASSE

Die deutsche Boheme fand am Ufer des Lago, was sie suchte: Inspiration und ein kultiviertes Dolcefarniente. Die Schriftstellerin Franziska von Reventlow lebte mittellos in Ascona, Kurt Tucholsky klapperte in Brissago auf seiner Schreibmaschine, Hermann Hesse kam und machte das Tessin zu seiner Heimat, ebenso wie Erich Maria Remarque, der sich in Ronco

◀ Der Campanile der Kirche Santi Pietro e
Paolo überragt Asconas (▶ S. 67) Dächer.

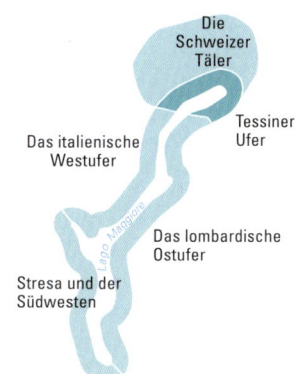

Die
Schweizer
Täler

Tessiner
Ufer

Das italienische
Westufer

Das lombardische
Ostufer

Stresa und der
Südwesten

niederließ. Skurrile und berühmte Persönlichkeiten wohnten am Tessiner Ufer des Lago Maggiore. Keiner wollte weg. Der Zauber des Ortes, die Nähe zu Italien hatten sie angezogen. Die Einwohner waren tolerant und sie fanden, dass die mondäne Welt ihrem Ort gar nicht schlecht stand.

In den 1950er- und 1960er-Jahren drängte vor allem die leichte Muse an den Lago: Schauspieler, Schlagertexter und U-Musik-Komponisten. Bei so viel Glamour durfte auch die Wirtschaft nicht fehlen: von Süßwaren-Hussel über Uhu-Fischer zu Zeitungs-Gruner. Als dann Opel 1970 ein neues Auto auf den Markt brachte, den Opel Ascona, zog es auch die Masse in die exklusive Gegend. Heute sonnt sich die Region von Locarno bis Brissago im Licht neuen Reichtums.

Auf der gegenüberliegenden Seite, dem Gambarogno, geht es weniger grell zu. Hier lässt sich entspannter Familienurlaub genießen.

LOCARNO ⚑ C2

15 000 Einwohner
Stadtplan ▶ S. 63

Das an der Westküste der Schweiz gelegene Locarno gehört zu den ältesten Touristenorten im Tessin. Der Aufschwung begann vor über 100 Jahren, als das Grandhotel am Bahnhof eröffnete, im Garten des Hotels fand 1946 das erste Filmfestival statt. Heute verwandelt sich die Piazza Grande mit ihrem Riesenbildschirm und ihren mehr als 8000 Stühlen in Europas schönstes Freiluftkino. Das Herz der Stadt ist die kopfsteingepflasterte Piazza Grande, von der die Gassen der Altstadt abzweigen und die von Restaurants und Straßencafés sowie einer Flaniermeile unter Arkaden gesäumt ist.

Locarno pflegt sein architektonisches Erbe, das in Lugano unter dem Immobilienboom begraben liegt. In der Altstadt finden Sie grandiose Patrizierhäuser, lauschige Innenhöfe und enge Gassen mit kleinen Läden und Cafés. Steigen Sie hoch zu Locarnos Wahrzeichen, der Madonna del Sasso, begeistern Sie sich an dem Blick über die Dächer auf den flirrenden See. Erst dann sollten Sie an der ewig langen Uferpromenade flanieren, wo die Stadt im Frühling, wenn das Kamelienfest beginnt, unter Kitschverdacht gerät.

SEHENSWERTES

❶ Castello Visconteo

Das mittelalterliche Stadtschloss wurde von der Mailänder Familie Visconti gebaut. Ab 1513, nachdem die Schweizer die Stadt erobert hatten, diente es als Sitz der Landvögte. Heute beherbergt es das »Museo Civico e Archeologico«, das durch einen arkadengeschmückten Renaissanceinnenhof betreten wird. Interessant: die Kollektion römischer Gläser vom 7.–2. Jh. v. Chr. In einem anderen Saal sind die Dokumente zum Locarno-Pakt von 1925 zu sehen.

Via Rusca 5 | Tel. 0 91/7 56 31 70 | www. ascona-locarno.com | April–Okt. Di–So 10–12, 14–17 Uhr | Eintritt 7 CHF

❷ Madonna del Sasso

Die mächtige Wallfahrtskirche Madonna del Sasso steht auf einem Felsvorsprung und überragt Stadt und See. Besonders schön: die Säulenhalle mit Bogengang, die dem See und der Stadt zugewandt sind. Nicht nur die Aussicht ist überragend auch das Innere der 2012 ausgezeichnet restaurierten Wallfahrtskirche, lohnt eine Besichtigung. Man betritt die Anlage durch einen Innenhof mit mehreren Kapellen und dann – nicht erschrecken – sitzen hier lebensgroße Figuren am Tisch. Eine Darstellung des letzten Abendmahles. Im rechten Seitenschiff ist das Bild der »Flucht nach Ägypten«, von Bartolomeo Suardi (Bramantino) im Jahr 1520 gemalt, zu sehen sowie an die 150 Votivbilder. Der Wallfahrtsort geht auf eine Marienerscheinung im Jahre 1480 zurück, die ein Franziskanermönch hier oben hatte. Die ersten Kapellen wurden gebaut und im 16. Jh. folgte der Klosterkomplex.

🕐 Abends oder am späten Nachmittag – je nach Jahreszeit –, wenn die gegenüberliegenden Berge von der Sonne angestrahlt sind.

Orselina | Via Santuario 2 | www. madonnadelsasso.org | tgl. 6.30–18.30 Uhr | Aufstieg zu Fuß oder per Seilbahn, alle 15 Min. von der Via Ramogna

❸ Parco delle Camelie

Südlich vom Lido breitet sich auf 10 000 qm der Stolz Locarnos aus. Einmal im Jahr im März oder April findet das Kamelien-Festival statt.

Südlich vom Lido

MUSEEN UND GALERIEN

❹ Pinacoteca Comunale

Die Casa Rusca ist einer der schönsten Paläste der Stadt. Sie beherbergt in der Pinakothek die städtische Sammlung zeitgenössischer Kunst. Der Dada-Künstler Hans Arp vermachte der Stadt über 100 Bilder und Skulpturen – eigene Werke und die seiner Zeitgenossen wie Braque, Chagall und Picasso. Sie sind der Grundstock der Sammlung.

Casa Rusca | Piazza S. Antonio 5 | Tel. 0 91/7 56 31 85 | Di–So 10–12, 14–17 Uhr | Eintritt 7 CHF

ÜBERNACHTEN

❺ Casa Borgo 🚩

Schönes Ambiente – In einem Palazzo aus dem 16. Jh., einst Casa Balli, nun Casa Borgo, eröffnete die Familie Pura ein Bed and Breakfast mit vier sehr schönen Zimmern. Lange stand das geschichtsträchtige Gebäude leer, nun leben und arbeiten unter dem neu renovierten Dach vier Generationen einer Familie. Bar, Geschenkboutique, Café Al Borgo mit lauschigem Innenhof.

Via Borghese 2 | Tel. 0 91/7 51 74 21 | www.casaborgo.ch | 4 Zimmer | €

❻ Villa Orselina ▶ S. 24

ESSEN UND TRINKEN

RESTAURANTS

7 Bottega del Vino

Weinparadies – An langen Tischen nimmt man Platz mit Blick auf viele Weinflaschen. Die Bottega macht ihrem Namen alle Ehre, denn allein 18 Seiten der Karte sind dem Wein gewidmet. Darauf liest man vor allem die Namen von Tessiner und italienischen

Über Locarno thront die Wallfahrtskirche Madonna del Sasso (▶ S. 62), von wo aus sich ein herrlicher Blick bietet. Hinauf führen ein schöner Pilgerweg oder eine Seilbahn.

Tropfen, darunter einige Raritäten. Auf zwei Seiten präsentiert Küchenchef Daniel Zürcher seine Spezialitäten. Wir halten uns an das Tatar vom Fassone-Rind und an die Tessiner Käseauswahl. Unter der Woche kostet ein Business-lunch 23 CHF.
Via Bernadino Luini 13 | Tel. 0 91/7 51 82 79 | www.anceda.ch | Sa mittags und So geschl. | €€€

8 La Chiesa
Verlockend – Das La Chiesa liegt direkt neben einer Kirche. Auf der Terrasse ist unter Sonnenschirmen weiß eingedeckt. Das Viergängemenü wird auf einer Schiefertafel für 104 CHF angeboten. Aber auch die À-la-carte-Speisen sind verlockend: Das Mille-feuille vom Oktopus wird mit Schinkenchips und Rucola serviert, die hausgemachten Pastagerichte von Küchenchef Claudio Borsoni sind eine Verlockung, ebenso das klassische Kalbssteak mit Basilikumrisotto.
La Chiesa | Via del Tiglio 1 | Tel. 0 91/ 7 52 03 03 | www.lachiesa.ch | Mo geschl. | €€€€

9 La Rinascente
Sehr kreative Küche – Ganz versteckt in den Gassen der Altstadt liegt das »La Rinascente«. In einem Patrizierhaus aus dem 16. Jh. tischt Mario Hüttenmoser auf, einer der innovativsten Köche in Locarno. Kreative Kreationen mit Überraschungseffekt! Zum »La Rinascente« gehört ein kleines, feines Boutiquehotel mit 15 Zimmern.
Via al Tazzino 3 | Tel. 0 91/7 51 13 31 | www.larinascente.ch | Sa mittags, So, Mo geschl. | €€€€

CAFÉS

⑩ Caffé dell'Arte

Kleines Café mit Innenhof, idyllischem Garten und Bed and Breakfast in einer schmalen Seitengasse der Altstadt.

Via Cittadella 9 | Tel. 0 91/7 51 93 33 | www.caffedellarte.ch

BARS

⑪ Il Negromante

Nicht nur junge Locarnesen gehen auf einen Absacker ins »Il Negromante«, Locarnos neuen Barhotspot. Lokale Bands spielen freitags und samstags Rock, Blues und Folk (bis 1 Uhr). Wem das Gewühl in der holzgetäfelten Bar zu viel ist, der kann im stimmungsvoll beleuchteten Wein überrankten Innenhof seinen Drink nehmen und die mittelalterliche Architektur bewundern. Das Gebäude stammt aus dem 15. Jh. und ist eines der ältesten Häuser in Locarno. Die Küche bietet Mediterranes.

Via Borghese 14 | Tel. 0 91/7 51 40 44 | www.negromante.com | So geschl.

EINKAUFEN

⑫ Piazza Grande

Sie finden in der Altstadt und in den Arkaden der Piazza Grande alles, was das Herz begehrt! Jeden Donnerstag (9–16 Uhr, im Winter jeden zweiten) findet hier ein Markt statt.

Piazza Grande

Kamelienfeste in Locarno, Cannero und Verbanio

In Locarno, aber auch auf italienischer Seite, finden jährlich prächtige Kamelienfeste statt (▶ S. 12).

KULTUR UND UNTERHALTUNG

Filmfestivals

Im Juli wird auf der Piazza Grande das »Moon-and-Stars«-Festival mit Rock- und Popstars gefeiert, dann folgt Anfang August das **Filmfestival** .

Piazza Grande | www.moonandstars.ch, www.pardolive.ch | Juli, Aug.

WELLNESS

⑬ Therme Locarno

Für Ihren Wohlfühltag gibt es seit Sommer 2013 eine Adresse. Am Lido Locarno eröffnete neben dem Schwimmbad ein Thermalbad mit Saunalandschaft, Solebad und Spa. Sehr exklusive Ausstattung mit großer Außenterrasse. Im 35 °C warmen Natursolewasser mit über 400 qm Wasserfläche beginnt die Erholung schon mit dem Blick über den See und auf die Berge von den Sprudelliegen des Außenpools. Im Spa werden warme Ölmassagen angeboten.

Via Respini 7 | Tel. 0 91/7 86 96 96 | www.lidospa-locarno.ch | tgl. 9–21.30 Uhr, Di Frauentag! | Solebad 29 CHF, Solebad und Saunawelt 35 CHF

SERVICE

Ente Turistico Lago Maggiore

▶ S. 63, c2

Largo Zorzi 1 | Tel. 08 48/09 10 91 | www.ascona-locarno.com | April–Okt. Mo–Fr 9–18, Sa 10–18, So 10–13.30, 14.30–17, Nov.–März Mo–Fr 9.30–12, 13.30–17, Sa 10–12, 13.30–17 Uhr

Ziele in der Umgebung

◎ BELLINZONA 🏛 D 2
17 000 Einwohner

Ob durch den Gotthardtunnel, über den Bernadino- oder Lukmanier-Pass, Bellinzona ist der erste Ort im Süden,

Bellinzona (▶ S. 65) ist nach Lugano die zweitgrößte Stadt im Tessin. An ihre Altstadt schließen drei mittelalterliche Burgen an, die zum UNESCO-Weltkulturerbe zählen.

das »Tor zu Italien« und die Hauptstadt des Schweizer Kantons Tessin. Seiner strategischen Lage verdankt der Ort ein imposantes Erbe an Kastellen, Türmen und Wehrmauern. Mit drei Kastellen und einer das Tal quer abschließenden Mauer wollten Mailands Herrscher die südwärts drängenden Schweizer aufhalten. Das war jedoch vergeblich. Die Burgen Castelgrande, Castello di Montebello und Castello di Sasso Corbaro wurden zum Sitz der Eroberer.

Die imposanteste der drei Burgen ist das **Castelgrande** aus dem 13. Jh., das mit seinen beiden markanten Türmen auf einer mächtigen Felsfaust über der Altstadt thront. Der Tessiner Architekt Aurelio Galfetti hat es in den 1980er-Jahren kongenial restauriert und eine faszinierende Synthese aus Mittelalter und spannender Gegenwartsarchitek-

tur geschaffen. Das beginnt schon mit dem Zugang zum Lift an der Piazza del Sole. Wunderbar puristisch: der Burgplatz mit angrenzendem Museum und Restaurant (www.castelgrande.ch). Die Promenade über die zinnengesäumte Festungsmauer eröffnet schöne Blicke auf die Stadt.

Die höchstgelegene Burg, **Sasso Corbaro**, die von der Mailänder Familie Sforza 1479 erbaut wurde, ist auch die jüngste der Castelli. Von hier schweift der Blick weit hinunter auf den Lago Maggiore. Das **Castello Montebello**, erbaut im 14. und 15. Jh., beherbergt die archäologische Sammlung der Stadt.

Mit seinen drei mittelalterlichen Burgen gehört Bellinzona zum Weltkulturerbe der UNESCO. Bei gutem Wetter lohnt sich der Besuch schon der Aussicht wegen. Nach dem Abstieg ist ein

Bummel durch die Altstadt empfehlenswert – am besten am Samstagmorgen, wenn Markt ist. Einen Blick sollten Sie auch in den Hof des Rathauses mit seinen dreistöckigen Loggien werfen.

www.bellinzonaturismo.ch
23,5 km östl. von Locarno

ESSEN UND TRINKEN
Osteria Malakoff

Pastavariationen – Hausgemachte Pasta von der Tessiner »Pastakönigin« Rita Fuso zubereitet, können Sie in diesem kleinen Familienrestaurant in vielen verschiedenen Variationen genießen: ob Tagliolini mit Trüffel oder Lasagne mit Gemüse aus dem Garten. Ritas Mann Antonio serviert beste Tessiner Weine dazu. Reservieren!
Carrale Bacilieri 10 | Tel. 0 91/8 25 49 40 | So geschl. | €€€

◎ CARDADA/CIMETTA　C2

Mit der Seilbahn bis Orselina und von dort weiter mit einer seit 2000 modernisierten Seilbahn den Berg hinauf zur Cardada (1340 m). Die Seilbahn – Gondel und Gebäude – ist ein Entwurf des Tessiner Stararchitekten Mario Botta. Wer höher hinauf möchte, geht ein paar Schritte einen Waldweg entlang bis zur Sesselliftstation. Von hier fahren Sie auf die Cimetta (1670 m). Die Aussicht ist phänomenal! Weit gen Süden über den Lago Maggiore, im Norden der Tessiner Alpenkranz und tief unten die Tessiner Täler. Sowohl im Winter (ein leichtes Skigebiet), als auch im Sommer zum Wandern, sollten Sie sich diesen Ausflug nicht entgehen lassen. Sehr schön auch für Kinder mit Spielspazierweg und Indianerdorf.
www.cardada.ch

ASCONA　C2
5000 Einwohner
Stadtplan ▶ S. 69

Halbrund liegt das ehemalige Fischerdorf Ascona in einer Bucht gen Süden zum See. Der graue Glockenturm von Santi Pietro e Paolo ragt hoch über die Häuser der Altstadt mit ihrer blau, gelb, rosa, grün und roten Kulisse. Die verkehrsberuhigte Uferpromenade am Lago Maggiore mit Kopfsteinpflaster und Schatten spendender Platanenreihe ist noch immer dörflich geprägt, und doch ist die **Piazza Motta** ⭐ Asconas »Salon« und Laufsteg zugleich. Von Glamour allerdings keine Spur: In Kurzarmhemden, Flip-Flops und Cargohosen wird flaniert. Schön ist es, hier zu jeder Jahreszeit in einem der vielen Cafés mit Blick auf den See zu sitzen und einfach entspannt dem Spiel des Lichts und der Wolken zuzusehen. Im Borgo, der Altstadt, mit ihren verwinkelten Gassen, in denen sich vorwiegend Boutiquen und Kunstgalerien einquartiert haben, lässt es sich gut bummeln. Zum Monte Verità (▶ S. 162) geht man nur eine halbe Stunde bergauf. Der Lido von Ascona ist eines der schönsten Strandbäder am Lago.

SEHENSWERTES
❶ Biblioteca

Das schlichte Haus mittig an der Piazza Motta ist die Bibliothek. Sie ist die einzige öffentliche Bibliothek im Tessin, in der sich mehr Bücher auf Deutsch als auf Italienisch finden. Im Lesesaal liegen deutschsprachige Zeitungen aus. Ruhe und Besinnung mitten in Ascona. Das Schönste sind die Steinbänke seitlich des Eingangs, die begehrtesten Plätze in der Wintersonne.

Piazza Motta 37 | Tel. 0 91/7 91 69 65 | www.bibliotecascona.ch | Mo–Fr 15.30–18, Sa 9.30–11.30 Uhr

❷ Casa Serodine

1620 von der Serodine-Familie errichtet. An der Fassade gibt es einiges zu entdecken: unter anderem mehrere große Adler, die die Stützbalken der Fenster verzieren, und das Familienwappen der Serodine, das von zwei nackten Jünglingen gehalten wird. Viele Jahre war hier Galerie und Antiquariat (1938–1983) des legendären Wladimir Rosenbaum untergebracht. Sehenswert ist auch der prächtige Innenhof des Palazzos, der 1990 renoviert wurde. Im Obergeschoss werden Ausstellungen gezeigt.
Piazza San Pietro 9

Lagoblick von der Piazza in Ascona

Auf der Piazza sitzen und die wechselnden Farben des Sees betrachten: Die Lichter von See und Himmel bieten ein Schauspiel, das hier besonders schön ist, da die ganze Weite des Sees vor uns liegt (▶ S. 13).

❸ Chiesa Santi Pietro e Paolo

Der imposante achteckige Campanile ragt hoch über die Altstadthäuser. Er stammt aus dem 16. Jh. wie auch die barocke dreigeschossige Säulenbasilika, die vor allem durch die Gemälde des jüngsten Sohnes der Serodine-Familie, Giovanni (1600–1631), berühmt wurde. Hinter dem Marmorhochaltar steht die »Krönung Mariä«, neben dem Haupteingang zwei weitere Fresken.
Piazza Santi Pietro e Paolo

❹ Collegio Papio

Aus armen Verhältnissen stammend hatte er Ascona als Kind verlassen, als gemachter Mann kehrte er aus Italiens Hauptstadt Rom zurück: Bartolomeo Papio (1526–1580). Er kaufte einige Häuser, vermachte seinen Grundbesitz der Kirche und verfügte, dass ein Kollegium für die Priesterausbildung gegründet werden sollte. Heute ist das Renaissancegebäude mit einer doppelten Loggia im lombardischen Stil ein Gymnasium. Der Innenhof ist zugänglich. Zu dem Collegio gehört die Kirche Santa Maria della Misericordia, die im Jahre 1442 vollendet wurde. Im Chor können Sie spätgotische Fresken besichtigen. 60 Bildszenen aus dem Alten Testament an der Nordwand und 36 aus dem Neuen Testament an der Südwand.
Via Bartolomeo Papio | www.collegiopapio.ch

❺ Monte Verità ▶ S. 162

⭐ Piazza Motta

Die Piazza von Ascona ist eigentlich gar kein Platz, sondern ein breiter Quai, eine Seepromenade. Benannt wurde sie nach Giuseppe Motta (1871 bis 1940), einem der wenigen Tessiner, dem es gelang, Mitglied der Schweizer Regierung zu werden. In der Wirtschaftswunderzeit wurde hier mit Autos geprotzt, heute gehört die Piazza ganz den Flaneuren. Auf der Piazza können Sie die gegossenen Fußabdrücke der deutschen Fußballnationalelf bewundern, die zur EM 2008 ihr Quartier in Ascona bezogen hatte.

🕐 Am späten Nachmittag ist das Licht am schönsten.

MUSEEN UND GALERIEN

6 Museo Castello San Materno

Das Castello ist die älteste Festung in Ascona. Der deutschjüdische Textilindustrielle Paul Bachrach, der Brüssel im Ersten Weltkrieg verlassen musste, suchte eine neue Bleibe für die Familie und kaufte das Castello. Nach dem Tod seiner Tochter verfiel es, bis sich die Gemeinde Ascona zusammen mit einer Kulturstiftung zur Renovierung entschloss. Das deutsche Unternehmerpaar Kurt und Barbara Alten suchte einen Ausstellungsort für 47 Gemälde ihrer Kunstsammlung. Darunter Bilder von Liebermann, Kirchner, Corinth, Nolde, Jawlensky und Macke. 2014 wurde das Museum eröffnet. Ein Gewinn für Ascona! Das Castello gilt jetzt schon als neues Wahrzeichen und als Sinnbild für die neue Kulturpolitik vor Ort.

Via Losone 10 | Tel. 0 91/7 59 81 60 | www.museoascona.ch | Do–Sa 10–12 und 15–18, So 14–16 Uhr | Eintritt 10 CHF, erm. 7 CHF, Kinder bis 18 Jahre frei

7 Museo comunale d'arte moderna 🚩

Das Museum, untergebracht im Palazzo Pancaldi, aus dem 15. Jh., besitzt nicht weniger als 100 Gemälde und 120 Skizzenbücher der russischen Malerin Marianne von Werefkin, die zum Kreis um die Künstlergruppe des Blauen Reiters gehörte und zusammen mit Alexej Jawlensky, Gabriele Münter und Wassily Kandinsky dem deutschen Expressionismus den Weg bereitete. Mit dem Maler Jawlensky verband sie eine jahrelange Liaison. Als Werefkin nach der russischen Revolution ihr Vermögen verloren hatte, verließ Jawlensky sie. Sie blieb in Ascona, schenkte 1922 dem Museum etliche Bilder und legte damit den Grundstock für die Sammlung. Vollkommen verarmt starb sie hier 1938. Ihren Nachlass verwaltet eine Stiftung, die in den engen Museumsräumen nur einen kleinen Teil der vorhandenen Werke ausstellen kann. Weitere Schenkungen bereicherten die Kollektion. Zudem werden auch Wechselausstellungen gezeigt.

Via Borgo 34 | Tel. 0 91/759 81 40 | www.museoascona.ch | Di–Sa 10–12, 15–18, So 10.30–12.30 Uhr

8 Museo Epper

Das Künstlerehepaar Mischa und Ignaz Epper ließ sich in den 1920er-Jahren in Ascona nieder. Das Museum wurde im Wohn- und Atelierhaus der Eppers nach ihrem Tod eingerichtet. Epper gilt als einer der wichtigsten Vertreter des Schweizer Expressionismus. Auch Wechselausstellungen.

Via Albarelle 14 | www.museo-epper. ch | Di–Fr 10–12, 15–18, Sa, So 15–18 Uhr

ÜBERNACHTEN

9 Eden Roc ▶ S. 23

10 Elvezia

Freundlicher Service – Seit 1909 gibt es das Hotel an der Piazza von Ascona. Der Blick aus den Zimmern (besonders schön sind die Zimmer im ersten Stockwerk mit großen Balkonen), dem Restaurant und der Terrasse auf den See und die Berge ist einfach grandios. Sehr freundliches Personal.

Piazza G. Motta 15 | Tel. 0 91/7 91 15 14 | www.hotel-elvezia.ch | 20 Zimmer | €€

ESSEN UND TRINKEN

11 Osteria Nostrana

Klassisches Tessin – Die Terrasse ist riesig, doch man hofft immer auf schlechtes Wetter, um einmal drinnen sitzen zu können. Das Ambiente ist sehr gemütlich: Kaminfeuer, an den Wänden ein Mix von Spiegeln, Fotos und Bildern, Feuer im Pizzaofen. Die Pizza ist hauchdünn und lecker, zum Ossobuco gibt es Polenta, die Salate sind knackig und zum Dessert wird Kuchen aus der eigenen Pasticceria serviert. Eines der zu recht beliebtesten Restaurants an der Piazza.

Piazza Motta 16 | Tel. 0 91/7 91 51 58 | www.ffgastro.ch | €€€

12 Seven ▶ S. 32

EINKAUFEN

 **Selvaggio S.A.**

Der Designer und Innenarchitekt Carlo Rampazzi ist schrill und humorvoll. Er ist in Ascona geboren, aber in der ganzen Welt unterwegs. Seine bunten Fantasiewelten sind in der Schweiz in den Luxushotels Eden Roc (▶ S. 23) in Ascona, Carlton in St. Moritz und Tschuggen in Arosa zu bewundern. Seine Möbel und Wohnaccessoires sind auch einzeln zu erwerben, in der Boutique Selvaggio S.A. in Ascona.

Vicolo Ghiriglioni 3 | www.selvaggio.ch

⑭ **Negozio alle Fattoria** ▶ S. 41

KULTUR UND UNTERHALTUNG

⑮ **Teatro San Materno** 🚩

Der deutschjüdische Textilindustrielle Paul Bachrach hatte nach dem Ersten Weltkrieg das Castello gekauft als Wohnhaus für seine Familie. Seine Tochter Charlotte Bara (1901–1986) studierte Tanz bei Isadora Duncan und wünschte sich ein eigenes Theater. Bachrach engagierte 1927 den Worpsweder Architekten Carl Weidemeyer (1882–1976). Das Teatro San Materno wurde das erste Gebäude Weidemeyers in Ascona im Bauhausstil. Die Tänzerin und Choreografin besaß nun eine Bühne für eigene Auftritte, aber auch für Gastspiele: Isadora Duncan, Rudolf von Laban und Mary Wigman trafen sich hier. Bis in die späten 1950er-Jahre bespielte Bara das Theater, 1978 verkaufte sie es der Gemeinde Ascona. Viele Jahre rottete es vor sich hin, bis der Architekt Guido Tallone 1999 ein Sanierungsprojekt vorlegte, das erst einige Jahre später realisiert wurde. Seit

Die farbenfroh gestrichenen Fassaden machen Asconas (▶ S. 67) Uferpromenade zu einer der schönsten der Region. Die knorrigen Platanen sind über 100 Jahre alt.

2009 finden in dem Theater wieder Veranstaltungen statt.

Der Architekt Weidemeyer wurde zum Protagonisten des »neuen Bauens« im Tessin. Seine Entwürfe wurden in den 1930er-Jahren in zahlreichen Zeitschriften gezeigt und ein Foto der Villa Tutsch sogar in einer Ausstellung im Museum of Modern Art in New York. Gebaut für die ungarische Familie Tutsch unten am See, wird es heute von einer Zürcher Familie bewohnt, die das Haus im Originalstil restauriert hat.

Via Losone 3 | Tel. 0 91/7 92 30 37 | www.teatrosanmaterno.ch

SERVICE

Ente Turistico ▶ S. 69, c 3

Viale B. Papio 5 | Tel. 08 48/09 10 91 | www.ascona-locarno.com | Ende März–Ende Okt. Mo–Fr 9–18, Sa ab 10, So 10–14 Uhr

Ziele in der Umgebung

◎ **RONCO** C 2

650 Einwohner

An der Uferstraße, die Ascona und Brissago verbindet, liegt Ronco. Die Lage ist spektakulär, der ursprüngliche Ort Ronco sopra Ascona liegt auf einem kleinen Plateau auf 350 m Höhe. Ein an den Hang gebautes Labyrinth

---

Entspannung im »Parco Botanico« auf der Brissago-Insel

Die Anlage gilt als schönster botanischer Garten im südlichen Europa! Besonders schön ist der Bambuswald, die alten Zedern, Zypressen, Palmen und Araukarien (▶ S. 13).

---

von Gassen, Treppen, Terrassen und Dächern. Doch der Hang drumherum ist inzwischen voll mit Villen und Residenzen. Im Zentrum die Kirche San Martino, deren Turm aus dem Jahr 1563 stammt. Idyllisch auch der kleine Friedhof, auf dem Max Emden (▶ S. 77) liegt ebenso wie Erich Maria Remarque. Durch den Erfolg seines Buches »Im Westen nichts Neues« weltberühmt geworden, hatte Remarque 1931 genug vom kriegslüsternen Westen. Er kaufte sich – kurz bevor seine Bücher in Deutschland verbrannt wurden – eine Villa in Porto Ronco unten am See, die »Casa Monte Tabor«. Hier lebte er seit den 1950er-Jahren mit der Schauspielerin Paulette Goddard, die auf dem Höhepunkt ihrer Karriere 1936 neben Charlie Chaplin in »Moderne Zeiten« spielte. Am schönsten sitzt man im Restaurant Della Posta (www.ristorante dellaposta.ch).

8 km südl. von Ascona

BRISSAGO C 2

1800 Einwohner

Der letzte Ort vor der Grenze nach Italien ist Brissago, das am Fuße des Monte Ghiridone (2200 m) liegt und immer höher den Berg hinauf wächst. Der alte Ortskern liegt unten am See auf einem der beiden Deltas, die von den zwei wilden Bergbächen – Torrenti del Sacro Monte und Torrenti di Ponte – aufgeschwemmt wurden. Die Hauptstraße nach Italien führt mitten durch den Ortskern, den Borgo, der zur Seeseite hin noch weitgehend gut erhalten ist, wenn auch drumherum die neuen Bauten nicht immer zur Verschönerung beigetragen haben. Südlich des

Zentrums befindet sich die Tabakfabrik und der Strand mit Schwimmbad, Rutsche und Liegestühlen. Die Gemeinde Brissago erstreckt sich weit den Bergrücken hinauf, der heute ebenso überbaut ist wie die steilen Abhänge in Ronco, Ascona und Locarno.

SEHENSWERTES

Centro Dannemann

Gegründet wurde die »Fabbrica Tabacchi Brissago« von lombardischen Emigranten und Brissaghesen 1847, um die Zölle zu umgehen. Denn auf der gegenüberliegenden Seite herrschten die Österreicher, noch hatte Garibaldi die Gegend nicht erfolgreich von ihnen befreit. Die Fabrik war der Ausgangspunkt der Zigarrenindustrie im Tessin, die um 1900 fast 40 Manufakturen zählte. 1999 wurde »die schönstgelegene Fabrik der Schweiz« von Dannemann gekauft. Zwar werden hier nach wie vor die berühmten »Brissagos« produziert, doch die Fabrik ist auch Event-Location, mit einem Auditorium für Veranstaltungen. Die Fabrik kann auf Anfrage besichtigt werden und im hauseigenen Shop sind Tabakwaren zu erwerben.

Via Leoncavallo 55 | Tel. 0 91/7 86 81 30 | www.centrodannemann.com

Chiesa Madonna di Ponte

Die kleine Kirche mit dem imposanten Campanile grenzt direkt an den See hinter dem Centro Dannemann. Sie ist ein Meisterwerk der lombardischen Renaissance aus dem 16. Jh. von Giovanni Beretta. Im Säulengang befindet sich die Grabstätte für Ruggiero Leoncavallo (1857–1919) und seine Frau Berthe.

Wird der kleine Bootsanleger auf der Brissago-Insel (▶ MERIAN TopTen, S. 76) angesteuert, ist schon der Hinweg lohnenswert, um den Blick über den Lago Maggiore schweifen zu lassen.

Chiesa Santi Pietro e Paolo

Schon im Mittelalter stand hier ein Gotteshaus. Das heutige Gebäude jedoch, stammt aus dem 16. Jh., erbaut ebenfalls von Giovanni Beretta mit seinem Sohn Pietro. 1961–1963 wurde es renoviert und alle vorherigen Bausünden beseitigt. Klar und puristisch zeigt sich der Innenraum. Besonders eindrucksvoll ist der Vorplatz, auf dem die älteste Zypresse des Tessin steht.
Via ai Cipressi

MUSEEN UND GALERIEN

Museo Ruggiero Leoncavallo

1904 ließ sich der Komponist Ruggiero Leoncavallo (1859–1919) nahe dem Grandhotel die Jugendstilvilla Miryam mit maurischen Elementen bauen. Hier lebte er zehn Jahre, doch leider wurde die Villa 1978 abgerissen, um einem Appartementhaus zu weichen. Im Palazzo Branca, einem Barockpalast am See, eröffnete 2002 das Museum Leoncavallo. Drei Räume sind ihm hier gewidmet. Zu verdanken ist diese Initiative Hildegard von Münchhausen (1919 bis 2014), der Baronessa von Brissago. Die Musikliebhaberin und Mäzenin hatte schon in den 1990er-Jahren Teile von Leoncavallos Nachlass gekauft.
Palazzo Branca-Baccalà | Tel. 0 91/ 7 93 02 42 | www.leoncavallo.ch | März–Okt. Mi–Sa 10–12, 16–18 Uhr

ESSEN UND TRINKEN

Ristorante Gabietta

Super-Lage – Das Restaurant liegt direkt an der Uferpromenade. Die Aussicht auf die Landschaft ist hier ebenso ein Genuss wie die Küche: ob Fritti misti, Pizza oder das kräftig gewürzte Ossobuco – alles von bester Qualität.

Via Gabbietta 6 | Tel. 0 91/7 93 17 60 | www.ristorantegabietta.ch | März–Okt. tgl. 10–23 Uhr | €€€

SERVICE

Ente Turistico

Via Leoncavallo 25 | Tel. 08 48/09 10 91 | www.ascona-locarno.com | Ende März–Ende Okt. Mo–Fr 9–18, Sa ab 10, So 10–14 Uhr

GAMBAROGNO C2

5000 Einwohner

Wenn man von der Autobahn kommt und die Ausfahrt Bellinzona-Süd, Lago Maggiore, nimmt und dann das linke Ufer des Sees ansteuert, kommt man in Magadino an eine Stelle, an der sich der Zauber des Lago Maggiore entfaltet: Durch elf hochgewachsene Palmen blickt man über den See bis nach Locarno. Hier offenbart sich die Weite und Ruhe des Sees.

10 km zieht sich die Riviera del Gambarogno am Ostufer des Lago in der Schweiz entlang. Von Magadino bis Dirinella. Hier geht alles entspannt und ruhig zu. Ideal für Wanderer, Liebhaber von schönen kleinen Stränden und gemütlichen Restaurants. Luxushotels finden Sie hier nicht, die meisten Touristen bewohnen Ferienwohnungen, Pensionen oder nette B & Bs. Ursprünglich waren die Seedörfer (Magadino, Vira, San Nazzaro, Gerra, Ranzo), die auf dem Schwemmland der Gebirgsbäche angesiedelt sind, und die Bergdörfer (Orgnano, Fosano, Piazzogno, Vairano, Sant'Abbondio und Caviano), die sich auf eiszeitlichen Terrassen am Berghang finden, voneinander abgetrennte Gemeinden, doch durch den

auch hier nicht halt machenden Bauwahn sind sie fast zusammengewachsen. Vira gilt als Hauptort des Gambarogno. Von hier führt die Straße steil bergauf, zum botanischen Garten, zur Alpe di Neggia und nach Indemini. In San Nazzaro gibt es einen Bootsanleger und direkt daneben ein Strandbad.

ÜBERNACHTEN

Bellavista

Panoramablick – Direkt oberhalb von Vira gelegen, mit großem Garten, Pool und schönen, modernen Zimmer, die Balkon oder Terrasse haben. Einige Zimmer befinden sich in kleinen Bungalows. Blick auf Locarno und das Maggiatal.

Vira | Strada d'Indeman 18 | Tel. 0 91/7 95 11 15 | www.hotelbellavista.ch | 63 Zimmer | €€

Casa La Palma

B & B – Im autofreien Caviano befindet sich das kleine Bed and Breakfast mit drei Zimmern fast neben der Kirche.

Caviano | Sentiero Santino Masa 12 | Tel. 0 91/7 80 08 81 | www.lapalma. peller-net.ch | 3 Zimmer | €

Pensione Tamaro

Idyllisch – Die Pension liegt am Hang oberhalb von Vira in ausgesprochen idyllischer Lage. Das Haus wurde im Jahr 1897 gebaut und war einst eine Osteria. 2007 wurde es zur Pension mit fünf Zimmern umgebaut. Die schöne Aussichtsterrasse mit Blick auf das Maggiatal ist jetzt den Pensionsgästen vorbehalten.

Piazzogna | Via Canton Dent 6 | Tel. 0 91/7 95 22 87 | www.osteriatamaro.ch | 5 Zimmer | €

ESSEN UND TRINKEN

Da Rodolfo ▸ S. 31

Osteria del Sole

Superservice – Spezialität ist das Fleisch auf dem heißen Stein, das ein Rinderfilet, Lammfilet oder ein Entrecote sein kann. Aber auch der Wolfsbarsch oder Fritto Misto aus dem See sind ein Genuss. Unterhalb der Kirche von Caviano sitzt man auf einer schönen Terrasse mit Blick auf den See, Ascona und Pino.

Caviano | Tel. 0 91/7 94 14 12 | Mi nur abends ab 17 Uhr | €€€

KULTUR UND UNTERHALTUNG

Orgelmusik-Festival

Alljährlich zwei Wochen im Juli.

Magadino | www.organ-festival.ch

Open-Air-Cinema

Ende Juli.

Vira

SERVICE

Gambarogno Turismo

Vira | Tel. 0 91/7 95 18 66 | www.gambarognoturismo.ch

Ziele in der Umgebung

◎ **INDEMINI**   🏷 C3

Das Schweizer Bergdorf ist mit dem Postbus oder dem Auto von Vira zu erreichen. Indemini liegt auf 979 m Höhe und ist das oberste Bergdorf des italienischen Veddascatals. Früher galt der Ort als Schmugglernest. Die Häuser schmiegen sich terrassenförmig an den Hang und der ganze Ort strahlt eine Ursprünglichkeit aus, wie man sie sonst kaum findet.

34 km südl. von Ascona

Im Fokus
Auch Leben ist eine Kunst –
die Geschichte der Brissago-Inseln ⭐

*Eine Baronin und ein Kaufmann sorgen für die bewegte
Vergangenheit der Brissago-Inseln. Boheme und Politik
versammelten sich auf den Eilanden, deren Ausblick Konrad
Adenauer einst als schönsten Europas bezeichnete.*

Die Geschichte der Brissago-Inseln beginnt noch in der Römerzeit, als
auf der größeren Insel ein Tempel zu Ehren der Liebesgöttin Venus angelegt wurde. Jahrhunderte später wurde der Venustempel zerstört und an
seiner Stelle eine Kirche errichtet. Im Mittelalter kam ein Kloster hinzu,
das jedoch wegen des Lebenswandels der Mönche aufgelöst wurde. Der
Geist der Venus ging noch immer auf der Insel um.
1885 kaufte die schöne Baronin Antonietta de Saint-Léger die Inseln. Antonietta war in St. Petersburg angeblich als uneheliches Kind von der Bal-
lerina Wilhelmina Bayer geboren worden. Vermutlich aus einer Liaison
mit Zar Alexander II. Antonietta war zum dritten Mal verheiratet und
gerade 29 Jahre alt, als sie die Inseln kaufte. Ihr Mann, Richard Fleming,
ein Offizier der englischen Armee, hatte ein beträchtliches Vermögen
und den Titel Baron de Saint Léger geerbt.

◄ Der Kaufhausmagnat Max Emden und
seine Villa auf der Isola di San Pancrazio.

Auf der größeren der beiden Inseln, der Isola di San Pancrazio, begann
Antonietta ihr Lebenswerk. Sie wollte ein Insel-Königreich und sie be-
kam es: Ein kleiner Palast im lombardischen Stil wurde errichtet und mit
einem Sammelsurium von Kunstschätzen ausgestattet. Für einen botanischen Garten ließ sie Schaluppen voller Mist und Erde auf die Insel kommen und bestellte exotische Pflanzen aus aller Welt. Doch Antoniettas
Leidenschaft beschränkte sich nicht nur auf die Pflanzen: Sie sprach sechs
Sprachen, lebte nach Monopoly-Regeln, kaufte Ölfelder ebenso wie Ei-
senbahnen und glaubte ständig, bahnbrechenden Erfindungen auf der
Spur zu sein. Der Baron zog sich 1897 nach Neapel zurück, ermüdet von
den Liebes- und Finanzabenteuern seiner Frau. In ihrem Haus versam-
melte sich die vornehme und geistige Welt Europas: Nicht nur namhafte
italienische Künstler, auch James Joyce, Cosima Wagner, Harry Graf
Kessler und Rainer Maria Rilke zählten zu ihren Gästen. Doch der tiefe
Wandel, der sich in Europa zwischen 1914 und 1925 vollzog, war auch im
Tessin und auf der Insel der Baronin spürbar. James Joyce empfand 1918
die Atmosphäre auf der Insel »überspannt« und Harry Kessler schrieb
1920 »Die Baronin, inzwischen eine alte Dame … lebte allein mit einem
alten Gärtner und stellte Puppen her, die zu leben schienen.« Mithilfe
eines Japaners hatte sie in den 1920er-Jahren eine Puppenfabrikation auf-
gezogen. Ein letzter Versuch bis nichts mehr ging. Der letzte Deal platzte,
der letzte Liebhaber (ein albanischer Fürst) starb.

DIE ÄRA MAX EMDEN

Da kam 1927 der Hamburger Max Emden ins Tessin. Er wohnte auf dem
Monte Verità im Hotel von Eduard von der Heydt, wo ihn der Zauber der
Region erfasste. Der damals 53-jährige Emden war nach seinem Studium
der Chemie und Mineralogie 1904 in den Familienkonzern, ein Handels-
unternehmen, eingetreten und hatte innerhalb weniger Jahre daraus ein
Kaufhausimperium geschaffen. Er baute Kaufpaläste von bis dahin nicht
gekannter Größe, u.a. das 1907 eröffnete KaDeWe in Berlin und das
Oberpollinger in München. Allein in Deutschland ließ er bis 1927 mehr als
20 Kaufhäuser bauen. Auf dem Höhepunkt seines Erfolgs scheiterte seine
Ehe, er ließ sich scheiden, hatte genug von Deutschland und verkaufte
den größten Teil seiner Warenhäuser an Rudolph Karstadt. Als Multimil-
lionär zog er ins Tessin und wedelte mit den Scheinen. Für 350 000 Fran-

ken erwarb er von der Baronin die Brissago-Inseln. Die Baronin bezahlte ihre Schulden, wusste aber nicht, wo sie mit ihren zahlreichen Kisten voller Erinnerungsstücke hin sollte, bis Max Emden schließlich gegenüber von den Brissago-Inseln eine alte Mühle mit einigen Gebäuden für sie kaufte. Sie starb völlig verarmt 1948 im Altersheim von Intragna.

Max Emden war jüdischer Herkunft und ahnte offenbar, wohin sich Deutschland entwickelte. Mit Emden kam ein ganz anderer Lebensstil auf die Inseln. Das Haus der Baronin und die Reste der alten Kirche wurden gesprengt, ein neuer prächtiger Palazzo im neoklassizistischen Stil mit 30 Räumen und luxuriöser Ausstattung gebaut. Da Emden leidenschaftlicher Kunstsammler war, kamen bedeutende Kunstwerke nach und nach in den Palast. Der Park wurde ausgebaut, der botanische Garten erhalten. Ein 33 m großes, offenes römisches Bad errichtet, in dessen Mitte sich ein Schwimmbecken aus Marmor befand. Der Badeplatz war von einer Mauer umgeben. An einer Ecke wurde eine bogenförmige Öffnung eingelassen, die durch ein schmiedeeisernes Gitter gesichert war.

Am 9. April 1956 stand Konrad Adenauer vor dem Aussichtsfenster und bezeichnete diesen Ort als den schönsten Aussichtspunkt, den er jemals in Europa gesehen habe.

WÜRSTCHEN OHNE SCHLAFROCK

Zu Emdens Gästen zählte sich Prominenz wie der Gemahl der ehemaligen holländischen Königin Wilhelmina oder der Sultan Aga Khan III. Am alten Hafen hatte Emden seinen Leitspruch neben den Wappen der Schweiz und des Tessins angebracht: »Auch Leben ist eine Kunst.« Zusätzlich ließ er einen Hafen für seine 13 Sportboote bauen. Max Emden, stets braun gebrannt, trug Bügelfalte an der kurzen Leinenhose und sammelte angeblich Mädchen. Der Legende nach hauste immer ein gutes Dutzend ausnehmend schöner, meist nur spärlich bekleideter Geschöpfe mit ihm auf seinem sonnigen Eiland. Entstanden ist dieses Gerücht durch ein oder zwei Fotos. Die eine Frau an seiner Seite war 18 Jahre alt, als sie 1929 zu Emden auf die Insel zog: Sigrid Renata Jacobi stammte aus einer Hamburger Kaufmannsfamilie. »Würstchen« nannte Emden sie zärtlich, da sie ihn – immer bester Laune – wie ein Hanswurst zum Lachen brachte und seine Melancholie vertrieb. Mit »Würstchen« und ihren vorzugsweise halbnackten oder nackten Freundinnen durchpflügte er mit seinem Mahagoniboot den See. Gerüchte über das ausschweifende Leben Emdens und seiner Gäste sorgten in den katholischen Dörfern am Ufer für Aufregung und Empörung. So sehr, dass noch heute gern davon erzählt wird.

Emden gründete und finanzierte auch Ende der 1920er-Jahre den Golf-
club, der auf der Landzunge von Ascona idyllisch angelegt, heute noch
ein Anziehungspunkt ist.

Zu den Gästen der Insel in jener Zeit gehörte u. a. auch der Schriftsteller
Erich Maria Remarque, der durch den Erfolg von »Im Westen nichts
Neues« hohe Bekanntheit erreichte und sich Anfang der 1930er-Jahre
eine Villa in Ronco bei Ascona kaufte. Der einstige Fischerort hatte sich
zum Treffpunkt von Künstlern und – seit den 1930er-Jahren – auch von
Emigranten entwickelt.

DIE MILLIONÄRSKRANKHEIT

Am 19. Dezember 1938 notierte Remarque: »Am 16. Abends zu Emden
essen auf die Insel. … Emden nervös. Die Millionärskrankheit. Angst vor
Verarmen, Krieg etc. … Hat vielleicht 15–25 Millionen, ist über 60, u. nur
weil er in Deutschland u. Danzig, bezw. in Budapest seine Einnahmen
verliert, verliert er den Kopf dazu.« Doch Emden hatte allen Grund beun-
ruhigt zu sein. Mit der Machtübernahme Hitlers war es mit seinem unbe-
schwerten Leben auf der Insel vorbei. Durch »Arisierung« seiner Kaufhäuser und durch Zwangsverkäufe seines Privatbesitzes in Hamburg
verlor Emden einen großen Teil seines Vermögens. In einem mühsamen
Kampf versuchte er, seinen Besitz zu retten und schaltete den Schweizer
Botschafter in Berlin ein, doch die Schweiz zeigte sich nicht entgegen-
kommend. Zermürbt und erschöpft starb Max Emden im Sommer 1940
im Alter von 66 Jahren und ist in Ronco begraben. Remarque notierte:
»Man braucht ein starkes Herz, um ohne Wurzeln zu leben.«

Emdens Sohn Hans Erich, dem die Schweiz die Einbürgerung verweiger-
te, verkaufte die Inseln an den Kanton Tessin. Er musste die Schweiz verlassen und floh in die Heimat seiner Mutter nach Chile. Er beauftragte
einen Anwalt, die väterlichen Kunstgemälde zu verkaufen. Nach dem
Krieg stellte er fest, dass ein Teil der Gemälde weit unter Wert verkauft
wurde. Einige Bilder waren in den Besitz Hitlers gelangt, andere hingen
später im Bundespräsidialamt in Bonn. Er stellte Anträge auf Entschädi-
gung und Rückgabe. Aktuell streitet Emdens Enkel um Herausgabe zweier Gemälde, die sich noch im Besitz der Bundesrepublik befinden.

Emdens Schloss hat die Zeiten überdauert. Hierin befindet sich heute ein
Konferenzzentrum mit Hotel und Restaurant. Der »Parco Botanico« ist
von April bis Oktober zugänglich (www.isolebrissago.ch).

Zum Weiterlesen: Francesco Welti: Der Kaufhaus-König und die Schöne
im Tessin. Max Emden und die Brissago-Inseln. Huber, Zürich 2010.

DIE SCHWEIZER TÄLER

*Die Schweiz teilt sich entlang dem Lago Maggiore in drei große Täler.
Hinzu kommen kleine Seitentäler – zerklüftet wie eine knorrige, alte
Hand –, ungezähmte, wilde Schluchten und sonnige Hänge, einsame
Weiler, spektakuläre Brücken über smaragdgrünem Wasser.*

Es hat etwas Märchenhaftes wie die drei Flüsse Maggia, Verzasca und
Isorno durch die Schweizer Täler rauschen, sich mit aller Kraft durch die
Felsen drücken, sie abrunden, immer wieder Wasserfälle sprudeln lassen,
Wälder durchstreifen und von sorglos dreinblickenden Dörfern gesäumt
werden. Unweit von Locarno breiten sich die verwunschen wirkenden
einzelnen Täler aus. Hinter einem der höchsten Staudämme Europas beginnt die **Valle Verzasca** ⭐, im Südwesten grenzt sie an die Valle Maggia, welche weiter im Südwesten auf die ungezähmte Natur der Valle Onsernone trifft, die sich bis an die italienische Grenze schmiegt.

RAUM FÜR AKTIVITÄTEN
Erhaben und stetig gräbt sich der Fluss Maggia durch die Valle Maggia
seinen Weg durch das größte Tal der italienischen Schweiz. Vom Hauptort

◀ Brontallos Trockensteinhäuser zählen zur
Gemeinde Lavizzara im Maggiatal (▶ S. 81).

Die
Schweizer
Täler

Das italienische
Westufer

Tessiner
Ufer

Das lombardische
Ostufer

Stresa und der
Südwesten

Cevio aus teilt sich das Maggiatal wie eine knorrige, alte Hand in verschiedene größere und kleinere Seitentäler auf. Hier, nordwestlich von Locarno, bietet das Tal Raum für eine Vielzahl von Aktivitäten – von Wandern bis Klippenspringen.

Das Onsernonetal gibt sich ungezähmt – enge Kurven schlängeln sich durch das wohl wildeste Tal des Tessins, entlang einsamer Weiler, die sich an sonnige Hängen schmiegen. Unten im Tal ahnt der Besucher den Fluss Isorno. Während man die gerade mal 22 km von Intragna in der Talmündung bis Spruga am Ende des Tals auf 1105 m Höhe durchstreift, scheint der Lago mit seinen Filmfestspielen weit, weit weg.

BUNGEE À LA BOND

In der **Valle Verzasca** ⭐ ist die Filmwelt schon wieder näher – hier stürzte sich James Bond im 1995 gedrehten Film »Goldeneye« schier endlose 220 m tief den Selvatica-Staudamm hinab. Nach wie vor ist der imposante Damm ein beliebter Ort für wagemutige Bungee-Jumper. Direkt dahinter staut sich der Fluss bis nach Corippo zum Vogoner See. In unmittelbarer Nähe zur Mauer beginnt eines der schönsten Tauchgebiete Europas. Aber auch Wanderer kommen nicht zu kurz, wenn sie entlang des smaragdgrünen Flusses Wälder durchstreifen und alte, geschwungene Steinbrücken überqueren.

MAGGIATAL (VALLE MAGGIA) B 1/C 2

Der Fluss Maggia sprudelt durch die Felsen, schlängelt sich unter alten geschwungenen Steinbrücken und waghalsig aussehenden Hängebrücken durch das größte Tal im Tessin. Es tummeln sich todesmutige Klippenspringer an bizarren Felsformen zu den Welt- und Europameisterschaften, entspannen Badegäste an Sandstränden und auf glatten Felsen, staunen Wanderer über die herrliche Natur.

Stolze 800 km Wanderwege vom Tal bis in die 3000 m hohen Berge hinauf begeistern erfahrene und unerfahrene Wanderer gleichermaßen. Vorbei an prächtigen Patrizierhäusern geht es hoch bis auf 1500 m zum alten Walserdorf Bosco Gurin, das sich bis heute seine eigene Sprache und Kultur erhalten konnte.

◎ MAGGIA   C2
2400 Einwohner

Umgeben von Weinbergen liegt das beschauliche Maggia. Hier thront San Maurizio über dem Ort, die älteste Kirche des Tals. Ihr Ursprung geht auf das 11. Jh. zurück, seitdem wurde sie bereits mehrfach liebevoll ausgebaut und restauriert.

Kurz vor Maggia steht die Kapelle Santa Maria delle Grazie im Ort Campagna. Der romanische Bau aus dem Jahr 1528 beinhaltet sehenswerte Renaissance-Fresken sowie eine Sammlung von 24 Werken von Giovanni Vanoni.

◎ CEVIO   B1
1250 Einwohner

Im Hauptort der Valle Maggia erinnern stattliche Patrizierhäuser an die Vergangenheit des Ortes. Hier wurden die eigenen Traditionen im Stillen gepflegt, bis 1513 der erste Landvogt ernannt wurde. 158 Nachfolger sollte er haben, bis der letzte von ihnen 1798 das Tal in einem desaströsen Zustand hinterließ. Es folgte eine große Auswanderungswelle in die »Neue Welt«. Erst als die Konjunktur einen Aufschwung erfuhr, kam es zu einer Zuwanderung ab der ersten Hälfte des 20. Jh.

◎ CAMPO   B1
51 Einwohner

In dem rutschenden Dorf Campo steht die barocke Kirche San Bernardo auf unsicherem Boden. Von 1892 bis 2000 wanderte die Kirche um ganze 27 m seitlich und 6 m in die Tiefe. Grund ist die undurchlässige Fels- und Lehmschicht, auf der die Erde der Abhänge keinen Halt findet und darum ins Rutschen gerät.

SEHENSWERTES

San Giovanni Battista

Architekturfreunde werden begeistert sein von San Giovanni Battista. Der Luganer Stararchitekt Mario Botta entwarf den neuen Kirchenbau im Weiler Mogno, nachdem eine Lawine die barocke Dorfkirche 1986 zerstört hatte. Die Dorfbewohner diskutierten lang und trauten sich dann inmitten alter Rustici und Gebirge etwas Neues zu. San Giovanni Battista beheimatet zwar die noch erhaltenen zwei Glocken der alten Kirche von 1748, alles andere aber ist neu und modern gestaltet: Die turmartige Form ist in 45°-Neigung oben abgeschrägt und mit einem kreisrunden Glasdach bedeckt, das den Blick gen Himmel lenkt. Das schwarzweiße Muster entstand durch weißen Marmor aus Peccia und grauen Gneis aus Riveo. Ein echter Hingucker!

Mogno | tgl. 9.30–17 Uhr | Parkplatz am Ortsende Richtung Fusio, Wegstrecke vom Parkplatz zur Kirche: ca. 500 m

MUSEEN UND GALERIEN

Museo di Valmaggia

Das Museo di Valmaggia beherbergt die bedeutendste Sammlung zur Geschichte und Kultur des Maggiatals. Neben der Dauerausstellung bietet das Museum auch naturwissenschaftliche und anthropologische Exkursionen, Workshops für Kinder und Jugendliche sowie Vorträge an.

Die beiden Gebäude des Museums stehen in Cevio, umgeben von wunderschönen Patrizierhäusern des 16. Jh.

Cevio | www.museovalmaggia.ch |
April–Okt. Di–Sa 10–12, 14–18, So
14–18 Uhr

Das Walserhaus – Walsermuseum in Bosco Gurin

Als die Walser im 13. Jh. nach neuen Möglichkeiten und einem neuen Zuhause suchten, hätten sie keine stärker isolierte Gegend finden können. Auf 1506 m über dem Meeresspiegel gründeten sie mit Bosco Gurin das höchstgelegene Dorf im Tessin. In dieser einsamen Lage erhalten sich die Guriner bis heute ihren eigenen Walserdialekt »Ggurijnatitsch« sowie Kultur und Architektur der Walser.

Dass die in Bosco Gurin lebenden Walser eine besondere Stellung in ihrer Kultur einnehmen, wird im Walserhaus, dem Museum des Ortes, deutlich. In einem der ältesten Landhäuser der Schweiz von 1386 wird einem die in dieser Lage gut erhaltene Sprache veranschaulicht, sich der Vergangenheit gewidmet und die typische Wohnkultur, die traditionelle Architektur, die anpassungsfähige Landwirtschaft in dieser Höhenlage sowie die Kunst der Walser von Bosco Gurin näher gebracht. Besonders stolz ist der kleine ca. 70 Menschen starke Ort auf seinen Künstler Hans Anton Tomamichel (1899–1984), dessen Grafiken sich an Häuserfassaden finden.

Bosco Gurin | Tel. 0 91/7 54 18 19 |
www.walserhaus.ch

ÜBERNACHTEN

Ca'Serafina

Stilvoll – Im alten Dorfkern von Lodano nächtigt es sich stilvoll im charman-

In Mogno entstand 1992–1996 die Kirche San Giovanni Batista (▶ S. 82) von Mario Botta, der für seine geometrische Formensprache und das Spiel mit Licht und Schatten bekannt ist.

Cevios (▶ S. 82) Geschichte ist geprägt von Abwanderung, die dem ehemals glanzvollen Ort wiederholt zu schaffen machte. Stattliche Patrizierhäuser zeugen von seiner Vergangenheit.

ten Tessiner Steinhaus mit eleganten und modern ausgestatteten Zimmern. Fünf bezaubernde Zimmer vermietet Hausherrin Alexa Thio und bietet darüber hinaus Wanderungen in die Weinberge an.

Lodano | Tel. 0 91/7 56 50 60 | www.caserafina.com | €€

Locanda Fior di Campo 🚩 🧍‍♂️🧍

Alpiner Chic – Wie wäre es mit ein paar Nächten fernab von allem? Dann sollten Sie in das Dorf Campo Vallemaggia fahren, das in einem Seitental des Maggiatals liegt. Die Ruhe und Ab-

geschiedenheit auf 1350 m Höhe ist einfach herrlich und der Ort der ideale Ausgangspunkt für Wanderungen. Die Locanda wurde im Sommer 2014 eröffnet. Die Besitzer haben einen alten Albergo um- und ausgebaut und sehr behagliche Räume mit viel Naturmaterialien geschaffen. Im Haus sind ein Restaurant mit gut sortiertem Weinkeller, ein kleines Spa, eine Boccia-Bahn und hinter dem Haus ein Kinderskilift.

Campo | Tel. 0 91/7 54 15 11 | www.fior dicampo.ch | 10 Zimmer | im Nov. und zwei Wochen im Jan. geschl. | €€/€€€

Pensione Boschetto

Rustikal – Im rustikalen Haus in einem Weiler bei Cevio findet sich überraschend viel Platz zum Krafttanken und die Pergola bietet einen schönen Rückzugsort. Drei Zimmer, mit extra Kinderzimmer.

Cevio | Tel. 0 91/7 54 21 64 | www.pensioneboschetto.ch | €

ESSEN UND TRINKEN

RESTAURANTS

Albergo Ristorante Centovalli

Legendär – Risotto mit Steinpilzen und Gorgonzola – so einfach können Silvia und Renato Gobbi ihre Gäste glücklich machen. Mit zartem Filet oder Entrecote dazu, wird hier auf höchstem Niveau nur scheinbar Simples serviert.

Ponte Brolla | Tel. 0 91/7 96 14 44 | www.ristorante-centovalli.ch | €€

Da Enzo

Romantisch – Am Eingang zum Maggiatal mit seinen steilen Schluchten thront das Da Enzo. Mit seinem Garten, umgeben von Bambus, Rosen und Palmen bietet das Restaurant eine wunderbare Inszenierung Tessiner Lebensgefühls. Küchenchef Andrea Cingari und Gastgeber Enzo Andreatta sorgen für gute Laune.

Ponte Brolla-Tegna | Tel. 0 91/7 96 14 75 | www.ristorantedaenzo.ch | Mi und Do Mittag geschl. | €€€

Grotto Mai Morire

Lauschige Lage – Unübersehbar an der Talstraße in Avegno befindet sich das Grotto Mai Morire. Gäste wählen gerne die Plätze an den Steintischen unter lauschigen Bäumen.

Avegno | März–Okt. tgl. | Tel. 0 91/7 96 15 37 | www.grottomaimorire.ch | €

Grotto Pozzasc

Einsame Lage – Aufgepasst! Am Marmorbruch von Peccia verweist nur ein Schild auf den kleinen Weg zum Grotto. Wer es findet, wird mit einem märchenhaften Ort an einem glitzernden Bergbach belohnt. Über dem Kaminfeuer wartet die Polenta auf ihren Augenblick, an Granitplatten werden Aufschnitt und mehr serviert.

Peccia | Mo sowie Nov.–April geschl. | Tel. 0 91/7 55 16 04 | www.grotto. pozzasc.ch | €

EINKAUFEN

BACKWAREN

Panetteria Poncini

In der 1904 gegründeten Bäckerei werden in Familientradition Panettoni gebacken. Der preisgekrönte Konditor verkauft im Zentrum von Maggia traditionelle, von 100 g bis 5 kg schwere Panettoni, die als beste im Tessin gelten. Donnerstags kann man an Führungen durch die Bäckerei teilnehmen.

Maggia | www.panetteria-poncini.ch

KUNSTHANDWERK

Bottega dell'Artigianato

In der Kooperative von Cevio handeln 40 lokale Kunsthandwerker ihre Werke.

Cevio | www.calzaturepolidori.com | April–Okt. Di–Fr 14–18, Sa 10–12, 14–17 Uhr

KULTUR UND UNTERHALTUNG

FESTIVALS

Magic Blues Festival

Über sechs Wochen im Sommer finden an drei Tagen größtenteils kostenlos in Grotti und auf Piazze unter freiem Sternenhimmel Blueskonzerte statt. Hier treten große und kleine Bands auf, wird von Brontallo bis Bosco Gurin das ganze Tal mit eingebunden.

Tel. 0 91/7 53 18 85 | www.magicblues. ch | Ende Juni–Anfang Aug.

AKTIVITÄTEN

SPAZIERGÄNGE

Skulpturenweg

Die Marmorstadt Peccia ist berühmt für ihren weißen Marmor, der hier abgebaut wird. Wie könnte man diesem besser gerecht werden als mit einem »Sentiero delle Sculture«? Dieser Skulpturenweg verläuft unübersehbar entlang der Straße. Wer selbst einmal Hammer und Meißel in die Hand nehmen möchte, kann in dem Ort an Kursen teilnehmen.

Peccia

Lehrpfade und Wanderwege

Auf dem Weg der Grotti, der beim Museo di Valmaggia in Cevio beginnt und ca. 45 Minuten dauert, können Sie auf Entdeckungstour gehen. In die großen Felsblöcke, die beim historischen Felssturz zurückblieben, gruben die Einwohner Keller und bauten Steinhäuser darüber. Weitere kulturelle Rundgänge durch das Tal sind in den »Sentieri di Pietra« zusammengefasst und gratis im Büro von Vallemaggia Turismo (s. u.) in Maggia erhältlich.

Cevio

SERVICE

Vallemaggia Turismo

Maggia | Centro Commerciale | Tel. 0 91/7 53 18 85 | www.vallemaggia.ch | Okt.–Mai Mo–Fr 9–12, 14–17, Juni–Sept. Mo–Fr 9–12, 14–17.30, Sa 9–12 Uhr

Ziele in der Umgebung

◎ WASSERFÄLLE   B 1/C 2

Wasserfälle hat das Naturparadies des Maggiatals einige zu bieten: Immer wieder ergießen sich kleinere und größere Wasserfälle entlang von Wanderwegen. Die schönsten Wasserfälle im Maggiatal stürzen sich in Maggia, Guimaglio und Cavergno von 50 bis über 80 m hohen Felsen herab.

◎ KLIPPENSPRINGEN-MEISTERSCHAFTEN   C 2

Wer nach Action sucht, findet sich einfach bei der Ponte Brolla ein. In dieser malerischen Kulisse werden Europa- und Weltmeistermeisterschaften im Klippenspringen ausgetragen. Wie ein natürlicher Abenteuerspielplatz breitet sich der Fluss mit seinen 3 bis 20 m hohen Felsen aus und bietet so Platz und Möglichkeit für junge Kühne aus ganz Europa, die sich hier höchst freiwillig ins strahlend blaue Wasser stürzen.

Ponte Brolla

◎ SONNENBADEN   B 1/C 2

Wen beim Anblick des dicken Flussbettes die Lust zum Sonnenbaden packt, wird sich an den reizvollen Stränden von Avegno wohlfühlen. Zu Recht beliebt ist ebenfalls das Wasserbecken in Aurigeno. Und für alle, die es ruhig und abgeschieden mögen, finden sich im Abschnitt zwischen Lodano und Someo jede Menge Möglichkeiten, allein das Flussrauschen zu genießen.

◎ WANDERN   B 1/C 2

800 km Wanderwege vom Tal bis in die 3000 m hohen Berge werden den Ansprüchen sowohl erfahrener wie auch unerfahrener Wanderer gerecht. Ent-

lang der Ufer des Flusses, über Brücken, durch Kastanienwälder und entlegene Dörfer führen die Wege. Während die Talwanderung mehr einem Spaziergang gleicht, finden sich hier auch Wege, für die man eine Kletterausrüstung benötigt. Sehr beliebte Familienwanderungen sind die Hängebrücken. Die Brücke bei Soneo misst ganze 340 m. Auf der Website des Vallemaggia Turismo (▶ S. 86) können Wanderwege ausgewählt und die entsprechenden Karten heruntergeladen sowie ausgedruckt werden.

ONSERNONETAL (VALLE ONSERNONE)

▶ B 2/C 2

»Jeder Gast aus den Städten sagt sofort: Diese Luft! dann etwas bänglich: Und diese Stille!«, so schrieb Max Frisch im Jahr 1964 als er im wilden Onsernonetal ein altes Anwesen erwarb. Schon zu der Zeit waren viele Einheimische abgewandert, wegen der steilen Hänge und wilden Schluchten, die keinen Platz ließen für eine lebensnotwendige Landwirtschaft. Und doch – dieses wilde Tal mit den rauschenden Bächen und dem starken Fluss Isorno, den aufragenden Gipfeln, der Ungezähmtheit, die den Charme des Tals ausmachen, zog und zieht Besucher in seinen Bann.

Etwa 10 km hinter Locarno führt die Straße in Cavigliano in das Onsernonetal. In engen Serpentinen, vorbei an steilen Abgründen und tiefen Schluchten, durch üppige Kastanienwälder und kleine Bergdörfer führt der Weg in eine andere Welt. Das Tal ist noch enger, die Berghänge noch steiler als in

Die großen und kleinen Wasserfälle (▶ S. 86) , die sich entlang der vielen Wanderwege offenbaren, machen das Maggiatal (▶ S. 81) für Wanderer so besonders.

den benachbarten Tälern. Am Ende liegt das Dorf Spruga – kurz vor der italienischen Grenze, von hier führt eine Wanderung auf 1777 m Höhe zur Hütte der Alpe Salei. Neben kargen Tessinerhäusern stehen im Tal auch einige Palazzi. So in Comologno der Palast von Wladimir Rosenbaum und Aline Valangin, in dem bedeutende Kulturschaffende zu Gast waren. Mehrfach am Tag verbindet der Postbus Locarno mit dem Onsernonetal. Aber noch schöner ist es, mit dem Auto die Strecke zu fahren, dann geht es Ihnen vielleicht wie Max Frisch: »Siebenmal im Jahr fahren wir diese Strecke, und es trifft jedesmal ein: Daseinslust am Steuer. Das ist eine große Landschaft.«

◎ LOCO B 2
240 Einwohner

Der Hauptort des Tals war im 16. Jh. das Zentrum der Strohmanufaktur und sorgte so für ein wenig Reichtum in der Einsamkeit. Strohhüte und -taschen aus der Region waren über die Grenzen hinweg begehrte Produkte, bis asiatische Produkte den Markt eroberten. Herrschaftliche Häuser zeugen noch heute von dieser erfolgreichen Ära. Heute gibt es Vereine, die die alten Traditionen bewahren.

◎ BERZONA C 2
40 Einwohner

Berzona gilt als Schriftstellerdorf. Sie kamen wegen der Stille und der Abgeschiedenheit. Alfred Andersch zog als Erster hierher, 1958 zusammen mit seiner Frau Gisela. Er schwärmte: »Das Bergdorf heißt Berzona, es besteht aus 20 Häusern …« Kurz darauf kaufte der Historiker Golo Mann ein Sommerdomizil im Ort und 1964 machte Max Frisch ein Granithaus am Ortseingang zu seiner zweiten Heimat und vermerkte: »… kein Ristorante, nicht einmal eine Bar …«. Das hat sich auch bis heute nicht geändert. Doch dass Berzona stolz ist auf seinen Ehrenbürger, erkennt jeder direkt am Ortseingang. An der Friedhofsmauer ist eine Gedenktafel für Max Frisch zu finden. Sein Grab ist in der Luft: Er verfügte, dass seine Asche im Grün seines Gartens, das unterhalb der Friedhofsmauer lag, verstreut werden sollte. Das Grab von Alfred Andersch hingegen finden Sie auf dem Friedhof. Max Frisch schrieb in Berzona sein Werk »Der Mensch erscheint im Holozän« (▶ S. 179). Der Fluchtweg, den sein Protagonist Herr Geiser nimmt, ist ein schöner Wanderweg, der in Berzona beginnt und allein oder mit Führung beschritten werden kann (Angebot der Touristeninformation).

◎ COMOLOGNO B 2
320 Einwohner

Man denkt, je höher man kommt, desto mehr Ziegenställe findet man vor. In Comologno stehen prachtvolle Paläste und Bürgerhäuser. Sie legen Zeugnis ab, dass einheimische Familien im Ausland zu Geld gekommen sind. Am Anfang des Dorfes neben der Osteria Al Palazign verbirgt sich hinter einer hohen Mauer der Palazzo La Barca. Schauplatz von Aline Valangins »Dorf an der Grenze«. 1929 hatten sie und ihr Mann Wladimir Rosenbaum, die Barca gekauft, einen Palazzo der Familie Remonda. In den 1930er- und -40er-Jahren wird »La Barca« zum Treffpunkt vieler Emigranten: Künstler und Intellektuelle. Kurt Tucholsky kam mit zwei Schrankkoffern und Diätplan. Er beschwerte sich über die Langeweile vor Ort. Max Ernst musste das Schwimmbecken nach verlorenen Schachpartien putzen und Elias Canetti, Hans Arp sowie Max Bill genossen in dem ehemaligen Schmugglergebiet einige schöne Wochen.

SEHENSWERTES

Bagni di Craveggia

Nur zu Fuß geht es von dem kleinen Ort Spruga auf 1105 m zu den Bagni di Craveggia hinab. Das Thermalbad von 1812 brannte 1881 ab, wurde wieder aufgebaut und dann 1951 von einer Lawine endgültig zerstört. In seiner abgeschiedenen Lage wurde es nie stark frequentiert und auch heute noch werden Wanderer, die sich auf den Weg zur Thermalquelle machen, mit Ruhe belohnt. Wer den Isorno durchwatet, findet unter den unaufwendige aber liebevoll abgesicherten und renovierten Ruinen des ehemaligen Thermalbades im dunklen Bad ein nicht sehr großes Becken mit angenehmen 28 °C.

Mühle von Loco

Während gegen Ende des 19. Jh. knapp 30 Mühlen im Onsernonetal in Betrieb waren, bewegen heutzutage nur noch wenige ihre Mühlsteine. Eine davon ist die aus dem 18. Jh. stammende Mulino di Loco. Sie findet sich direkt neben der Talstraße am Bergbach Bordione über einem sprudelnden Wasserfall. Eben dieser Bach bringt die Mahlsteine in Gang, indem sie durch das externe Wasserrad im unteren Stockwerk der Mühle angetrieben werden.

Zusammen mit der Mühle von Vergeletto steht diese für die einst große Müllereitradition des Onsernone. Im oberen Stockwerk ist dem Handwerk zu Ehren eine Ausstellung zur Geschichte und Technik der Kornmühlen des Tals eingerichtet. Liebevoll restauriert, mahlt die Mühle von Loco seit nunmehr 1991 Mais zu Polentamehl. Mithilfe des Museo Onsernonese wurde die Spezialität des Tales, die »farina bóna«, wieder zum Leben erweckt: ein Mehl, welches aus der feinen Vermahlung von gerösteten Maiskörnern entsteht. Es wird an Bäckereien, Privatleute u. a. geliefert und kann in der Mühle sowie im Museum erworben werden.

April–Okt. Do 14–17, Sa, So 10–12, 14–17 Uhr | Besichtigungen auf Anfrage auch außerhalb der Öffnungszeiten

MUSEEN UND GALERIEN

Museo Onsernonese

Am Ortseingang direkt an der Talstraße befindet sich das 1966 ins Leben gerufene ethnografische Museo Onsernonese. Mit der starken Abwanderung drohten die Zeugnisse der Geschichte verloren zu gehen. Daraufhin wurde von engagierten Talbewohnern das Museum initiiert. Hier befindet sich die einzige Dauerausstellung zur Kultur und Geschichte der Menschen im Onsernonetal.

Im alten Onsernoneser Haus findet sich laut Museum »vom bäuerlichen Lebens- und Arbeitsalltag über die Strohindustrie bis zur Emigration, von der profanen und sakralen Kunst bis zu den Zeugnissen der Präsenz von namhaften Persönlichkeiten des europäischen Kulturschaffens« alles, was es zum Leben im Tal zu wissen gibt. Im

Inneren werden Exponate von Künstlern aus Loco ausgestellt: Werke des Bildhauers Ermenegildo Degiorgi-Peverada (1866–1900) und des Malers Carlo Agostino Meletta (1800–1875). Studien zu bekannten Künstlern und Schriftstellern – vorwiegend der ersten Hälfte des 20. Jh. – werden ebenfalls in der Dauerausstellung sowie in weiterführenden Einzelausstellungen gezeigt. Loco | April–Juni Mi, Do, Sa, So 14–17, Juli–Okt. Mi–So 14–17 Uhr

ÜBERNACHTEN

Cas in Scima

Verträumt – Idyllischer geht es nicht mehr! Im Palast aus dem 17. Jh. hoch über Mosogo gelegen werden zwei sehr stilvolle Zimmer vermietet. Großer Garten, traumhafte Blicke und totale Ruhe erwartet Sie hier!

Mosogno | Tel. 0 79/7 37 26 15 | www.palazzobarione.ch | €

Palazzo Gamboni ▶ S. 23

ESSEN UND TRINKEN
RESTAURANTS
Bella Vista

Schlicht und gut – Dieses einfache Restaurant mit schöner Außenterrasse, von der man die Centovalli-Bahn vorbeirauschen sieht, liegt am Eingang zum Onsernonetal. Gute Tessiner Küche mit Pasta und Tessiner Teller. Besonders lecker: die hausgemachten Amaretti! Cavigliano | Via Cantonale, Abzweigung Onsernonetal | Tel. 0 91/7 96 11 34 | €

Osteria Al Palazign

Tessiner Tradition – Die Osteria gehört mit zum Palazzo Gamboni. Auf

Der Fluss Verzasca bahnt sich seinen Weg durch das gleichnamige Tal (▶ MERIAN TopTen, S. 91). An den Ufern finden sich ausgewaschene Felsen zum Baden und Sonnen.

der kleinen Terrasse mit Granitsteintischen werden typische Tessiner Platten gereicht. Meist gibt es ein bis zwei Tagesgerichte, die auf einer Schiefertafel angezeigt werden.

Comologno | Tel. 0 91/7 97 20 68 | www.palazzogamboni.ch | April–Okt. tgl. Küche ab 11 Uhr | €

Tentazioni

Einfach top! – Direkt gegenüber vom Restaurant Bella Vista (▶ S. 90) ist das lilafarbene Haus nicht zu übersehen. Ausschließlich regionale Produkte werden in der mediterran inspirierten Küche von Andreas und Dario verwendet: Kräuter und Blüten aus dem Garten, Gemüse von den Bauern des Dorfes, Fleisch und Reis aus der Region, Ziegenkäse aus dem Tal. Man kann à la carte speisen oder ein 4,5- bzw. 7-gängiges Degustationsmenü zu sich nehmen. Sowohl im Speisesaal als auch auf der Terrasse zur Straße sitzt man gut. Wer möchte, kann den Apéro in der Weinstube einnehmen. Vier Gästezimmer stehen zur Verfügung.

Cavigliano | Via Cantonale, Abzweigung Onsernonetal | Tel. 0 91/7 80 70 71 | www.ristorante-tentazioni.ch | €€€

SERVICE

OSN Turismo

Loco | Tel. 0 91/7 80 60 12 | www.valle-onsernone.info

Ziele in der Umgebung

◎ RASA B2

20 Einwohner

Von Cavigliano, der Schnittstelle vom Onsernonetal und Centovalli, fährt man bis Intragna. Hinter Intragna zweigt ein alter Saumpfad nach Rasa ab. Ein Ort, der auf 900 m Höhe an den Hängen des Gridone liegt und noch immer nicht mit dem Auto zu erreichen ist. Der Weg führt über die Ponte Romana, eine einbogige Steinbrücke aus dem 16. Jh. Alternativ kann Rasa mit der Seilbahn über die steile Schlucht von Melezza von Verdasio erreicht werden. Das an der Sonnenseite gelegene einsame Tessiner Bergdorf aus dem 17. Jh. ist ein Schmuckstück. Es ist eines der von der Entvölkerung am stärksten betroffenen Dörfer. Das Dorf zeigt liebevoll restaurierte Häuserfassaden und strahlt große Ruhe aus. Ein Grotto gibt es auch! Und wer übernachten möchte, findet eine Unterkunft im Campo Rasa (www.camporasa.ch), einem christlichen Ferienzentrum. Eine Pension für alle, die Stille und Einsamkeit suchen. Das Zentrum entstand in den 1960er-Jahren aus drei Tessiner Palazzi.

22,5 km südl. von Loco entfernt

☆ VERZASCATAL (VALLE VERZASCA) C1/2

Ein Tal der Extreme mit doppelt geschwungenen Steinbrücken, 220 m hohem Treffpunkt für Bungee-Jumper, einem Tauchparadies und endloser Ruhe – das ist das Verzascatal.

Schon die smaragdgrüne Farbe des Namen gebenden Verzasca-Flusses verzaubert. Dazu kommt eine abhängig machende Idylle, die sich in der Valle Verzasca ausbreitet. Die Schlichtheit der Häuser mit ihren groben, grauen Steinen, den weiß gerahmten Fenstern und den mit Steinplatten belegten Dächern trifft auf die entfesselte Schönheit der Landschaft, die den geneigten

Betrachter so stark umgarnt, dass man sich ihr nicht entziehen kann.

Erfahrene Flusstaucher nennen das Tal einen Hotspot. Gerade die Unterwasserwelt am Pozzo dei Salti und beim Pozzo della Misura ziehen Tauchfans an. Im klaren Wasser bekommen die über Jahrtausende abgeschliffenen Steine etwas weiches, offenbaren im das Wasser durchdringenden Sonnenlicht ihre Farbvielfalt. Wanderern hingegen wird der alte Saumweg im Talgrund gefallen.

Wollen Sie's wagen?

Im Jahr 1995 schwang sich an der Staumauer des Lago di Vogorno, am Eingang zum Verzascatal, der Stuntman von Pierce Brosnan als James Bond im Film »Goldeneye« am Gummiseil in die Tiefe. Heute machen es ihm Bungee-Springer aus aller Welt nach. Wer James Bond nacheifern möchte, kann sich hier 220 m tief fallen lassen (▶ S. 43).

◎ VOGORNO C2
270 Einwohner

Vogorno ist der erste Ort im Tal. Es wird behauptet, dass hier früher ein riesiges Tor den Weg in die Schlucht versperrte. Was feststeht, ist, dass bei der Entstehung des Stausees in den 1960er-Jahren ein Teil des Dorfes geflutet und am Hang oberhalb des Sees eine neue Siedlung errichtet wurde. Heute schmiegt sich der Ort an die Felsen und blickt über den Stausee.

In Vogorno befindet sich die älteste Kirche im Tal: Sankt Bartholomäus

(Chiesa di San Bartolomeo). Sie beherbergt sehenswerte Fresken aus dem 13. Jh. im byzantinischen Stil. Zehn stehende heilige Frauen hat der Künstler hier zu Ehren des Heiligen Bartholomäus an der Wand verewigt.

◎ CORIPPO C2
12 Einwohner

Ein Dorf sozusagen in die Felsen hineingeschlagen, so eng schmiegen sich die Häuser des Dorfes Corippo an die Felsen. Seit dem Jahr 1975 steht es aufgrund dessen unter Denkmalschutz. Das historische Ortsbild wurde 2009 als mittelalterliche Filmkulisse für den Film »Das Tal« von Mihály Györik genutzt und verewigt.

◎ LAVERTEZZO C2
1200 Einwohner

Ein besonderer Hingucker des Ortes Lavertezzo ist der Ponte dei Salti. Er ist das meist fotografierte Objekt im Tessin! Der umgangssprachlich Römerbrücke genannte Ponte dei Salti verläuft in einem Doppelbogen über den Fluss Verzasca. Die Steinbrücke wurde im Mittelalter fertiggestellt, teilweise 1868 zerstört und 1960 zur Begeisterung der Besucher wieder neu aufgebaut. Unweit der Brücke steht eine schöne Kapelle aus dem 18. Jh. Hier an der Brücke bieten sich fantastische Bademöglichkeiten.

◎ BRIONE C1
190 Einwohner

Sehenswert ist in Brione die Kirche Santa Maria Assunta. Giovanni Baronzio von der Rimineser Schule Giottos vollendete um 1350 die wertvollsten Fresken im Tal in dieser Kirche. Das

Das smaragdgrüne Wasser des Versasca formte bei Lavertezzo (▶ S. 92) skurrile Felsformationen. Für versierte Taucher ist der Fluss ein beliebtes Revier.

nebenstehende Gebäude ist mit einem großen Gemälde der Madonna mit den Heiligen Karl und Franziskus verziert worden. Die Inschrift weist auf die Gründung der Schule hin, die das Haus einst beherbergte. 1644 wurde sie von dem kaiserlichen Präfekten Gada aus Brione in Betrieb genommen. Der verschwenderisch geschnitzte Holzaltar kann leider nur noch im Landesmuseum in Zürich bewundert werden.

MUSEEN UND GALERIEN

Museum des Verzascatals (Museo di Val Verzasca)

In Sonogno, in dem antiken Bauernhaus Casa Generardini aus dem 18. Jh., befindet sich das Museum des Verzascatals. Hier wird die Kultur und Landwirtschaft des Tals illustriert. Unzählige Zeugnisse machen die Vergangenheit lebendig. Eine authentische Küche veranschaulicht Brotherstellung und andere Ernährungsthemen im Tal. In einem weiteren Bereich wird die Verarbeitung von Naturfasern mit Schwerpunkt auf Wolle und Hanf dargestellt. Wechselnde Ausstellungen runden den Museumsbesuch ab.

Brotbacktradition im Verzascatal

Nach wie vor gibt es die traditionellen Öfen, wie man sie im Museo di Val Verzasca in Sonogno findet. An schönen Sommertagen feiern Dörfer wie Megoscia Brot- und Pizza-Feste. Einheimische wie Touristen sind dann eingeladen am Fest teilzuhaben (▶ S. 13).

Sonogno | Tel. 0 91/7 46 17 77 | www.museovalverzasca.ch | Mai–Okt. 13.30–17.30 Uhr

ÜBERNACHTEN

Alpino

Atempause – In familiärer Atmosphäre findet sich im reizvollen Gebäude mit Garten ein ruhiges Plätzchen. Restaurant mit Terrasse im Haus.
Sonogno | Tel. 0 91/7 46 11 63 | www.sonogno.com/alpino/ | 8 Zimmer | €

Osteria Vittoria

Ländlicher Charme – Unweit der Brücke Ponte dei Salti in Lavertezzo steht das alte Tessiner Haus. Rustikaler Charme, einfache Zimmer, aber meist mit Balkon und Blick. Nette Gastgeber und ein Restaurant mit guter bodenständiger Küche.

Lavertezzo | Tel. 0 91/7 46 15 81 | www.osteriavittoria.ch | 9 Zimmer | €

ESSEN UND TRINKEN

Grotto al Ponte

Rustikaler Charme – Das Grotto liegt jenseits der Römerbrücke (Ponte dei Salti) unter Bäumen versteckt. Gemütlich sitzt es sich unweit des Wassers an Steintischen. Typische Tessiner Platten mit köstlichem Brot.
Lavertezzo | Tel. 0 91/7 46 12 77 | Mai–Okt. tgl.

Grotto Osteria al Bivio

Bodenständig – Zum eindrucksvollen Ausblick in die Schlucht werden herzhafte italienische Gerichte gereicht. Einen Steinwurf unterhalb von Corippo.
Vogorno-Corippo | Tel. 0 91/746 16 16 | Mi sowie Nov.–März geschl. | €

Lavertezzo (▶ S. 92) darf das meistfotografierte Objekt des Tessins sein eigen nennen – die Brücke Ponte dei Salti, deren illuminierte Bögen abends besonders gut zur Geltung kommen.

EINKAUFEN

Casa della Lana – Pro Verzasca

In Sonognos Handwerkervereinigung Pro Verzasca werden handgesponnene Wolle und lokales Kunsthandwerk angeboten. Die Wolle wird nur mit natürlichen Mitteln wie Walnuss- und Birkenblättern oder Krappwurzel gefärbt.

Sonogno | www.verzasca.com | Mo–Fr 9–12, 13–17 Uhr

KULTUR UND UNTERHALTUNG

SPAZIERGÄNGE

Sentierone per l'Arte

Zwischen Lavertezzo und Brione finden sich auf dem Sentierone, dem Talwanderweg, auf 4,5 km Kunstwerke, die von 21 Künstlern geschaffen wurden. 32 Skulpturen und Installationen können auf dem Weg durch Wald und entlang dem Wasser entdeckt und bewundert werden. Dauer der Wanderung: etwa 2 ½ Stunden.

BÜCHER

Schornsteinfeger

Wie auch in den anderen Schweizer Tälern gab es im Valle Verzasca eine Abwanderungswelle. Das Verzascatal ist berühmt dafür, dass viele Männer sich auf der Suche nach Arbeit als Schornsteinfeger auf den Weg machten, um ihr Glück in der Welt zu finden. Im Kinderbuchklassiker »Die schwarzen Brüder« von Lisa Tetzner wird dieses Thema aufgegriffen.

SERVICE

Tourist Office Tenero e Valle Verzasca

Tenero | Via ai Giradini | Tel. 0 91/ 7 45 16 61 | www.tenero-tourism.ch | Juli, Aug. Mo–Fr 8–12, 14–18, Sa 9–12, 13.30–17.30, Juni, Sept. Mo–Fr 8–12, 14–18, Sa 9–12, Okt.–Mai Mo–Fr 8–12, 14–18 Uhr

Ziele in der Umgebung

◎ SAUMPFAD ⚓ C 1/2

Nicht nur für Freunde der Kunst, die die Werke zwischen Lavertezzo und Brione bewundern möchten, ist der Saumpfad ein wundervoller Wanderweg. Der zumeist einfach begehbare Pfad folgt dem Fluss Verzasca von Contra/Gordola bis nach Sonogno. Hier braucht man nicht forschen Schrittes voranzugehen, sondern sollte am Fluss Ausschau nach kleineren Kletterpartien zwischen Felsbänken und einsamen Ecken zum Ausruhen direkt am Wasser halten.

Wollen Sie's wagen?

Beim Tarzanspielen im Seilpark von Gordola werden Urinstinkte geweckt. Der Seilpark erlaubt sowohl Erwachsenen als auch Kindern, sich wieder mit der Natur in Einklang zu bringen, dem Alltag zu entfliehen. Einfach von Baum zu Baum schwingen.

Parco Avventura Gordola | Via Tratto di Fondo 2 a | Tel. 0 91/7 45 22 28 | www.adventurepark.ch

◎ SONNENBADEN ⚓ C 1/2

In den beliebten Wasserbecken des Flusses Verzasca bei Lavertezzo und Brione gibt es wunderbare Sonn- und Schwimmmöglichkeiten. Wer von hier aus den Saumpfad entlang dem Fluss spaziert, kann sich seine eigene ruhige Stelle direkt am Wasser suchen.

DAS LOMBARDISCHE OSTUFER

Wild und ursprünglich zeigt sich diese Seite des Lago Maggiore –
weitestgehend ohne die Noblesse der Schweizer Seeseite und
dominierende Appartementanlagen. Hier lässt es sich selbst in
den Sommermonaten durchatmen.

Das lombardische Ostufer des Lago Maggiore reicht von Sesto Calende
an der Südspitze des Sees bis nach Zenna an der Grenze zur Schweiz über
eine Länge von ungefähr 65 km.
»Sponda magra«, mageres Ufer, wird die Seite des Sees genannt. Eigentlich
ist sie vielmehr eine »vergessene Seite«, denn hier gibt es keine Nobelorte
wie Ascona oder Stresa, Parks und Grandhotels, auch viel weniger Tourismus als auf der westlichen Seite. Das Ostufer hat seine Ursprünglichkeit bewahrt. Der Charme Italiens ist hier lebendig. Selbst in der Hochsaison im Juli und August geht es an den Stränden entspannt zu. Und die
grünen Hügel sind kaum mit Betonbauten verschandelt. Hier ist das Ufer
wilder und ursprünglicher: Vom Süden bis Laveno säumen das Ufer zum
Teil Schilfdickicht und sanfte Hügel. Weiter gen Norden bietet sich das
Seeufer sehr viel steiler und alpiner dar. Zwischen den über 1000 m hohen

◄ Die stillgelegte Kalkfabrik In Caldè
(▶ S. 105) ist ein besonderer Ort zum Baden.

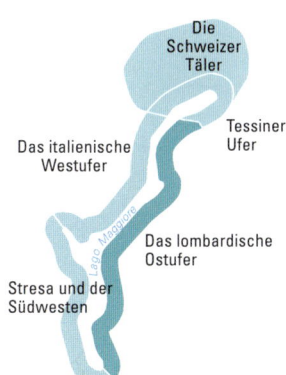

Die Schweizer Täler

Tessiner Ufer

Das italienische Westufer

Das lombardische Ostufer

Stresa und der Südwesten

bewaldeten Bergen liegen die Täler Valcuvia, Valtravaglia und Veddasca, hervorragende Ausflugsziele für Wanderer.
Der größte Ort ist Luino. Mittwochs ist die ganze Gegend um den Lago auf den Beinen hierher: Markttag! Ein **Markt**, der bereits 1541 von Karl V. bewilligt wurde und noch heute alle Touristen sowie ganze Busladungen von Käufern aus dem Norden anzieht.

ES LIEGT ETWAS IN DER LUFT

Die »sponda magra« scheint auch eine Gegend für besondere Persönlichkeiten zu sein, denn nicht nur der Nobelpreisträger Dario Fo (▶ S. 112) ist hier aufgewachsen, auch Komiker wie Massimo Boldi, Enzo Iacchetti, Renato Pozzetto und der Schriftsteller Piero Chiara kommen von hier. Da muss etwas in der Luft liegen …
Das Lombardische Ufer gehört zur Provinz Varese. Die Hauptstadt der gleichnamigen Provinz liegt etwa 25 km östlich von Laveno.

LUINO ⚑ C3

15 000 Einwohner
Stadtplan ▶ S. 99

»Auf der Dampferfahrt nach Luino konnten wir den See schon ganz blau sehen«, notiert Walter Benjamin im Frühjahr 1912 in seinem Tagebuch. Die an der Tresa-Mündung in einer weitläufigen Bucht gelegene Stadt Luino gilt spätestens seit ihrer Industrialisierung in der zweiten Hälfte des 19. Jh. als wirtschaftliches Zentrum des östlichen Lago Maggiore, denn Luino lag an der Eisenbahnlinie vom Gotthardtunnel nach Genua. So siedelten sich nach der Eröffnung der Linie bis in die Schweiz auch etliche Fabriken an. Der Aargauer Johann Hüssi war seiner Zeit voraus und erwarb schon 1868 ein Wasserrecht an der Tresa und baute Produktionsstätten. In Germignaga am linken Ufer der Tresa baute der Zürcher Industrielle Stehli Seidenfabriken. Die Schweizer Gemeinde wuchs dermaßen an, dass 1883 eine Schweizer Schule in der Stadt eingerichtet wurde. Italienische Industriebarone aus Novara, Mailand und Turin zogen später nach, bauten Fabriken und ließen sich an den Hängen rund um den mittelalterlichen Ortskern Sommervillen errichten – fast alle im Jugendstil. Weit über die Grenzen hinaus bekannt und äußerst beliebt ist Luino vor allem dank seines Marktes. Besonders stolz ist die Stadt neben den beiden hier im

Jahre 1913 geborenen Schriftstellern Piero Chiara und Vittorio Sereni auf ihren Ehrenbürger, den Literaturnobelpreisträger Dario Fo (▶ S. 112).

In den letzten Jahren hat Luino seine Uferpromenade erweitert, sodass man vom neuen bis zum alten Hafen wunderbar am See entlang spazieren kann.

SEHENSWERTES

❶ Bahnhof (Stazione)

Der Bahnhof ist imposant: Arkaden durchlaufen die Halle mit der Dachkonstruktion aus Stahl und Glas. Das Gebäude wurde 1881/82 zeitgleich mit dem Gotthardtunnel eröffnet. Zu der Zeit war Luino eine aufstrebende Industriestadt, Maschinen- und Textilfabriken wurden eröffnet, die ein Jahrhundert später wieder geschlossen sein würden. Der Bahnhof ist mittlerweile ins Abseits geraten, die Transitstrecke verläuft über Como.

Piazza Marconi

❷ Bibliothek (Biblioteca Civica)

Als Villa Barozzi 1876 erbaut, ging sie später in den Besitz des Textilfabrikanten Giuseppe Battaglia über und danach in die Hände des Schweizer Fabrikanten Hüssi. Heute ist in der Villa Hüssi die Stadtbibliothek untergebracht. Hier finden Lesungen statt, im Sommer auch auf Deutsch.

Piazza Risorgimento 2

❸ Casa Zanella

Durch die auffällige Treppe, die von zwei Seiten begehbar ist, ist das Haus, das im 18. Jh. erbaut wurde, nicht zu übersehen. Hier wurde im Jahr 1913 der Schriftsteller Piero Chiara geboren. Wenn man die Treppen hochsteigt, betritt man sogleich die wunderbare Pizzeria Tredici 8 (▶ S. 18).

Piazza Libertà 30 A

❹ Garibaldi-Denkmal

Am 15. August 1848 besiegten die Truppen Garibaldis hier heldenhaft die österreichische Besatzungsmacht. Es war seine erste Schlacht, nachdem der Hoffnungsträger für eine Einigung Italiens aus Südamerika zurückgerufen worden war. Das Denkmal ist das einzige, das schon zu seinen Lebzeiten 1867 errichtet wurde.

Piazza Garibaldi

❺ Palazzo Crivelli

1775 erweiterte die Familie Crivelli den Palast, der samt der kleinen Privatkapelle San Giuseppe aus dem Jahr 1666 stammte. Als William Turner 1819 nach Italien reiste, machte er zuerst in Luino Halt. In seinem italienischen Skizzenbuch verewigte er das Oratorium San Giuseppe an der Uferpromenade. Die Skizze befindet sich heute in der Tate Gallery in London. Der Palast dient mittlerweile als Rathaus.

Piazza Crivelli Serbelloni 1

❻ Palazzo Verbania

Gegenüber dem Garibaldi-Denkmal steht direkt am Ufer der Palast, ein Jugendstiljuwel, 1904 von dem Architekten Giuseppe Petrolo erbaut und als Kursaal und Hotel eröffnet. Berühmt wurde das Gebäude, da Piero Chiara viele Szenen aus seinen Büchern hier angesiedelt hat. In seinem Roman »In einem anderen Land« erzählt Ernest Hemingway, die nächtliche Flucht zweier Liebender im Ruderboot von Stresa in die Schweiz während einer

Luino a

Lago
Maggiore

b

c

SS 394

SP 6 dir

Porto
Vecchio

Casa
Zanella

Palazzo
Verbania

Palazzo
Crivelli

Parco
Ferrini

Garibaldi
Denkmal

Biblioteca
Civica

Santuario
di Santa Maria
del Carmine

San Pietro
e Paolo

Bahnhof

0   300 m

© MERIAN-Kartographie

stürmischen Nacht. Plötzlich sehen sie zwei Lichter auf der rechten Uferseite und erkennen Luino. Vittorio Sereni hat der Palast zu einem Gedicht inspiriert. Sereni stellte sich vor, dass die Lichter aus den Riesenfenstern des Palazzo Verbania kamen – damals das Café Chantal –, die nachts bis zur Mitte des Sees strahlten. Leider wirkt der Palast heute sehr vernachlässigt. Er wird von der Stadt für Ausstellungen genutzt und das Museo Civico, das eine kleine Gemäldesammlung und archäologische Funde aus der Umgebung zeigt, ist hier untergebracht.

Viale Dante Alighieri 6c

7 Kirche San Pietro e Paolo

Aus der romanischen Epoche ist von dieser Kirche nur der Glockenturm erhalten. Ein Umbau, der im 16. Jh. durchgeführt wurde, verschonte den Turm zum Glück. Im Innern der Kirche findet sich am rechten Seitenaltar ein Fresko, das Bernardino Luini (1480–1532) zugeschrieben wird. Dort legen die Heiligen Drei Könige dem Christuskind reiche Gaben zu Füßen. Es soll zu seinen Anfängen entstanden sein und aus dem Jahr 1505 stammen. Luini, der aus Dumenza stammt, war ein Schüler von Leonardo da Vinci.

Via San Pietro 56

8 Porto Vecchio

Der Alte Hafen von Luino wurde im Jahr 1845 angelegt. Die »Madonnina del Porto«, die die Hafeneinfahrt bewachen und den Fluten Segen spenden soll, kam erst 1954 hinzu, glänzt aber umso goldener. Sie ist die Kopie einer Skulptur des Mailänder Doms. Im Hafenbecken ist ein Bootsverleih für kleine Motorboote.

Piazza Libertà

9 Santuario di Santa Maria del Carmine

Mitte des 15. Jh. gründete der heiliggesprochene Karmelitermönch Jacopo Luino dieses Kirchlein an der Uferstraße. Es besteht nur aus einer Halle und wurde später im Barockstil umgebaut. Die Fresken stammen von Schülern des Bernardino Luini.

Via del Carmine 2

ÜBERNACHTEN

10 Camin Hotel

Mehr Schein als Sein – Wer unbedingt in Luino übernachten möchte, hat nicht viel Auswahl. Auch dieses Hotel ist mehr Schein als Sein und für das, was es bietet viel zu teuer.

Viale Dante 35 | Tel. 03 32/53 01 18 | www.caminhotelluino.com | €€

ESSEN UND TRINKEN

RESTAURANTS

11 Al Cantinone

Gute Hausmannskost – Eines der ältesten Lokale in Luino in einer malerischen Altstadtgasse. Die Trattoria hat Stühle und Tische vor der Tür und zwei kleine Gasträume. Serviert wird Hausmannskost wie selbst gemachte Pasta oder geschmortes Kaninchen.

Via Cavallotti 32 | Tel. 03 32/53 57 06 | www.cantinoneluino.it | Di–So 11–15, 19–24 Uhr | €€

12 Tredici 8 🚩

Nicht nur Pizza – Neben etwa 40 verschiedenen Pizzen gibt es argentinisches Angusrind, Schweinefleisch von glücklichen Schweinen und leckere Suppen und Salate. Der Raum mit dem Kreuzgewölbe weist Fresken im Renaissancestil auf, ein großer Marmorkamin steht im interessanten Kontrast zu den weißen Tischen und Stühlen.

Piazza Libertà 30 A | Tel. 03 32/53 41 77 | www.tredici8.com | Mo geschl. | €€

CAFÉS UND BARS

13 Bar Mario

Die älteste Bar von Luino. Das Regiment hat hier seit mehr als 50 Jahren Regina, die Frau des letzten Schmieds von Luino. »Die Königin der Bar Mario« wird von den Einheimischen verehrt. Treffpunkt der Luinesen.

Piazza Garibaldi 20 | Tel. 03 32/53 52 49

14 Café/Bar Sotto Sopra

Hier tanzt am Abend der Bär. Hotspot für die gesamte Jugend und die sich jugendlich Fühlenden. Richtig voll wird es am Wochenende ab 23 Uhr, wenn Livemusik gespielt wird oder DJ-Abende stattfinden.

Piazza Libertà 10 | Tel. 03 32/51 03 71

15 Café Clerici

Das älteste Café der Stadt ist heute eine etwas abgerockte Bar, in der man nur unter den Arkaden sitzen mag, um bei einem Kaffee an Piero Chiara zu denken, dessen Stammcafé es war.

Piazza Libertà 9 | Tel. 03 32/51 08 33

Jede Jahreszeit hat ihren Charme, wenn man unten den Kastanien der Promenade in Angera flaniert. Auf halbem Weg passiert man die Kirche Madonna della Riva (▶ S. 103).

EINKAUFEN

BACKWAREN

16 Panperfocaccia

Brot, Pizza und Focaccia direkt aus dem Ofen. Wenn es nicht zu heiß ist, gibt es auch frische Pasta in dem Lädchen.

Via XV Agosto 7

MÄRKTE

17 Mercato ▶ S. 41

WEIN

18 Enoteca Centro Vini

Der Weinladen von Enrico Salvi ist ein Juwel. Neben einer riesigen Auswahl an exquisiten Weinen stehen in den Regalen Olivenöl, Balsamicoessig und vieles mehr. Kein Weinkauf läuft hier ohne die ausführliche Beratung von Enrico, wobei probiert wird. Dazu reicht er Brot und Salami. Das alles macht er auch gern auf Deutsch.

Piazza San Franceso 5 | Tel. 03 32/53 55 54

SERVICE

Ufficio turistico I.A.T. ▶ S. 99, b 1

Die Touristeninformation liegt direkt am ersten Kreisverkehr, wenn man aus Richtung Norden nach Luino kommt, in einer ehemaligen Tankstelle.

Via della Vittoria | Tel. 03 32/53 00 19 |
www.comune.luino.va.it | April–Okt. tgl.
9–12, 14.30–18, Nov.–März 9–12, 14–17.30 Uhr

Via Milano 26 | Tel. 0 3 28/7 83 25 92 |
www.officinadellapizza.com | Do–Di ab
18.30 Uhr | €

Ziele in der Umgebung

◎ BREZZO DI BEDERO C3

1185 Einwohner

Brezzo di Bedero befindet sich auf einem Hochplateau. Allein schon die Fahrt von Luino dort hinauf offenbart spektakuläre Blicke. Sehenswert ist die Canonica di San Vittore, ein schönes Beispiel romanischer Architektur aus dem 12. Jh. Fresken aus dem 15.und 16. Jh. in der Apsis und eine Orgel aus dem 16. Jh. Hier findet regelmäßig das Musikfestival »Stagione Musicale della Canonica« statt. Zu Weihnachten kann man hier eine lebende Weihnachtskrippe erleben. Der Platz mit der Kirche ist ein besonders schöner Ort. Unbedingt sollten Sie dort hochfahren!

🕐 Abends im späten Sonnenlicht!
5 km südl. von Luino

ESSEN UND TRINKEN

Officina della Pizza 🍴

Pizza und Bier – In der alten Werkstatt gibt es eine große Auswahl an Pizza. Der Teig ist extrem dünn und wird wahlweise aus Dinkelmehl zubereitet. Leckeres Bier vom Faß.

Kirche in Brezzo di Bedero

Über dem Dorf zwischen sanften Wiesen liegen der Kirchplatz und die Kirche in Brezzo di Bedero. Ein malerischer Ort, vor allem während des Musikfestivals »Stagione Musicale della Canonica« (▶ S. 13).

◎ COLMEGNA C3

Der kleine Ort liegt zwischen Maccagno und Luino, gehört noch zu Letzterem und wird dominiert vom Camin Hotel (▶ S. 23), dass sich in einem Park am See ausbreitet.

3,7 km nördl. von Luino

◎ DUMENZA UND AGRA C3

1500 Einwohner (Dumenza)
380 Einwohner (Agra)

Von Colmegna und Luino führen kurvenreiche Straßen hinauf nach Dumenza (430 m) und Agra (674 m), ruhige Orte, die in einer üppigen Hügellandschaft liegen und wunderbare Blicke auf den See offenbaren. Kenner kommen im Herbst, wenn die Kastanien reif sind. Von Dumenza können Sie eine Wanderung auf den Monte Lema starten. Aus Dumenzas Ortsteil Runo stammt der Maler Bernardino Luini, der vor allem wegen seiner Fresken in Kirchen und Palästen der Lombardei und des Tessins berühmt wurde. Runo ist ein ansprechender Ort mit einem guten Restaurant (Smeraldo, ▶ S. 33) und mit Wandbildern verschiedener Künstler an den Häusern. Ähnlich wie in Arcumeggia (▶ S. 106) wurden 1978 Künstler ins Dorf geholt, die Fresken an die Häuser brachten. Aus Runo stammt auch der Kunstdieb Vincenzo Peruggia, der 1911 die »Mona Lisa« aus dem Louvre stahl, weil er der Meinung war, dass das Gemälde in seine italienische Heimat gehöre.

Dumenza: 6 km nordöstl. von Luino
Agra: 8 km nordöstl. von Luino

◎ GERMIGNAGA ⚑ C 3
3800 Einwohner

Germignaga ist mit Luino zusammen-gewachsen. Es liegt an der Mündung des Flusses Tresa auf dem Schwemm-gebiet des Flusses. Fischerei und Hand-werk waren die wichtigsten Erwerbs-quellen des Dorfes, später kam die Seidenweberei hinzu.

ANGERA ⚑ B 5
5700 Einwohner

Angera liegt auf der lombardischen Seeseite gegenüber dem piemontesi-schen Arona. Nicht einmal 2 km be-trägt die Breite des Lago Maggiore an dieser äußerst schmalen Stelle. Schon zur Römerzeit war dies ein wichtiger Dreh- und Angelpunkt. 1497 wurde Angera unter Ludovico il Moro zur Stadt erhoben. Aus dieser Zeit stammt das Wahrzeichen, die Hauptsehens-würdigkeit der kleinen Hafenstadt: die auf einem Felsen thronende Burg Roc-ca d'Angera, die seit Hunderten von Jahren der Familie Borromeo gehört. Angera ist ein sehr schöner Ort mit ei-ner von Kastanien gesäumten Uferpro-menade. Ein beliebter Treffpunkt der Einwohner ist die Piazza Garibaldi an der Seepromenade. Hier findet jeden Donnerstagvormittag der Wochen-markt statt.

SEHENSWERTES
Madonna della Riva

Die frühbarocke Kirche wurde nie vollendet. Gebaut wurde nur der Chor rund um die Kapelle einer Blut wei-nenden Madonna aus der zweiten Hälfte des 17. Jh. Am Altar ist das Mari-

Die Deckenmalereien und Fresken aus dem 14. Jh. in dem Kastell Rocca d'Angera (▶ S. 104) stammen von einem der wichtigsten Vertreter der Spätgotik, Michelino da Besozzo.

enbild zu bewundern. Jedes Jahr am 27. Juni wird dieses Ereignis, das im Jahre 1657 stattfand, gefeiert.

Rocca d'Angera

Auf einem mächtigen Kalkfelsen erhebt sich die Burg mit Zinnen und einem gewaltigen Turm. Zum See fallen die Felsen steil ab. Auf den Ruinen einer römischen Befestigungsanlage wurde das Kastell im 13. und 14. Jh. von den Visconti erbaut. Der Torre Castellana, der Turm, stammt aus dieser Zeit und bietet eine fantastische Sicht. Ab 1449 ging das Kastell in den Besitz der Borromeo über, die daraus im 16. und 17. Jh. einen herrschaftlichen Palast machten. Interessant sind die Fresken von Michelino da Besozzo (1388–1442). Im Piano Nobile befindet sich der Wappensaal und eine Gemäldegalerie. Von den Fenstern zum See haben Sie eine wundervolle Aussichte.

Via della Rocca | www.borromeo turismo.it | Mitte März–Mitte Okt. tgl. 9–17.30 Uhr

MUSEEN UND GALERIEN

Museo della Bambola

Im Parterre und im ersten Stock der Burg befindet sich ein Puppenmuseum mit Puppen aus dem 18. bis 20. Jh. Die 200 Exponate stammen aus der Privatsammlung der Prinzessin Bona Borromeo, die sie in Europa zusammengetragen hat. Darüber hinaus gibt es Bilderbücher und Blechspielzeug zu besichtigen.

ÜBERNACHTEN

Lido

Tolle Lage – Auf halber Strecke zwischen Angera und Ranco liegt das Lido am See. Der große, lauschige Garten führt direkt zum Strand. Im zugehörigen Restaurant – mit Terrasse – wird Sushi und anderer Fisch serviert.

Viale Libertà 11 | Tel. 03 31/93 02 32 | www.hotellido.it | 16 Zimmer | €€

ESSEN UND TRINKEN

Osteria del Castello

Bodenständig – Regionale Küche wird zu Füßen der Burg geboten. Die Pasta ist natürlich hausgemacht, das Fleisch, eine Spezialität des Kochs, kommt gegrillt oder geschmort daher. Wochentags gibt es Mittagsmenüs für 12 €.

Via Rocca Castello 1 | Tel. 03 31/93 03 38 | www.osteriadelcastello.org | €€

SERVICE

I.A.T.

Via Marconi 2 | Tel. 03 31/93 19 15 | www.comune.angera.va.it

Ziele in der Umgebung

◎ RANCO   B 4
1371 Einwohner

Etwa 4 km ist Ranco von Angera entfernt. Eine schöne Uferstraße verbindet die beiden Orte. Schöner als in Angera wohnen Sie in Ranco, einem Villenort auf einer kleinen Anhöhe, einem Strand und zwei sehr empfehlenswerten Hotels, dem »Belvedere« und dem »Il Sole di Ranco« mit dem gleichnamigen Restaurant, einem Highlight auf der Ostseite des Sees (▶ S. 32)!

4 km nördl. von Angera

ÜBERNACHTEN

Belvedere

Stimmungsvoll – Seit 1865 gibt es dieses Hotel. Die meisten Zimmer haben einen Balkon und zum See sind es nur ein paar Schritte. Gutes Restaurant mit schöner bewachsener Pergola.

Ranco | Via Piave 11 | Tel. 03 31/97 66 09 | www.hotelristorantebelvedere.it | €

CASTELVECCANA   B 4

2000 Einwohner

Castelveccana ist ein Zusammenschluss aus elf kleinen Ortsteilen, die sich vom Ufer des Sees bis zu den angrenzenden Bergen erstrecken. Jeder dieser kleinen Orte hat seinen eigenen Charme: alte, stille Dörfer, manch schöne Villa, üppige Gärten. Besonders idyllisch ist **Caldè**, das in einer kleinen Bucht abseits der Hauptstraße liegt. Die Einwohner nennen den Ort liebevoll »piccolo Portofino«, was natürlich maßlos übertrieben ist. Jedoch vermittelt Caldè das Gefühl, die Zeit sei in den 1960er-Jahren stehen geblieben. An die großzügige Piazza am See – Mittelpunkt vieler Feste – grenzen die Restaurants »La Vela« und »Sunset« sowie die Bootswerft der Albertolis. Die ruhige Bucht ist ein beliebtes Badeziel vieler Mailänder und Varesiner. Caldè liegt unterhalb der Rocca di Caldè, eines weithin sichtbaren Felsvorsprungs, auf dem einst eine Burg der Visconti stand, die von den Schweizern 1513 zerstört wurde. Heute sind nur noch Reste der Außenmauern und eine Zisterne erhalten, doch das Panorama von der Anhöhe, auf der die Burg einst stand, lohnt den Aufstieg. Wer vom Parkplatz in Caldè rechts über die kleine Holzbrücke am Seeufer entlanggeht, kommt zu verfallenen Hochöfen, in denen Kalk produziert wurde. Hier gibt es kleine Badeplätze, die meist von Jugendlichen genutzt werden.

SEHENSWERTES

Santa Veronica

Am Rand der Festung nach Caldè hin, liegt die Kirche Santa Veronica, die um das Jahr 1200 erbaut wurde. Schöne Fresken schmücken das Innere. Von der Kirche bietet sich ein eindrucksvoller Panoramablick auf den Lago Maggiore, Caldè und andere Ortsteile von Castelveccana.

ÜBERNACHTEN

Santa Veronica Guest House

Seenähe – Im Gästehaus mitten in Caldè gibt es nur sechs Zimmer, Bad auf dem Flur, einen Garten und es sind nur ein paar Schritte zum See. Was will man mehr für den Preis von 50 €?

Caldè | Via Monfalcone 7 | Tel. 03 32/52 13 20 | www.santaveronica guesthouse.com | €

> ## Sonnenuntergang in Caldè
>
> Der schönste Platz, um den Sonnenuntergang am See zu betrachten, ist die kleine Weinbar Sunset in Caldè (▶ S. 14).

ESSEN UND TRINKEN

RESTAURANTS

La Vela

Direkt am See – Breites Angebot von Pizza, Pasta und Fisch aus dem Lago. Tipp: Unbedingt das Eis probieren!

Caldè | Piazza Lago 1 | Tel. 03 32/52 11 64 | www.ristorantelavelacalde.it | €€

Osteria della Froda

Beste Küche in der Region – Es gibt zwar keinen Seeblick, aber dafür ein nettes Ambiente mit Außenterrasse und eine bemerkenswerte Küche. Chef Riccardo kocht einfach umwerfend: Die Pasta ist hausgemacht, die Gerichte kreativ. Mittags wird wochentags ein kleines Menü angeboten, abends isst man à la carte. Sehr gute Weinauswahl!

Caldè | Via alla Fermata 4 | Tel. 03 32/52 13 61 | Di–So 12–14.30, 19–22 Uhr | €€

Ziele in der Umgebung

◎ ARCUMEGGIA B 4

In den 50er-Jahren des 20. Jh. war das auf 570 m Höhe gelegene Arcumeggia von bäuerlicher Abwanderung bedroht, ebenso wie viele andere Dörfer in der Gegend. Im Sommer 1956 verwandelte sich Arcumeggia dann in ein Open-Air-Museum. Künstler wurden eingeladen, Wandbilder an die Dorf-häuser zu malen. Diese sind noch heute zu besichtigen.

www.arcumeggia.it

9,5 km südöstl. von Castelveccana

◎ SANT'ANTONIO/ ALPE SAN MICHELE B 4

Eine kurvenreiche Straße führt von Caldè über Nasca durch den Wald nach Sant'Antonio. Zu Fuß sind es etwa 1 ½ Stunden. Hier können Sie in der gleichnamigen Trattoria einkehren und danach zu Fuß zur Alpe San Michele wandern. 3,5 km führt die Straße bergan. In San Michele steht auf 800 m Höhe eine romanische Kirche aus dem 10./11. Jh., daneben ein kleines Restaurant, das nur am Wochenende geöffnet hat (Tel. 03 09/8 23 01 25, www.varese landoftourism.com/de/17014/Die-Alpe-San-Michele).

Laveno (▶ S. 107) ist an dieser Seeseite der einzige Ort mit Fährhafen. Auch der Bahnverkehr ist gut ausgebaut, sodass viele Mailänder die direkte Verbindung für Wochenendausflüge nutzen.

Aussicht hat man von hier nicht. Für einen Seeblick muss man weiter bergauf steigen, dann aber ist die Aussicht gigantisch!

4,5 km südöstl. von Castelveccana

LAVENO ⚑ B 4

9000 Einwohner

Laveno liegt in einer tiefen Bucht zu Füßen des Sasso del Ferro (1062 m). Auf der lombardischen Seite ist Laveno der einzige Ort mit einem Fährhafen. Zur Zeit des »Risorgimento«, der Bewegung für Unabhängigkeit und die nationale Einheit Italiens zu Beginn des 19. Jh., war er ein wichtiger österreichischer Militärhafen. Heute legt hier im 20-Minutentakt die Autofähre nach Intra ab. Zeugnis der österreichischen Herrschaft sind die Überreste einer Festung im Parco Castello. Durch die hervorragende Bahnverbindung nach Varese und Mailand siedelten sich zum Ende des 19. Jh. in Laveno verschiedene Industrien an, vor allem das Keramikgewerbe spielte bis in die 1950er-Jahre eine wichtige Rolle. Heute sind auf dem Gelände der ehemaligen Keramikfabrik oberhalb des Jachthafens ein Hotel und moderne Appartements entstanden.

SEHENSWERTES

Sasso del Ferro

Über Laveno erhebt sich der Hausberg den man mit einer Seilbahn erreichen kann. Oben auf dem Poggio Sant'Elsa (972 m) wartet nicht nur eine überwältigende Aussicht, sondern auch ein Restaurant. Ungefähr 20 Minuten Fußweg auf den Gipfel werden mit einem Panoramablick belohnt: von der Alpenkette mit dem majestätischen Monte Rosa bis zum ligurischen Apennin. Beliebt ist der Berg auch bei Gleitschirm- und Drachenfliegern. Wer hinabwandern will, braucht etwa 1,5 Std. Der Weg ist teilweise sehr steil, feste Wanderschuhe sind erforderlich.

Funivie del Lago Maggiore | Via Tinelli 15 | www.funiviedellagomaggiore. it | Mo–Fr 11–18.30, Sa, So bis 22.30 Uhr

Villa De Angeli Frua

Erbaut wurde die Villa Mitte des 18. Jh. von der Familie Tinelli. Auch der italienische Freiheitskämpfer Giuseppe Garibaldi war während des Feldzugs gegen die Österreicher 1859 in der Villa Frua. Heute sind hier die Gemeindeverwaltung von Laveno-Mombello und die städtische Bibliothek untergebracht. Mit mehr als 50 000 Büchern ist sie die größte Bibliothek in der Provinz Varese. Der Park um die Villa ist öffentlich. Betritt man ihn von der Seeseite gegenüber der Kirche San Michele, kann man in einem Glashaus die Krippe bewundern, die zur Weihnachtszeit angestrahlt im See liegt. In der Villa finden Veranstaltungen und Ausstellungen statt.

Via Roma 16A

Weihnachtskrippe unter Wasser

Sehr beeindruckend ist die beleuchtete Krippe, die im Wasser neben dem Kiosk zu sehen und von Anfang Dezember bis nach Ende der Weihnachtsfeiertage Anziehungspunkt in Laveno ist.

ÜBERNACHTEN

Hotel de Charme 🚩

Superlage – Die Lage oberhalb des Jachthafens in Laveno ist ideal. Alle

Zimmer des erst im Juni 2014 eröffneten Hotels haben Seeblick, etwa die Hälfte mit eigener großzügiger Gartenterrasse. Das Design der italienischen Designerin Bea Mitterhofer ist puristisch elegant. Das Schwimmbad befindet sich oberhalb des Hotels mit einem großen Ruheraum, wenn man in den Pool eintaucht, liegt Laveno und das Panorama des Sees zu Füßen des Betrachters. Sehr schöne Außenterrasse und stilvoll angelegter Garten.

Viale De Angeli 34 | Tel. 03 32/66 73 13 | www.laveno-hotel.com | 30 Zimmer | €€

Locando Montecristo

Atemberaubende Aussicht – Sehr spektakuläre Lage am Hügel oberhalb von Laveno. Alle Zimmer haben Seeblick, großer Garten und Restaurant mit Terrasse.

Via Montecristo 23 | Tel. 03 32/66 76 48 | www.locandamontecristo.com | €

ESSEN UND TRINKEN

RESTAURANTS

Trattoria Calianna

Ausgezeichnete Atmosphäre – Die schönste Trattoria im Ort. Familienbetrieb mit sehr nettem Service. Klein und übersichtlich sind der Gastraum und die Karte: z. B. Risotto mit Heidelbeeren oder mit Fisch, beides ist eine gute Wahl.

Via Tinelli 19 | Tel. 03 32/66 73 15 | www.calianna.it | Di geschl. | €€

CAFÉS UND BARS

Café Vela

An der Promenade zum Jachthafen sitzt man hier in einer Pergola am See. Idealer Platz für einen Sundowner. Pizza und Pasta schmecken hier in der Abendsonne besonders gut.

🕑 Abends zum Sonnenuntergang. Lungolaghi de Angeli 2 | €

EINKAUFEN

BACKWAREN

Pasticceria il Porto

Gegenüber dem Fähranleger befindet sich in einer kleinen Seitenstraße diese altmodische Bäckerei mit Leckereien und köstlichem Brot.

Via Piave 6 | Tel. 03 32/66 73 33

HAUSHALTSWAREN

Bassetti Outlet

Bettwäsche, Handtücher und Bettdecken zu wesentlich günstigeren Preisen als in normalen Läden.

Cuveglio | Via Provinciale 5 | Tel. 03 32/62 41 54 | www.bassetti.it

SERVICE

I.A.T. Laveno

Piazza Ferrovie Nord | Tel. 03 32/66 87 85 | www.vareselandoftourism.com/iat-laveno-mombello | Mo–Fr 9–12, 14.30–17.30, Sa, So 9–19 Uhr

Ziele in der Umgebung

⊙ CERRO B 4

Cerro, ein Ortsteil der Gemeinde Laveno, ist ein idyllischer verträumter Ort mit kleinem Hafenbecken, einer schattigen, gepflegten Uferpromenade und einem (fast) Sandstrand. Er liegt auf der Spitze einer Landzunge südlich von Laveno. Dominiert wird Cerro von dem Palazzo Perabò aus dem 16. Jh. Im Jahre 1968 erwarb ihn die Gemeinde Laveno, um dort ihre wertvolle Keramiksammlung auszustellen.

1 km südl. von Laveno

MUSEEN UND GALERIEN

Internationales Museum des Keramikdesigns (Museo Internazionale Design Ceramico – MIDeC)

Zu sehen ist die Arbeit der Italienischen Keramikgesellschaft (Società Ceramica Italiana). In den vielen Ausstellungsräumen kann man neben Vasen und Tafelgeschirr auch Objekte im Jugendstil und Kloschüsseln bestaunen!

Via Lungolago Perabò 5 | Tel. 03 32/62 55 11 | www.midec.org | Mo geschl., Di 10–12.30, Mi–So 10–12.30, 14.30–17.30 Uhr

◎ SANTA CATERINA DEL SASSO ⭐5 📍B 4

An einer steilen Felswand über dem Lago Maggiore steht das Kloster Santa Caterina del Sasso. Den schönsten Blick hat man vom Schiff, deswegen sollten Sie eine Ankunft vom Wasser her planen (von Stresa werden Fahrten angeboten). Kommen Sie mit dem Auto, müssen Sie 268 Stufen hinuntersteigen (wahlweise per Fahrstuhl).

Der Legende nach befand sich hier vom Ende des 12. Jh. an eine Einsiedelei, die der einst reiche Kaufmann Alberto Besozzi bewohnte. Ein Gelübde während eines Schiffbruchs hatte ihn dazu verpflichtet.

Zu Beginn des 13. Jh. ließen sich Dominikaner nieder, die ein kleines Kloster nebst Oratorium errichteten. Drei Gebäudekomplexe können Sie besichtigen: Im Convento meridionale, den einstigen Klosterräumen ist vor allem der Kapitelsaal mit Fresken aus dem 14. und 15. Jh. sehenswert. Einen kleinen Hof durchquerend, betreten Sie den Conventino aus dem 14. Jh., dessen Säulengang die Reste eines Totentanz-

Santa Caterina del Sasso (▶ MERIAN TopTen, S. 109) wurde auf einem Felsvorsprung erbaut. Der weite Blick reicht bis hinüber zu den Borromäischen Inseln (▶ MERIAN TopTen, S. 138).

freskos aus dem 17. Jh. zeigen. Die Chiesa di Santa Caterina stammt aus dem Jahre 1587 und setzt sich aus mehreren Kapellen zusammen, die bereits zwischen dem 13. und 14. Jh. gebaut wurden. Neben den Kapellen Santa Caterina und Santa Maria Nova ist vor allem die Kapelle San Nicolà mit einem Fresko interessant, das Christus Pantokrator abbildet. 1640 kam ein Erdrutsch genau über dem Dach der Kirche zum Stehen, was zur großen Bedeutung des Klosters beitrug.

🕐 Am schönsten in der Nachmittagssonne.

Via Santa Caterina 13 | Tel. 03 32/ 64 71 72 | www.santacaterinadelsasso. com | April–Okt.

7 km südwestl. von Laveno

Wollen Sie's wagen?

Unterhalb der Wallfahrtskirche Madonna della Punta in Maccagno treffen sich am Nachmittag die Jugendlichen, um von hier in den See zu springen. Die Ufermauer ist etwa 5 bis 6 m über dem Wasser. Mischen Sie sich unter die Jugendlichen und genießen Sie den Sprung in den See.

MACCAGNO 🏖 C 3

2040 Einwohner

Am Anfang des Veddascatales liegt Maccagno. Der Ort ist durch den Fluss Giona in zwei Hälften geteilt: Inferiore und Superiore. Im Anschluss an den kleinen Touristenhafen öffnet sich die Piazza Roma, die von einem mittelalterlichen Turm, der sogenannten Torre imperiale dominiert wird. Von der Kir-

che Madonna della Punta (16. Jh.) aus genießt man einen wunderschönen Blick auf den Lago Maggiore und die Castelli di Cannero. Ein langer Strand lädt zum Spazierengehen ein. An ihn grenzen einige Campingplätze, sodass er im Sommer gut besucht ist!

MUSEEN UND GALERIEN

Civico Museo Parisi-Valle

Auf einer futuristischen Brücke, die über die Giona führt, hat das Museum in einem architektonisch interessanten Gebäude seinen Platz gefunden. Seit 1979 werden hier Exponate aus dem 20. Jh. ausgestellt. Unter ihnen befinden sich Werke von De Chirico, Fiume, Levi, Parisi und Picasso. Die meisten Bilder stammen aus einer Schenkung der Familie Parisi-Valle.

Via L. Giampaolo 1 | Tel. 03 32/56 12 02 | www.museoparisivalle.it | Juni–Sept. Do–So, Okt.–Mai Fr–So 10–12, 15–19 Uhr

ESSEN UND TRINKEN

Aquadulza

Spacige Atmosphäre – Restaurant, Lounge Bar und Wine Butega. Die Küche jedoch bietet klassische italienische Gerichte wie Ossobuco, frittierte Calamari, Carpaccio, Risotto und Ravioli. Einst eine alte Fabrikanlage hat man nun aus den Fenstern und von der Terrasse eine fantastische Sicht auf den See. An Sommerwochenenden mit DJ.

Lungolago G. Girardi 4 | Tel. 03 28/ 7 09 80 99 | www.aquadulza.it | Mo geschl. | €€

SERVICE

Pro Loco

Via Garibaldi 1 | Tel. 03 32/56 20 09 | www.prolocomaccagno.it | März–Juni,

Okt. Di–Sa 9.30–12.30, 16–19 Uhr, Mitte Juni–Mitte Sept. auch So 9.30–12.30 Uhr

Ziele in der Umgebung

⊚ LAGO D'ELIO C 3

Der Stausee liegt nahe der Schweizer Grenze auf 930 m Höhe. Kurvenreich führt die Straße von Maccagno hinauf. Der See birgt eine Pumpspeicheranlage. Es darf nicht gebadet werden! Von hier führen Wanderwege in alle Richtungen. Am Nordende des Sees liegt das Restaurant Diana (www.albergo-diana.it). Von der Terrasse genießt man einen weiten Blick.

11 km nördl. von Laveno

⊚ MONTEVIASCO 👫 C 3

Das stille Bergdorf Monteviasco wirkt wie aus einer anderen Welt mit seinen Steinhäusern und den stillen, engen Gassen. Es liegt östlich von Maccagno im Veddascatal auf einer Höhe von 924 m. Der schönste Weg hinauf führt über etwa 1400 aus dem Stein gehauene Stufen durch den Wald. Parkplatz und Seilbahn in Mulini di Piero.

www.monteviasco.it

13,7 km südwestl. von Laveno

⊚ PINO-TRONZANO C 3

Kurz vor der Schweizer Grenze liegt Pino-Tronzano sehr idyllisch auf einem Hügel.

8,3 km nördl. von Laveno

PORTO VALTRAVAGLIA

 B 3

2500 Einwohner

»Ein wahrhaft unglaublicher Ort, dieses Valtravaglia: am See gelegen …«, schrieb der Nobelpreisträger Dario Fo, der hier aufwuchs, »am Fuß des Felsens eine Kalkbrennerei, ein Hafen mit Fischerbooten … und nicht zuletzt eine riesige Glasbläserei mit fünf Schmelzöfen.« Heute sind die Fabriken stillgelegt und Porto Valtravaglia ist ein kleiner, beschaulicher Ort mit zwei Stränden und ein wenig Tourismus.

ÜBERNACHTEN

Albergo del Sole

Zentral mit Blick – Das historische Hotel ist modern renoviert und hat Seeblick. Gutes Restaurant im Haus mit Terrasse. Piazza Imbarcadero 18 | Tel. 03 32/ 54 77 47 | www.albergodelsole.net | €

ESSEN UND TRINKEN

A.G.C.

Direkt am See – Hier sitzt man sozusagen in der ersten Reihe: Aus den großen Glasfenstern und von der Terrasse sieht man weit über den See. Küchenchef Andrea Colombo bringt fantasievolle Gerichte auf den Tisch, das Ambiente ist sehr modern. Piazza Imbarcadero 2 | Tel. 03 32/ 54 77 57 | www.agcristorante.it | €€

EINKAUFEN

Wochenmarkt am See

Montagvormittags

Monteviasco — 7

Der schönste Weg in das Bergdorf führt über 1400 Steinstufen durch den Wald. Viele der alten Gebäude des Ortes sind im ursprünglichen Stil restauriert worden und dienen nun als Ferienhäuser (▶ S. 14).

Im Fokus
Dario Fo und der Lago Maggiore

Man sagt, die lombardische Seite des Lago mit ihrem spröden Charme, bringe einen besonderen Humor hervor. So erklärt es sich also, das große Talent des Nobelpreisträgers, Gauklers, Satirikers, Dramaturgen und Komödianten Dario Fo.

Eine kleine Bar in Caldè, am Ostufer des Lago Maggiore gelegen. Jeden Abend sitzen hier die Einwohner des Dorfes und trinken ihren Rotwein. Sie gestikulieren und erzählen ihre Geschichten von früher – und davon, dass sich seitdem nichts zum Besseren gewendet habe. Eine Szene wie aus einem Theaterstück von Dario Fo. Was hier im Kleinen geschieht, das lebendige Gespräch, die Verbindung von Lachen und Ernst, hat er auf die Bühne gebracht: Fo zeigt die Ungerechtigkeiten des Lebens und bezieht sein Publikum in das Geschehen ein. Episches Theater wie bei Bertolt Brecht: Der Zuschauer soll erleben und begreifen, dass er Handlungsmöglichkeiten hat und etwas verändern kann.
Von hier stammt er, der Urvater der freien Szene, Galionsfigur des politischen Theaters und der modernen Farce, Schauspieler und Regisseur, international erfolgreicher Dramatiker. Das letzte Kind der Commedia dell'Arte. Seit Jahrzehnten macht Dario Fo Staat und Kirche lächerlich und trotzdem kann ihn kein Prozess zum Schweigen bringen. Deshalb

◀ Dario Fo hat gut Lachen: 1997 wurde er
mit dem Nobelpreis geehrt.

gilt er in seiner Heimat Italien als Nationalheiligtum, der sich stimmge-
waltig als aufrechter Kämpfer gegen Berlusconi und Co. profilierte.
Dario Fo kritisierte aber nicht nur die Rechten, er äußerte sich auch über
Fehler der linken Opposition, die seiner Ansicht nach zu wenig handelte.
Auf die Frage, ob es eine linke oder rechte Satire gibt, antwortet er deshalb
diplomatisch: »Satire ist Satire und hat nichts mit Propaganda zu tun. Satire ist das schlechte Gewissen der Macht. Wer auch immer regiert, er
wird automatisch zur Zielscheibe der Satire.«

DER NOBELPREISTRÄGER

Das östliche Ufer des Lago Maggiore hat keine Nobelorte wie Ascona
oder Stresa, keine Inselgärten und Parks und viel weniger Tourismus als
die westliche Seite, aber dafür hat es einen Nobelpreisträger: Dario Fo.
1997 wurde er in Stockholm ausgezeichnet. Für viele kam das überraschend, nicht zuletzt für ihn selbst: »Ich bin bestürzt!«, war seine erste
Reaktion. Und die zweite? »Ist das vorstellbar? Der König ruft mich, ich
komme rein: ›Guten Morgen, mein Herr‹, nicht König oder Majestät. Was
zum Teufel sagt man da? Sie haben hier einen Preis für mich? Welche
Ehre für mein Land. Wissen Sie auch, dass ich in Italien Auftrittsverbot
habe, von der Justiz verfolgt werde und kein festes Haus besitze? Na,
macht nichts. Ich habe den Preis und bin glücklich.«
Literarische Großkritiker meldeten Zweifel an, ob die Volkstümlichkeit
des Dario Fo mit dem Nobelpreis vereinbar sei. Doch Stockholm ehrte
nicht nur einen ungewohnten Autorentypus, sondern würdigte mit seiner
kühnen Entscheidung den Künstler, »der in der Nachfolge der mittelalterlichen Gaukler die Macht geißelt und die Würde der Schwachen und
Gedemütigten wieder aufrichtet«.

DAS LEBEN DES GAUKLERS

Dario Fo, geboren am 24. März 1926 in Sangiano am Lago Maggiore, studierte Kunst und Architektur an der Universität Mailand und begann sich
früh für die Bewegung der »piccoli teatri«, der kleinen Theater, zu enga-
gieren. 1952 gab er sein Debüt als Schauspieler am Teatro Odeon in Mailand, kündigte seinen Job als Architekt und heiratete 1953 die Schauspielerin Franca Rame, mit der er später die Theatergruppe »Compagnia
Fo-Rame« gründete. Der internationale Durchbruch Fos fällt auf das Jahr

1960: »Gli arcangeli non giocano a flipper« (Die Erzengel spielen nicht Flipper). In Mailand unterhält das Künstlerpaar eine Schauspielerschule, ein Theater und einen gewaltigen Hofstaat von Freunden, Geliebten, Lieferanten und Trabanten. Mit Franca schrieb Dario Fo die meisten seiner 70 Stücke und erlangte große Aufmerksamkeit im In- und Ausland.

Besonders stolz ist der Theatermann über die zweimalige Ausstrahlung von »Der anormale Doppelkopf« im italienischen Fernsehen. Obwohl das Stück beim zweiten Termin vom Sendeplatz gestrichen wurde, konnte die Ausstrahlung nicht mehr verhindert werden. Der Sender Planet im Bezahlfernsehen Sky des australischen Medienmagnaten Rupert Murdoch strahlte »L'anomalo bicealo« auf Druck der Regierung bizarrerweise zuerst ohne Ton aus. Doch die zahlenden Bürger protestierten und es wurde ein neuer Sendetermin gefunden: mit Ton. Die Einschaltquoten schossen in die Höhe und Dario Fo konnte einen kleinen Sieg gegen das »fernsehgesteuerte« Medienimperium Italien verzeichnen.

WER ODER WAS HAT IHN GEPRÄGT UND GEFÖRDERT?

Woher stammt die Liebe zum Theater und das Talent des Gauklers, Satirikers, Dramaturgen und Komödianten? Die Besucher der kleinen Bar in Caldè schwören darauf, dass die lombardische Seite des Lago mit ihrem spröden Charme, ihren schroffen Felsen und armen Dörfern einem so trostlos scheinen, dass daraus ein besonderer Humor entstehen musste. Dario Fo wird also in eine alte Tradition des Fabulierens hineingeboren: Der Hang zum Komödiantischen liegt ihm im Blut, weil er zum prägenden Wesenszug der Menschen am Lago gehört. Denn auch sein Großvater, der Gemüsehändler, trug zu diesem »komischen« Bewusstsein bei. Jeder Besuch auf dem Gemüsemarkt wurde von ihm als großer Auftritt inszeniert, angeblich, sagt Dario Fo heute, hat ihm der Großvater dabei die Kunst des Stegreiftheaters beigebracht. Die Talentschmiede der Familie Fo: Schauspielunterricht zwischen Tomaten und Zwiebeln. Dario Fos Vater brachte ihm das Zweitwichtigste bei: Zivilcourage und politisches Engagement. Nachzulesen in seiner Autobiografie »Meine ersten sieben Jahre und ein paar dazu«.

Die Beobachtungen und Lauschangriffe, die er als Junge anstellte, ergeben ein anschauliches Bild der Stimmung in der italienisch-schweizerischen Grenzregion in den frühen 1930er-Jahren. Damals standen Schmuggler- und Schleppereien auf der Tagesordnung. Fos Vater war Stationsvorsteher am Bahnhof von Pino, der letzten Station vor der Schweiz; hier konnte der Sohn die Schmuggler und Schlepper beobachten. Viele der Flüchtlinge hatten nur ein Ziel: in das gelobte Land, die Schweiz, zu gelangen, egal wie. Darios Vater Felice verhalf vielen Juden und Partisanen zu fliehen. Auch der kleine Dario schaute mit begehrlichen Blicken hinüber aufs andere Ufer – nach Brissago, wo Verwandte lebten. Man erzählte dem Kind, dass in der Schweiz die Dachziegel aus Schokolade und die Straßen mit Torrone gepflastert seien: für den Jungen eine magische Vorstellung, die grenzenlose Fantasien freisetzte – und die grenzenlose Sehnsucht nach dem reichen Nachbarland. Bei der ersten Schifffahrt nach Brissago dann zerplatzte jener Traum: »Gott verdamme alle, die Schokoladendächer klauen!«

VATER FO UND DER FASCHISMUS

Abgesehen von derartigen Enttäuschungen stellte er fest, dass Züge durchsucht und Antifaschisten verfolgt wurden und dass dabei gebrüllt, getreten und geschossen wurde. Welche Rolle Vater Fo im Widerstand spielte, erfuhr der Sohn erst kurz vor Kriegsende, als er flüchtende Kriegsgefangene zur Grenze geleitete – und bei einer einsamen Berghütte unverhofft auf seinen Vater traf, der eine Gruppe von Juden auf demselben Weg in Sicherheit brachte.

Zu Schulzeiten wurde der Vater versetzt und die Familie zog weiter südlich an den Lago nach Porto Valtravaglia: »Ein wahrhaft unglaublicher Ort, dieses Valtravaglia: am See gelegen und von zwei Bächen flankiert. Im Hintergrund eine steile Felswand, majestätisch wie die Cheops-Pyramide. Am Fuß des Felsens eine Kalkbrennerei, ein Hafen mit Fischerbooten, eine alte Spinnerei, zwei Werkstätten und nicht zuletzt eine riesige Glasbläserei mit fünf Schmelzöfen.« Heute sind die Fabriken stillgelegt und Porto Valtravaglia ist ein beschaulicher Ort mit wenig Tourismus.

Damals lebten an dem kleinen Hafen am See Glasbläser, die aus ganz Europa hierher gekommen waren und ihre Geschichten aus der Heimat mitbrachten. »In jener seltsamen Schmiede der Sprache und des Dialekts besuchte ich eine einzigartige Universität der Kommunikation«, schreibt Dario Fo in seiner Autobiografie. Hier also entstanden sie, die wilden Geschichten: in den Wirtshäusern, Fischhallen, Billardzimmern und auf dem Marktplatz vor dem im Abendlicht leuchtenden See. In der lombardischen Provinz trafen Traditionen, Sprachen, Vorurteile und Mentalitäten aufeinander, die auf den ersten Blick unvereinbar schienen – und »dennoch gab es keinen Rassismus unter den Leuten, was unglaublich erscheinen mag. Man machte Witze übereinander, auch mit sarkastischer Härte, doch immer ohne Aggressivität oder Boshaftigkeit.«

DAS ITALIENISCHE WESTUFER

Diese Uferseite des Lago Maggiore ist gespickt mit Villen aus dem 19. Jh. Häufig sind sie wunderschön von parkähnlichen Anlagen umgeben, in denen eine reiche Flora gedeiht, darunter mehr als 200 Kamelienarten.

Die Fähre von Laveno am Ostufer nach Verbania auf der westlichen Seite verbindet nicht nur das lombardische mit dem piemontesischen Ufer, sie verbindet auch zwei Welten: Vom »lago povero«, der armen Seite des Sees, gelangen Sie an das reiche Ufer. Das westliche Seeufer war schon zu Zeiten der Römer beliebt. Später umkämpft von den mächtigen Familien Visconti und Sforza, ist es seit etwa 200 Jahren auch touristisch zunehmend interessant geworden: durch die »Grand Tours« der Adligen, Künstler und Schriftsteller.

VOM ADEL ENTDECKT

Der Tourismus am Lago Maggiore, lange Zeit auf die Residenzen adliger Familien beschränkt, hat sich im 19. Jh. mächtig entwickelt. In Folge ließen sich wohlhabende Mailänder Familien sowie russische und englische

◄ Die Grandezza der Westseite (► S. 116) ist
auch auf den Uferstraßen spürbar.

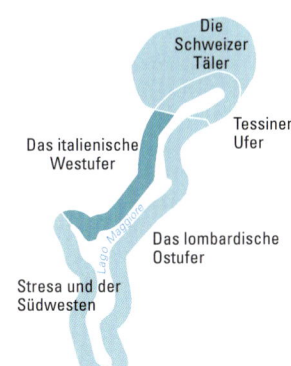

Adlige hier nieder. Es entstanden **Residenzen** in Pallanza, Ghiffa und Oggebbio mit
opulenten **Gärten** voller Palmen, Zypressen
und Kamelien. In der zweiten Hälfte des
19. Jh. hielt in dieser Region die nach dem
Jesuitenpater Georg Joseph Kamel benannte
»Kamelie« ihren Einzug.

Die **Kamelie** gehört zur Familie der asiati-
schen Teestrauchgewächse (Theaceae). Die
seltenen Formen der Winterkamelie sind die
Königinnen der kälteren Jahreszeit. Nirgendwo anders in Europa finden
sie bessere klimatische Verhältnisse, um sich zu entfalten, denn selbst im
Winter herrscht an der Uferseite des Lago Maggiore ein mildes Klima.
Kamelien, Mimosen, Azaleen und Rhododendren blühen schon Wochen
bevor nördlich der Alpen der Winter weicht.

Verbania ist die größte Stadt auf dieser Seite und zugleich Hauptstadt der
Provinz Novara. Im Jahr 1939 vereinigte ein königlicher Erlass die Orte
Fondotoce, Intra, Pallanza und Suna zur Gemeinde Verbania. Verbania
entwickelte sich in den folgenden Jahren dank seiner Industrie zur größten Stadt am Lago Maggiore.

VERBANIA B 4

31 000 Einwohner

Die Stadt ist seit 1992 Hauptstadt der
Provinz Novara. Ein Teil des Ortes ragt
mit seiner Landzunge Punta della Castagnola weit in den Borromäischen
Golf hinein. Nördlich der Landzunge
liegt Intra zwischen den zwei Wild-
bächen San Bernardino und San Giovanni, daher leitet sich auch der Name
ab: »intrum«, zu Deutsch »dazwi-
schen«. In Intra kommt die Autofähre
von der lombardischen Seite des Sees
aus Laveno an. Hier ist die Stadt pulsie-
render Mittelpunkt von Handel und Ge-
werbe. Im 19. Jh, als hier überwiegend
Textilindustrie angesiedelt war, nannte
man Intra »Klein-Manchester«. Süd-
westlich der Landzunge liegt Pallanza –
geschützt vor Nordwinden vom Monte
Rosso (693 m) im Rücken –, eine einst
mondäne Sommerfrische mit Hotels
und Villen der Belle Époque sowie einer schönen Promenade.

SEHENSWERTES

Casa della Resistenza/
Parco della Memoria

Im »Haus des Widerstandes« wird der
Terror der deutschen Besatzer zur Zeit

des Faschismus dokumentiert. Im Hinterland kämpften Partisanen gegen die Deutschen, nachdem diese nach der Kapitulation Italiens einmarschiert waren. Das SS-Hauptquartier befand sich in Intra in der Villa Caramora. 43 Partisanen wurden am 20. Juni 1944 auf die gegenüberliegende Wiese gebracht und dort hingerichtet. Nur einer überlebte. Eine lange Gedenkmauer mit den Namen aller erschossenen Partisanen ist im Park zur Erinnerung errichtet worden.

Fondotoce, Via Turati 9 | www.casadella resistenza.it | im Winter: Mo–Fr 9–12, 15–18, im Sommer Di–Fr 9–12, 15–18, Sa, So 15–18 Uhr | Eintritt auf Spendenbasis

Isola San Giovanni

Die kleine Insel ist nur vom Ufer aus zu »besichtigen«. Sie liegt direkt vor dem Grandhotel Majestic (▸ S. 119) und gehört zum Besitz der Familie Borromeo. In dem Palast verbrachte der italienische Dirigent Arturo Toscanini (1867 bis 1957) viele Sommer.

Madonna di Campagna

Ursprünglich auf einem freien Feld erbaut, ist die Kirche heute von Industriebauten umgeben. Sie gilt als einer der bedeutendsten Renaissancebauten am Lago Maggiore. Zu Beginn des 16. Jh. wurde sie anstelle einer romanischen Kapelle errichtet, deren Campanile aus dem 11. Jh. noch steht. Bemerkenswert ist ihre achteckige Kuppel mit umlaufender Galerie.

Viale G. Azari 113

Villa San Remigio

In exponierter Lage steht die Villa San Remigio auf der Anhöhe der Punta della Castagnola – ein Beispiel für den lombardischen Barockstil.

Der neapolitanische Dichter und Musiker Silvio della Valle di Casanova und die irische Malerin Sophie Browne ließen ihre Villa nach ihrer Heirat im Jahr 1896 erbauen. Die Villa wurde zu einem internationalen Künstlertreff, der u. a. auch von den Schriftstellern Hermann Hesse und Gabriele D'Annunzio besucht wurde.

Heute ist die Villa San Remigio Sitz der Stadtverwaltung. Im Waffen- und Musiksaal werden standesamtliche Trauungen vollzogen. Den Park kann man nach vorheriger Anmeldung besichtigen (Tel. 03 23/50 44 01).

Via V. Veneto 96

 Villa Taranto

Einst standen hier Kastanienwälder, die jedoch für noble Villen weichen mussten. Im Jahre 1931 erwarb der schottische Kapitän Neil MacEacharn ein 20 ha großes Grundstück auf der Landspitze mit einem atemberaubenden Blick. Hier verwirklichte er seinen Traum und schuf einen englischen Landschaftsgarten mit mediterranen und exotischen Pflanzen. Mehr als 20 000 Pflanzenarten kann man in verschiedenen Themengärten begutachten. 80 000 Tulpen blühen hier im Frühjahr ebenso wie 500 Rhododendronarten. Zudem gibt es Springbrunnen, einen Lotusteich und Gewächshäuser. Der Schotte vermachte sein Anwesen der Stadt mit der Auflage, dass Villa und Park der Gartenkultur dienen sollen.

Via V. Veneto 111 | www.villataranto.it | Mitte März–Anfang Nov. tgl. 8.30–18.30, Okt., Nov. 9–16 Uhr | Eintritt 10 €

MUSEEN UND GALERIEN

Museo del Paesaggio

Im Palazzo Viani-Dugnani aus dem 16. Jh. werden neben einer archäologischen Sammlung auch Werke verschiedener Künstler des 19. und 20. Jh. präsentiert. Skulpturen des Bildhauers Troubetzkoy und Bilder der irischen Malerin Sophie Browne, die in der Villa San Remigio lebte (▶ S. 118). Paolo Troubetzkoy wurde im Jahr 1866 in Intra als Sohn von Piotr Petrovich Troubetzkoy und seiner Frau Ada geboren (Villa Ada Troubetzkoy in Ghiffa). Giacomo Puccini, George Bernard Shaw, Auguste Rodin und der italienische Schriftsteller Gabriele D'Annunzio ließen sich von ihm in Bronze porträtieren. Zu diesem Museum gehört auch die Filiale im Palazzo Biumi Innocenti (Salita Biumi 6), in der eine Sammlung religiöser Volkskunst gezeigt wird u. a. von 5000 Votivbildern aus dem 16. bis 20. Jh.

Pallanza, Via Ruga 44 | Tel. 03 23/ 55 66 21 | www.museodelpaesaggio. it | Di–So 10–12, 15.30–18.30 Uhr | Eintritt 5 €

ÜBERNACHTEN

Grand Hotel Majestic

Alte Pracht neu belebt – 1870 wurde das Haus im Stil der Belle Époque erbaut. Das Majestic zeigt sich renoviert und frisch. Die Lage besticht: Die gegenüberliegenden Grandhotels in Stresa und Baveno haben die Straße vor der Tür, doch beim Majestic liegt zwischen Hotel und See nur ein traumhafter Garten mit Palmen und Hortensien. Hier finden sich viele geschützte Ecken und ein kleiner Strand.

Einem Schotten und dem besonderen Klima in Verbania ist es zu verdanken, dass in der herrlichen Anlage rund um die Villa Taranto (▶ MERIAN TopTen, S. 118) exotische Pflanzen blühen.

Bei einem Urlaub in dem seit Jahrzehnten so beliebten Reiseziel »Bella Italia« dürfen Küchenklassiker wie eine »coppetta di tiramisu« als Dessert nicht fehlen.

Pallanza, Via V. Veneto 32 | Tel. 03 23/
50 97 11 | www.grandhotelmajestic.it |
April–Okt. | 95 Zimmer | €€

Il Chiostro

Klösterlich – Im ehemaligen Kloster, das im 17. Jh. erbaut wurde, herrscht in den Zimmern des heutigen Hotels bisweilen ein etwas spröder Charme. Jedoch ist die Anlage als Ganzes mit ihrem Innenhof und ihren verschiedenen Gärten sehr attraktiv. Zudem schläft es sich in den Zimmern zum Innenhof schön ruhig. Mit Restaurant, Bar und Weinkeller.

Intra, Via Fratelli Cervi 14 | Tel. 03 23/
40 40 77 | www.chiostrovb.it |
100 Zimmer | €

Villa Azalea und Villa della Quercia
▶ S. 24

ESSEN UND TRINKEN
RESTAURANTS
Antica Osteria il Monte Rosso

Marktfrisch – Die Speisekarte kommt in einer kleinen Holzbox mit Lupe und nostalgischer Postkarte, die daran erinnert, dass es das Restaurant schon seit 1854 gibt. Das ist die erste Überraschung. Beim Menü geht es weiter. Chef Paolo Scagliotti präsentiert eine ideenreiche, marktfrische Küche. Vor allem die Fischgerichte sind raffiniert gewürzt und komponiert. Er hat bei der Auswahl seiner Gerichte auch ein Herz für Vegetarier. Auf zwei Etagen findet der Gast liebevoll eingedeckte Tische in persönlicher Atmosphäre. Ein Sonnenplatz am See. Mittags wird ein Menü für 15 € angeboten.

Suna, Via P. Troubetzkoy 128 | Tel.
03 23/50 60 56 | €€

La Latteria

Kleines Highlight – Ein paar Schritte vom Schiffsanleger liegt der ehemalige Milchladen etwas versteckt an einer kleinen Piazza mit Tischen vor der Tür. Neben hausgemachter Pasta gibt es von landestypischen Fleischgerichten bis zu Felchen aus dem See eine nette Auswahl. Die Karte wechselt monatlich. Sehr beliebt bei den Einheimischen. Ein Highlight ohne Touristenrummel!

Intra, Piazza San Rocco 20 | Tel. 03 23/ 5 34 47 | Mi geschl. | €

Milano

Traditionelle Küche – Den Blick von der lauschigen Veranda auf Stresa und die Isole hat bereits Hemingway genossen. In der Jugendstilvilla am See bietet Familie Sala fischorientierte Küche, aber auch piemontesische Fleischgerichte wie Huhn in Nebbiolo. Traditionell und hochpreisig, aber mit Blick.

Pallanza, Corso Zanitello 2 | Tel. 03 23/ 55 68 16 | www.ristorantemilano lagomaggiore.it | Di geschl. | €€€€

EINKAUFEN

KULINARISCHES

La Casera di Eros Buratti ▶ S. 40

Pasticceria Baudo

Im oberen Teil der belebten Einkaufsgasse lockt die Konditorei mit Köstlichkeiten wie Schokoladentrüffel, glasierten Früchten, Torten und vor allem den weit über die Stadttore hinaus beliebten »Amaretti di Pallanza«.

Pallanza | Via Ruga 47

MÄRKTE

Anziehungspunkt für die gesamte Region ist am Samstag der große Markt, der in und um die Via Roma stattfindet. Von Haarspange zu Espressokocher, von Tasche über Socke, von Käse zu Blumen – alles ist hier zu haben.

Intra, Via Roma | Sa 9–16 Uhr

KULTUR UND UNTERHALTUNG

BÜCHER

Editoria & Giardini

Buchmesse zu Themen über Garten und Botanik. Parks und Gärten in Verbania werden geöffnet und Führungen angeboten.

Villa Giulia, Corso Zanitello 8 | Tel. 03 23/ 54 22 83 | www.editoriaegiardini.it | Sept.

BLUMEN

Mostra della Camelia

Kamelienausstellung in der Villa Giulia am Seeufer.

Villa Giulia, Corso Zanitello 8 | Ende März

Corso Fiorito

Große Blumenshow entlang der Uferpromenade.

Erster Sonntag im Sept.

SERVICE

Verbania Turismo

Pallanza | Corso Zanitello 6/8 | Tel. 03 23/50 32 49 | www.verbania-turismo.it (leider eine wenig übersichtliche Webseite) | April–Sept. Mo–Sa 9–13, 15–17.30, So 9–13, Ende Okt.–Mitte März Mo–Fr 9–13 Uhr

Ziele in der Umgebung

 **LAGO DI MERGOZZO** A 3

Bis zum 9. Jh. war der Lago di Mergozzo mit dem Lago Maggiore verbunden. In den vergangenen Jahrhunderten haben die ständigen Überschwemmungen durch den Fluss Toce eine Versandung verursacht, sodass die beiden Seen heute getrennt sind.

Er ist nur 2,5 km lang und 1 km breit, die Wasserqualität ist jedoch bestens. Motorboote sind auf diesem kleinen See verboten, aber er ist ein Paradies für Wassersportarten wie Kanu- und Kajakfahren sowie Windsurfen. Zum Baden bieten sich mehrere Strände an, das Wasser ist durch seine geringe Größe wärmer als im Lago Maggiore. Malerisch liegt das Dorf Mergozzo am Nordwestende des Sees: Es besticht durch seine engen Gassen, eine schöne Promenade und eine romanische Kirche aus dem 11. Jh.

7 km nordwestl. von Verbania

◎ NATIONALPARK VAL GRANDE 🚩 🦋 A/B 3

Der Nationalpark Val Grande erstreckt sich über 146 qkm zwischen dem Lago Maggiore und dem Val d'Ossola. Er ist das größte Wildnisschutzgebiet Italiens. Die Täler und Almen, die es einst hier gab, unterlagen in den letzten 100 Jahren einer extremen Landflucht. Im Zweiten Weltkrieg war das unwegsame Tal Rückzugsgebiet italienischer Partisanen, die von hier die Verkehrsachse Mailand–Simplon attackierten, nachdem die Deutschen einmarschiert waren. Im Mai 1944 hatten die Partisanen das Hauptquartier der SS überfallen und 45 Gefangene genommen. Die Vergeltungsaktion begann im Juni, als 15 000 deutsche Soldaten und 2000 italienische Schwarzhemden ein sogenanntes Rastrellamento (zu Deutsch Säuberung) des Val Grande durchführten. Etwa 350 Partisanen wurden erschossen, Höfe und Almen in Flam-

men gesetzt, die Infrastruktur zerstört. Nach dem Krieg blieb eine neue Besiedelung aus. Zwischen 1950 und 2000 hat sich der Waldanteil verdoppelt. Im Jahr 1992 wurde das Gebiet zum Nationalpark erklärt.

Die einzige Ortschaft im Nationalpark ist Cicogna im Pogallotal. Hier steht auch das Informationszentrum, das in der Hochsaison täglich, sonst nur am Wochenende geöffnet ist. Außer einigen kleinen, markierten Wanderwegen mit Lehrtafeln gibt es kaum touristische Infrastruktur im Nationalpark. Die Natur ist hier völlig ungezähmt: Im Laubmischwald mit Nadelhölzern und Blumen leben Adler, Murmeltiere, Rotwild und Gämsen. 70 % der Besucher des Parks sind Deutsche.

Zum Weiterlesen: Bernhard Herold Thelesklaf: Nationalpark Val Grande. Rotpunktverlag, Zürich 2008 (28 €).

www.parcovalgrande.it

27 km nordöstl. von Verbania

◎ PREMENO 🦋 B 3

780 Einwohner

Oberhalb von Verbania thront Premeno wie auf einer großen privilegierten Aussichtsterrasse auf 840 m Höhe. Der Ort liegt in einer nach Norden hin geschützten Mulde. Die umliegenden Berge halten den kalten Nordwind aus den schneebedeckten Alpen ab und schaffen trotz der Höhenlage ein mildes Klima. Nur knapp 800 Einwohner leben hier und doch ist der Ort schon seit mehr als 100 Jahren eine beliebte Sommerfrische. Allein fünf große Hotels (www.hotelvittoriapremeno.it, www.hotelmoderno.biz) gibt es hier oben. Premeno liegt wie auf einem Sonnenbalkon. 1903 wurde hier der

Mergozzo (▶ S. 121), am gleichnamigen See gelegen, ist ein herrlicher Ort, um zur Ruhe zu kommen, durch die engen Gassen zu spazieren und die angrenzende Landschaft zu genießen.

erste Tennis-Sandplatz in ganz Italien eingeweiht, auf dem viele nationale Wettkämpfe ausgetragen wurden. 1965 kam ein Golfplatz mit neun Löchern hinzu (www.golfverbania.it). Der Blick von hier oben auf den Lago Maggiore, die anderen Seen und die Alpengipfel, wie auf den Mottarone und den Monte Rosa ist unvergesslich.

15 km nördl. von Verbania

CÀNNERO RIVIERA ⚐ B 3

1200 Einwohner

Cànnero Riviera ist eindeutig der schönste Ort des italienischen Lago-Maggiore-Ufers! Die nach Süden ausgerichtete Bucht liegt geschützt vor den rauen Nord- und Nordostwinden. Dank der Durchgangsstraße, die oberhalb des Ortes verläuft, geht es an der Uferpromenade entspannt zu. Enge Gassen führen durch die Altstadt hinunter zum See. Der liebevoll angelegte und gepflegte Badestrand ist ein weiterer Pluspunkt, der für diesen Ort spricht. Traditionell ist Cànnero bei Engländern sehr beliebt, schon Königin Victoria und Winston Churchill suchten hier Erholung.

Im Mittelalter war die Stadt Streitobjekt der rivalisierenden Familien Sforza und Visconti. Zum spannenden Teil dieser Geschichte gehören auch die zwei vorgelagerten Inseln, die Castelli di Cànnero.

SEHENSWERTES
Castelli di Cànnero

Fünf Brüder der Familie Mazzardi aus Ronco bemächtigten sich in den Jahren 1403 und 1404 der Castelli di Cànnero

Das Städtchen Cànnero (▶ S. 123) verdankt seinen Beinamen »Riviera« dem besonders milden Klima, denn die Landzunge ist komplett nach Süden ausgerichtet.

und tyrannisierten von dort aus die Bevölkerung der Küste.

Als einige Jahre darauf dann die Visconti in die Region vordrangen, schafften sie es, die Castelli einzunehmen und die Terrorherrschaft der Familie zu durchbrechen. Die Festung jedoch wurde zerstört. Gut 100 Jahre später bauten sich die Borromäer eine Burg als Bollwerk gegen die Schweizer. Diese Ruinen sehen wir heute noch. Im Sommer ankern hier viele Boote, eine Zeit lang durfte man die Inseln betreten. Das ist heute untersagt.

Vor mehr als 20 Jahren eroberten eine Gruppe von Hippies und Anarchisten die Burg, hissten eine schwarze Fahne und besetzten die Inseln. Keiner wusste, wie man die unbeliebten Besetzer loswerden könnte. Dann geschah ein Unglück: Einer von ihnen fiel von der Mauer und verletzte sich. Nach diesem Vorfall wurde die Burg geschlossen. Heute wird sie renoviert.

MUSEEN UND GALERIEN

Museo Etnografico e della Spazzola

Im Jahr 1981 wurde das Museum auf Initiative einer Schule gegründet. Die Schüler sammelten alte Haushalts- und Gebrauchsgegenstände, die hier besichtigt werden können. Eine historische Küche wurde nachgebildet und ein Raum widmet sich der Bürstenproduktion, die seit Mitte des 19. Jh. für Cànnero bedeutend war. Das Museum befindet sich seit 1996 in der Jugendstilvilla Laura, umgeben von einem Garten mit Zitronenbäumen, der ebenfalls besichtigt werden kann.

Villa Laura | Via Dante 29 | www. cannero.it/it/museo | April Mi 16.30–18,

Sa 16–18, Mai–Juni Mi 16.30–18, Sa 16–18,
Juli–Aug. Di 10–12, Fr 20.30–22, Sa 20–22,
Sept.–Okt. So 16–18 Uhr | Eintritt 1 €

ÜBERNACHTEN

Arancioamaro

Extravagant – Als »Miralago« dümpel-
te es viele Jahre vor sich hin. Kürzlich
wurde es komplett renoviert und heißt
jetzt »Arancioamaro«. Klein, individuell und charmant, geschmackvolle
Zimmer, geräumige Bäder. Die Suiten
haben sehr große Terrassen.

Viale delle Magnolie 13 | Tel. 03 23/
78 83 98 | www.arancioamaro.it |
8 Zimmer | €€

Cannero

Traditioneller Charme – Seit mehr als
100 Jahren steht dieses Hotel an der
Uferpromenade. Vor einigen Jahren
kam ein zweites Gebäude hinzu und
das Hotel wurde stilecht unter Erhal-
tung der Fresken restauriert. Schönes
Ambiente. Viele Zimmer mit Seeblick
und Balkon. Pool im Innenhof.

Piazza Umberto I 2 | Tel. 03 23/78 80 46 |
www.hotelcannero.com | 64 Zimmer,
12 Appartements | €

ESSEN UND TRINKEN

Es befinden sich einige Restaurants
entlang der Promenade.

KULTUR UND UNTERHALTUNG

Kamelienfest

Der Ort ist Sitz der »Società Italiana
della Camelia« (Italienische Gesellschaft der Kamelie). Deswegen wird
jedes Frühjahr ein großes Kamelienfest
veranstaltet, auf dem 200 Kamelienarten präsentiert werden. Dazu werden
Arien aus »La Traviata« gespielt. Meis-

tens findet das Fest am letzten Wochenende im März statt.

www.camelieinmostra.it | letztes März-
wochenende

Handwerkermarkt

Einmal wöchentlich findet ab 18 Uhr
auf einem Abschnitt der Promenade
ein Handwerkermarkt statt.

Promenade | Juli, Aug. Sa ab 18 Uhr

SERVICE

Officio Turistico

Via Orsi 1 | Tel. 03 23/78 89 43 | www.
cannero.it | April–Okt. Mo–Sa 9–12, Mo,
Di, Do, Fr, Sa 15–19, So 9.30–12 Uhr

CANNOBIO · C3

5000 Einwohner

Cannobio ist die erste Stadt nach der
Schweizer Grenze am Westufer des
Lago Maggiore. Die Ursprünge des Or-
tes gehen auf die Römer zurück, die
Cannobium gründeten. Die Lage im
Delta des Gebirgsflusses Cannobino ist
ideal. Die Altstadt mit den schmalen
Gassen ist hübsch – schade, dass die
Hauptstraße mitten hindurch führt.
Malerisch reihen sich alte Palazzi mit
Arkadengängen entlang der autofreien
Uferpromenade, ähnlich wie in Locarno. Und doch hat der Ort nichts Mon-
dänes, neben einigen Hotels gibt es etliche Campingplätze, sodass das
Publikum sehr gemischt ist. Zur Hoch-
form läuft Cannobio am Sonntag auf,
wenn sich der von der Lage her schönste Markt des Lago Maggiore entlang
der Promenade erstreckt. Cannobio ist
ein idealer Ausgangspunkt für Wanderungen in die umliegenden Berge des
Valle Cannobina.

SEHENSWERTES

Fonte Acqua Carlina

Dem Wasser der Heilquelle Fonte Carlina werden therapeutische Eigenschaften zugesprochen. Im Jahr 1866 soll ein Mädchen, das unter einer schweren Darmerkrankung litt, vom Wasser der Quelle geheilt worden sein. Daraufhin wurden eine Fabrik zum Abfüllen des Wassers und ein Kurhotel errichtet, in das Gäste aus ganz Europa kamen. Davon ist heute nichts mehr zu sehen, doch die Gemeinde plant eine Sanierung der Quelle.

An der Landstraße, die Cannobio mit den höher gelegenen Dörfern des Tals verbindet, liegt auf der linken Seite ein Parkplatz. Von dort dem Schild »Acqua Carlina« folgen. Nach etwa 1 km erreichen Sie die Heilquelle. Das Abfüllen des Wassers ist kostenlos.

Santa Pietà

Am Ende der Uferpromenade in nördlicher Richtung steht die Renaissancekirche aus dem 16. Jh. Die auffällige Kuppel stammt von Pellegrino Tibaldi (1527–1597). Die Ausstattung im Stil der Spätrenaissance ist äußerst prunkvoll. Glanzstück ist das große Altarbild »Gang nach Golgatha« von Gaudenzio Ferrari. Die Kirche wurde erbaut und schon bald zum Wallfahrtsort, da die dortige Pietà im Jahr 1522 angeblich Tränen und Blut vergoss.

Jedes Jahr am 7. Januar wird in Cannobio aus diesem Anlass die sogenannte Festa dei Luminieri gefeiert. Dann ist die gesamte Uferpromenade mit Tausenden von roten Teelichtern feierlich illuminiert.

Piazza Santuario | www.santuariosanta pieta.it

ÜBERNACHTEN

Cannobio

Schöne Aussicht – Das Traditionshaus mit 150-jähriger Geschichte direkt an der Promenade wurde vor einigen Jahren renoviert und stieg damit zum Viersternehotel auf. Giuseppe Verdi soll hier zu Gast gewesen sein. Aus den meisten Zimmern, von denen einige auch einen Balkon haben, hat man einen fantastischen Blick.

Piazza V. Emanuele 6 | Tel. 03 23/ 73 96 39 | www.hotelcannobio.com | 19 Zimmer | €€

Pironi

Romantisch – Dieses kleine Hotel war einst ein Franziskanerkloster. Das Gebäude im historischen Zentrum von Cannobio stammt aus dem 15. Jh. Kreuzgewölbe, Balkendecken, Fresken, und die individuelle Einrichtung der Zimmer machen den Charme des Hauses aus. Einige Zimmer mit Seeblick.

Via Marconi 35 | Tel. 03 23/7 06 24 | www.pironihotel.it | 12 Zimmer | März–Nov. | €€

ESSEN UND TRINKEN

Lo Scalo

Kreative Küche – Unter Arkaden an der Uferpromenade gelegen, präsentiert das Restaurant eine moderne kreative Küche. Der junge Küchenchef William Sonn bietet ein viergängiges Degustationsmenü für 48 €. À la carte findet der Gast Ungewöhnliches wie Jakobsmuscheln mit Mozzarella und Pesto oder Stör in der Kruste, aber auch Traditionelles wie Tatar und Spaghetti mit frischem Fisch.

Piazza V. Emanuele 32 | Tel. 03 23/ 7 14 80 | www.loscalo.com | €€€

Vizi & Sfizi

Hervorragende Pasta – Restaurant und Weinbar befinden sich im Keller des Hotels Pironi. Es gibt Außenplätze unter den Arkaden des Hotels. Die rustikalen Steinwände kontrastieren wunderbar mit der modernen Einrichtung. Pizza und Pasta, aber vor allem eine gute Weinauswahl!

Via Marconi 35 | Tel. 03 23/7 06 24 | www.pironihotel.it | Juni–Sept. | €

EINKAUFEN

KULINARISCHES

Cantina Ferro

Direkt neben dem Hotel Cannobio liegt diese kleine Enoteca. Im Angebot: Weine aus ganz Italien, vor allem aus dem Piemont. 50 verschiedene Grappa, internationale Spirituosen, aber auch Olivenöl und eingelegtes Gemüse werden angeboten. Tipp: Gönnen Sie sich hier an der Stehbar ein Glas Wein!

Via G. Marconi 14 | Tel. 03 23/7 12 58

Pasticceria Zaccheo

An dieser Patisserie darf man nicht vorbeigehen. Wer einmal hier etwas gekostet hat, wird immer wiederkommen! Die Torten, Amaretti, Makronen, Brezeln, Brioches und Croissants sind einfach zu köstlich. In der Kaffeebar mit Außensitzplätzen (allerdings direkt an der Hauptstraße) nimmt man Platz.

Via A. Giovanola 1 | Tel. 03 23/71 095

MÄRKTE

Käse aus dem Valtellina und Valsassina, piemontesische Würste und Lardo, kandidierte Früchte, eingelegte Pilze, Schuhe, Brillen und vieles mehr.

Uferpromenade | So 8–13 Uhr

Mittelalterliche, kleine Gassen führen in Cannobio (▶ S. 125) hinab zum See und einer der schönsten Uferpromenaden am Lago Maggiore.

SERVICE

Ufficio Turistico di Cannobio

Via A. Giovanola 25 | Tel. 03 23/7 12 12 |
www.procannobio.it | Mo–Sa 9–12,
16–19, So 9–12 Uhr

Ziele in der Umgebung

◎ **CARMINE SUPERIORE** C 3

Das mittelalterliche Dorf erhebt sich
steil am Hang am Fuße des Monte Car-
za zwischen Cannobio und Cannero.
Hier stand eine Burg, die 975 für eine
Adelsfamilie aus Cannobio erbaut worden war. Die romanisch-gotische Kirche von San Gottardo (14. Jh.) ist voll
mit wunderbaren Fresken lombardischer Künstler, u. a. vom Maestro di
Corzoneso. Sie wurden erst im 20. Jh.
bei einer Restaurierung wieder entdeckt. Das Dorf war lange fast unbe-
wohnt, heute sind die Häuser restauriert, zum Teil von Künstlern, die hier
in Ateliers und Werkstätten arbeiten.
In Carmine Inferiore kann man parken. Von dort steigen Sie etwa 15 Minuten einen Stufenweg hinauf.

www.carminesuperiore.it

2,7 km südl. von Cannobio

◎ **VALLE CANNOBINA** B 3

Das wilde, weite, sehr grüne und in
großen Teilen auch noch unbewohnte
Tal Cannobina, durch das das Flüß-
chen Cannobino fließt, verbindet das
Vigezzotal mit dem See. Die Berge erreichen hier etwa eine Höhe von
2200 m. Gleich zu Anfang des Tals, direkt hinter Traffiume, liegt die einzigartige Schlucht Orrido di Sant'Anna.
»Orrido« bedeutet eigentlich »grauen-
haft«, gemeint ist hier jedoch nur der
Abgrund: Der Fluss hat sich in jahrtau-
sendelanger Arbeit einen tiefen Gra-

ben erkämpft. Glatte, steil abfallende
Wände, tief unten das jadegrüne Wasser. Hoch über der Schlucht befindet
sich die Kirche von Sant'Anna aus dem
17. Jh. Hinter der Kirche verengt sich
der Fluss zur Klamm. Das Tal eignet
sich hervorragend zum Wandern oder
auch zum Flussbaden an Sand- und
Kiesbänken. Im Restaurant Grotto
Sant'Anna lässt es sich gut speisen (Tel.
03 23/7 06 82, montags geschlossen).

GHIFFA B 3

2500 Einwohner

Im 19. Jh. war Ghiffa bekannt für seine
Hutmanufaktur »Cappellificio Panizza«. Oberhalb des Ortes befindet sich
die Wallfahrtsstätte »Sacro Monte di
Ghiffa«. Sie liegt inmitten eines über
200 ha großen Naturschutzgebiets mit
herrlichen Wanderwegen. Geprägt ist
Ghiffa neben der grauen Hutfabrik
entlang des Corso Belvedere von meist
hinter hohen Mauern verborgenen Ju-
gendstilvillen – wie zum Beispiel den
Villen Volpi und Troubetzkoy.

SEHENSWERTES

Villa Troubetzkoy

Die Villa wurde von Pjotr Troubetzkoy,
einem russischen Fürsten, im Jahre
1868 für sich und seine Frau Ada im
russischen Datscha-Stil erbaut. Troubetzkoy sammelte exotische Pflanzen
und Bäume aus aller Welt: Japanische
Mispeln, Scheinzypressen aus Kalifor-
nien, Weihrauchzedern, Ginkgo-Bäu-
me, japanische Kamelien, Atlaszedern,
die seltene blaue Palme, Fächerahorn.
Einige verschönern heute noch den
parkähnlichen Garten auf einer Fläche
von ca. 8 ha. Heute ist die Villa im Be-

Das Flüsschen Cannobino schlängelt sich durch das Valle Cannobina (▶ S. 128) und eröffnet vielerorts angenehm stille Buchten, die zum Baden und Sonnen einladen.

sitz von Deutschen, die hier Appartements vermieten.
www.villa-ada-troubetzkoy.com

MUSEEN UND GALERIEN

Museo dell'arte del Cappello

Ghiffa zieht sich die Hänge des Monte Carciago (713 m) hinauf. Unten am See lebte man früher hauptsächlich von der Herstellung von Hüten. Im Jahr 1881 gründete Giovanni Panizza die Fabrik, die rund 100 Jahre in Betrieb war. Zu Hochzeiten arbeiteten hier 300 Menschen. Seit 1994 erinnert ein privates Museum an die Hutmacherkunst.

Werkzeuge, Maschinen und natürlich Hüte sind zu sehen.
Corso Belvedere 279 | Tel. 03 23/ 67 07 31 | www.museodellartedel cappello.it | April–Juni, Sept., Okt. Sa, So 15.30–18.30, Juli, Aug. Di, Do, Sa, So 15.30–18.30 Uhr | Eintritt 1.50 €

ÜBERNACHTEN

Ghiffa

Oldfashioned – Am Ende des 19. Jh. erbaut, hat das Hotel viel von seinem alten Charme bewahren können. Es ist altmodisch in einem positiven Sinn. Sehr beliebt bei Engländern, die manchmal in großen Gruppen anreisen. Die Lage zwischen der lauten Straße und dem See ist optimal, solange man kein Zimmer zur Straße hat. Besonders schön sind die Zimmer im ersten Stockwerk mit großzügigen Terrassen zum See. Der private Hotelstrand, die Restaurantterrasse und der Pool runden das Ferienvergnügen ab.

Corso Belvedere 88 | Tel. 03 23/5 92 85 | www.hotelghiffa.com | 39 Zimmer | €€€

SERVICE

Pro Loco

Corso Belvedere 92 | Tel. 03 23/5 91 10 bzw. 5 95 15 | www.comune.ghiffa.vb.it

Ziele in der Umgebung

◎ SACRO MONTE DELLA SANTISSIMA TRINITÀ B 3

Oberhalb des Ortes am Monte Cargiago liegt nicht nur ein etwa 200 ha großes Naturschutzgebiet mit Kastanienwäldern, sondern vor allem ein Wallfahrtsort. Zahlreiche, von Steinmäuerchen gesäumte Pfade mit Votivkapellen führen zum Heiligtum auf ein Aussichtsplateau. Legenden nach sollen sich hier zahlreiche Wunder ereignet haben. Quellen aus dem 6. Jh. bezeugen bereits ein Oratorium. Eine Kirche gab es allerdings erst im 12. oder 13. Jh. Die jetzige Wallfahrtskirche SS. Trinità

wurde am Ende des 16. Jh. errichtet. Sie ist umgeben von drei Kapellen aus dem 17. Jh. und einem vierzehnbogigen Laubengang mit Kreuzwegbildern aus dem 19. Jh. Ein Ort der Besinnung mit unglaublicher Aussicht. Seit 2003 ist der Sacro Monte Teil des UNESCO-Weltkulturerbes.

www.sacrimonti.net

2,6 km km nordwestl. von Ghiffa

OGGEBBIO B 3

1000 Einwohner

Die Stadt liegt zwischen Cànnero Riviera und Ghiffa. Der Ort ist ein Konglomerat aus 15 Dörfern, die sich von den Bergen bis zum Seeufer hinziehen. Schon im 19. Jh. lockte das milde Klima viele Mailänder, die sich hier prächtige Villen im Jugendstil erbauten. Zahlreiche Wanderwege erschließen die Berghänge im Gebiet um Oggebbio.

SEHENSWERTES

Pfarrkirche Santi Pietro e Paolo

In dem Ortsteil Gonte ist der Sitz der Gemeinde und hier erhebt sich der mit 42 m höchste Glockenturm des piemontesischen Ufers. Er gehört zur Pfarrkirche Santi Pietro e Paolo, einer dreischiffigen Kirche mit Fresken vom Leben Jesu an der Decke. Beachtenswert ist das Kruzifix, das 1712 von dem Mailänder Bildhauer Pietro Frasa angefertigt wurde.

Villa Anelli

Der Garten der Villa ist berühmt für seine großartige Vielfalt von Kamelien. Mit etwa 600 Pflanzen und 200 Arten ist die Sammlung eine der größten in Europa. Die Villa wurde 1875 von ei-

Nacht der Sternschnuppen 8

In den klaren Nächten am Lago Maggiore können Sie im August Zeuge eines Himmelsspektakels werden: Sternschnuppen (▶ S. 14).

Sacro Monte della Santissima Trinità (▶ S. 130) liegt erhöht mit herrlichem Ausblick über dem Lago Maggiore. Die barocke Anlage der »heiligen Dreifaltigkeit« blieb unvollendet.

nem Mailänder Notar erbaut, der die ersten Pflanzen einsetzte.

Via V. Veneto 6 | www.villa-anelli.it

Villa del Pascià

Im Jahr 1849 ließ sich der ägyptische Pascha Drahnet-Zervudachi eine riesige Villa am Ufer des Lago errichten. Allein mehr als 40 Diener, Gärtner und Stallburschen haben hier für das Wohl der Herrschaften und der Gäste gearbeitet. Auch Giuseppe Verdi war zu Gast. Er ließ sich hier für seine Oper »Aida« inspirieren, eine Auftragsarbeit des ägyptischen Herrschers, für die er 150 000 Goldfranken erhielt. Die Premiere fand im Dezember 1871 in Kairo statt. Tempi passati! Heute gibt es hier weder Diener noch Komponisten. Die Villa ist in Appartements aufgeteilt.

Via Nazionale in Frazione Resega 72

ÜBERNACHTEN
Relais Villa Margherita ▶ S. 24

ESSEN UND TRINKEN
Bel Soggiorno

Terrassenblick – Sie speisen hübsch unter Platanen, wobei Sie jedoch keine hohe Kochkunst erwarten dürfen. Immerhin: Die Pizza ist gut. Im gleichnamigen Hotel gibt es eine wunderbare Terrasse mit einem weiten Blick über den Lago Maggiore.

Viale P. Caremoli 12 | Tel. 03 23/4 81 14 | www.albergobelsoggiorno.it | €

SERVICE
Pro Loco

Strada Manzi 1 | Tel. 03 23/1 97 02 52 | www.comune.oggebbio.vb.it | im Sommer Mo–Sa 9–11.30, im Winter Sa 10–11.30 Uhr

STRESA UND DER SÜDWESTEN

Die abwechslungsreiche Natur fasziniert am südlichen Lago Maggiore mit lieblichem mediterranen Klima. Der Hauptort an diesem Küstenstreifen ist Stresa, mit Parks, Palmen, opulenten Gärten und umrahmt von Bergketten.

Mitten im See, dem Borromäischen Golf, wie der Lago hier heißt, liegen die drei Schönheiten: Isola Bella, Isola Madre und die Isola dei Pescatori. Seit dem 15. Jh. wird das gesamte Gebiet von den Borromäern beherrscht, die den Viscontis nachfolgten.

STRESA UND DIE WELT RÜCKEN ZUSAMMEN

Zwischen Baveno und Belgirate entwickelt sich der Tourismus nach Öffnung der Simplonstraße durch Napoleon, ab 1906 auch durch den Eisenbahnbau mit Anbindung über Domodossola nach West- und Mitteleuropa und zum Süden nach Mailand. Stresa ist von 1919 bis 1940 auch Halt für den Orientexpress auf seiner Fahrt von Kostantinopel nach Paris.
Zu dieser Zeit reihen sich an der Küste Villa an Villa, Park an Park. Alle zieht es hierher: Adlige, Dichter, Komponisten. Namen, die jeder kennt,

◀ Die Isola Bella, eine der Borromäischen
Inseln (▶ MERIAN TopTen, S. 138), mit Palast.

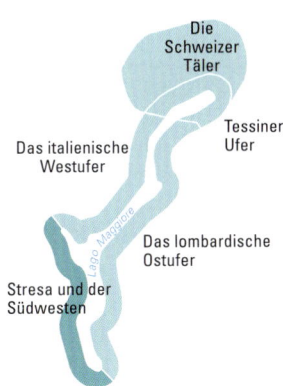

Die Schweizer Täler

Tessiner Ufer

Das italienische Westufer

Das lombardische Ostufer

Stresa und der Südwesten

wie Queen Victoria mit ihrem despotischen Kammerdiener John Brown, Umberto II., König von Italien, Prinzessin Margaret von England, die Schauspielerin Eleonora Duse, die Schriftsteller Gabriele D'Annunzio, George Bernard Shaw und Ernest Hemingway besuchten ebenfalls diesen schönen Küstenstreifen. Winston Churchill kam im Jahr 1908 zur Hochzeitsreise nach Baveno.

VERWELKTER GLAMOUR

Grandhotels, eines prächtiger als das andere. Vor 100 Jahren war Stresa einer der edelsten Kurorte Italiens. Heute trägt der Glamour Patina. Das trifft auch auf die südlich angrenzenden Orte Belgirate, Lesa und Meina zu. Richtung Arona wird es schlichter und bodenständiger. Zwischen Arona und Sesto Calende präsentiert sich die Landschaft als Italien, wie wir es nicht lieben: industrieller, zersiedelter. Die Küstenstraße ist gesäumt von wenig attraktiven Outlets, Shoppingmalls und Reklametafeln, dass die Augen tränen.

STRESA ◢ B 4

5200 Einwohner

Vom Seeufer bis zu den Abhängen des Monte Mottarone kann man üppige Parks und prachtvolle Villen mit Loggien, Balkonen, Bogengängen, Galerien, Treppen, Terrassen und Aussichtstürmen besichtigen.

An der imposanten Uferpromenade, in den Grandhotels und den Landhäusern traf sich die Welt des Adels und des Geistes. In Stresa spielt übrigens auch ein Teil von Ernest Hemingways Roman »In einem anderen Land«.

Der Ruhm Stresas verbreitete sich dank der Berichte berühmter Reisender: Stendhal, Chateaubriand, Dumas, Dickens und Lord Byron.

Genießen Sie die Uferpromenade. In der Altstadt mit ihrem Zentrum, der Piazza Cadorna, drängen sich Cafés, einfache Restaurants und Kitsch-Souvenirshops aneinander und entsprechend touristisch geht es hier zu.

SEHENSWERTES

Giardino Alpinia 🎿

Der zweitgrößte alpine botanische Garten Italiens liegt an den Hängen des Monte Mottarone auf 800 m Höhe. In dem 4 ha großen Alpengarten, der in den 1930er-Jahren angelegt wurde, sind mehr als 800 Pflanzenarten, die in den italienischen Alpen und Voralpen heimisch sind, angepflanzt. Aber auch exotische Gewächse aus der Berglandschaft des Kaukasus, aus China und Japan sind hier zu entdecken.

Zwischenstation der Seilbahn: Piazzale Lido 8 | www.stresa-mottarone.it | 1. April–15. Okt. tgl. 9.30–18 Uhr | Eintritt 3 €

Park der Villa Pallavicino 👫

Als Ludovico Pallavicino das Anwesen 1862 erwarb, verwandelte er den Park in einen englischen Garten und baute die Villa im spätneoklassizistischem Stil um. Palast und Park sind bis heute im Besitz der Pallavicini. Die Familie beschloss 1954 ihren Garten zu öffnen. Auf fast 20 ha entfalten jahrhundertealte Bäume, Oleander, Magnolien, Rhododendren, Rosen ihre Pracht. In dem angegliederten kleinen Zoo finden Besucher etwa 40 Tierarten. Im Park locken schöne Picknickplätze unter schattigen Bäumen, es gibt ein Restaurant, eine Bar, einen Souvenirladen und einen Spielplatz.

🕐 Morgens ist es sonnig und meist noch nicht so voll!

Eingang von der Uferseite am südlichen Ortsausgang | Via Sempione Sud 8 | www.parcozoopallavicino.it | 15. März–31. Okt. tgl. 9–19 Uhr (Einlass nur bis 17 Uhr!) | Eintritt 9,50 €

Villa Ducale

Direkt neben der Kirche erhebt sich der Palazzo Ducale (1770). 1857 war er im Sommer der bevorzugte Aufenthaltsort für die Herzogin von Genua, Prinzessin Elisabeth von Sachsen. Durch die Ehefrau Ferdinands, Herzog von Genua, Bruder von König Viktor Emanuel II., wurde der Palast zu einem der beliebtesten Treffpunkte für den europäischen Adel. Heute ist hier der Sitz des »Centro Internazionale di Studi Rosminiani« und dem Philosophen Antonio Rosmini ist auch ein kleines Museum gewidmet. Der Park der Villa, das Museum sowie das Zimmer von Antonio Rosmini können besichtigt werden.

Via Umberto I | www.rosmini.it | Mo–Fr 9–12, 15–18 Uhr | Eintritt frei

MUSEEN UND GALERIEN

Museo dell'Ombrello

Das richtige Ziel bei Regenwetter: Im schön gestalteten Schirmmuseum sind etwa 1500 Exponate präsentiert, vom Sonnen- bis zum Regenschirm, vom 19. Jh. bis heute. Außerdem sind Fotos und Handwerkszeug von Schirmmachern zu sehen.

Zwischenstation der Seilbahn: Piazzale Lido 8 (oder mit dem Auto nach Gignese) | Tel. 03 23/20 80 64 | www.stresa-mottarone.it, www.gignese.it/museo | April–Sept. Di–So 10–12, 15–18, Juli, Aug. auch Mo | Eintritt 2,50 €

ÜBERNACHTEN

Grand Hotel Des Iles Borromées

Grandezza – Es war das erste Grandhotel, das schon 1863 im Stil des Deuxième Empire eröffnete (▶ S. 28). Im Jahr 1918 kam der junge Ernest Hemingway im Grandhotel an. Durch seinen Roman »In einem anderen Land« machte er nicht nur Stresa, sondern auch das Grandhotel bekannt. Da auch der Orientexpresszug in Stresa Halt machte, kamen die Gäste in den darauffolgenden Jahren in Scharen. Noch

Seit nunmehr 150 Jahren gehen die Reichen und Schönen im Grand Hotel Des Iles Borromées (▶ S. 134) ein und aus. Zu den bekanntesten Gästen zählte Ernest Hemingway.

immer thront das Hotel als riesiger Palast am Ufer, wenn auch die Durchgangsstraße direkt vor der Tür vorbeiführt. Zum 150. Geburtstag wurde es frisch renoviert. Großer Pool im Park und Indoorpool mit Spa.
Corso Umberto I │ Tel. 03 23/93 89 38 │ www.borromees.it │ 179 Zimmer │ €€€€

La Luna Nel Porto

Idyllisch gelegen – Kurz vor der Villa Pallavicino liegt dieser kleine idyllische Hideaway etwas erhöht oberhalb der Uferstraße. Sehr schöner Ausblick aus den Zimmern und vom Garten.

Corso Italia 60 │ Tel. 03 23/93 44 66 │ www.lalunanelporto.it │ 12 Suiten │ €/€€

ESSEN UND TRINKEN
RESTAURANTS

Nonna Italia

Klein und fein – Die kleine Trattoria von Roberta und Donata liegt etwas versteckt in einer Seitenstraße in der Altstadt von Stresa. Der eigentliche Hit ist hier die Pizza, die besonders dünn und knusprig ist und schon ab 4 € auf den Tisch kommt. Das Restaurant macht seinem Namen alle Ehre, denn

Das beschauliche Lesa schmiegt sich zwischen Belgirate und Meina (▶ S. 137). Bekannt ist der ruhige Ferienort für seine Bogengänge, doch auch seine Brunnen zeigen Charakter.

köstlich wie bei der Nonna (italienisch für Großmutter) schmecken auch die Ravioli mit Spinat, Ricotta und Zucchiniblüten sowie die Eglifilets mit Butter und Salbei. Der Service ist überaus freundlich und passt wunderbar zu der fröhlich grün-weißen Atmosphäre des Restaurants.

Via Garibaldi 32 | Tel. 03 23/93 39 22 | www.nonnaitalia.net | Di geschl. | €€

CAFÉS

Café Bar Gigi

An der nostalgischen Theke treffen sich auch die Bootsleute zu einem Espresso. In der Vitrine locken die leckersten Gebäckstücke, legendär sind die »Margheritine di Stresa«, ein blütenförmiges Gebäck, das im 19. Jh. zu Ehren der Königin Margherita kreiert wurde, dazu ein Kaffee und das alles im altmodisch nostalgischen Ambiente. Abends Livemusik am Piano.

Corso Italia 30 | Tel. 03 23/3 02 25 | tgl. 10–19 Uhr

Caffé Bolongaro/Tea Room

An der kleinen Piazza Matteotti, zentral gelegen, direkt gegenüber dem Fähranleger von Stresa, liegt die Bar neben dem Palazzo di Città, dem Rathaus. Schon im 19. Jh. konnte man hier im Caffè Bolongaro Espresso trinken. Schöner Innenraum und eine Terrasse für Frühstück, Lunch und Dinner, oder einfach nur für Cocktails und Kaffee mit »Margheritine di Stresa«, dem Gebäck, das der Namensgeberin und Frau des italienischen Königs Umberto I. gewidmet ist.

Piazza Matteotti 7 | Tel. 03 23/3 35 91 | www.caffebolongaro.it | tgl. 8–23.30 Uhr

BARS

Willy's Cocktail Bar Verbanello

Bar mit Blick – Hier sitzen Sie an der Promenade in der ersten Reihe für den besten Blick auf die Isola Bella, sie scheint zum Greifen nah! Tagsüber ist diese schöne Location im Sixties-Stil Café und abends Bar. Große Außenterrasse, und wenn mal schlechtes Wetter ist und man drinnen sitzen muss, gibt es hier lauschige Nischen. Es wird das beste »english breakfast« in Stresa serviert und eine reiche Auswahl an Cocktails. Im Sommer donnerstag- und freitagabends Jazzkonzerte.

Corso Umberto I | Tel. 03 23/3 02 12 | www.verbanella-stresa.com | tgl. ab 8 Uhr (Jan., Feb. geschl.)

EINKAUFEN

Enoteca La Cambusa ▶ S. 40

KULTUR UND UNTERHALTUNG

Stresa Festival

Im Juli und August finden auf vielen Piazze Livemusik-Events statt.

Jazzkonzerte im Juli, Klassikkonzerte in den letzten zwei Augustwochen | www.stresafestival.eu

SERVICE

Visit Stresa

Piazza Marconi 3 | Tel. 03 23/3 01 50 | www.visitstresa.com | März–Okt. tgl. 10–12, 15–18.30, Nov.–Feb. Mo–Fr 10–12, 15–18, Sa 10–12.30 Uhr

Ziele in der Umgebung

◎ VON BELGIRATE BIS MEINA

 B 4

540 Einwohner (Belgirate)

Belgirate ist ein ruhiger hübscher Ort. Mitten auf der Uferpromenade, an der Piazza del Sciatt, thront eine dicke Kröte aus Granit. Sie ist das Symbol der Stadt, denn im lokalen Dialekt lautet der Spitzname der Einwohner von Belgirate »sciatt« – Kröte. Abgesehen von der Kröte nennt Belgirate einige sehenswerte Villen sein Eigen. Eine Broschüre im Internet informiert über die Villen im Einzelnen (www.turismobelgirate.it/ville-storiche/).

Zwischen Belgirate und Meina liegt Lesa. Ruhig und untouristisch. Gegenüber der Uferpromenade säumen Bogengänge die Häuserfront, hinter der sich die Altstadt mit ihren schmalen Gassen verbirgt. Im Mittelalter war Lesa die Hauptstadt des Vergante, des Berglandes zwischen Ortasee und Lago Maggiore. Einer der berühmtesten Bewohner von Lesa war der italienische Dichter Alessandro Manzoni (1785–1873). Mit seinem Roman »Die Verlobten« gelangte er im 19. Jh. zu Weltruhm. Am südlichen Rand des Ortes liegt Solcio, das für seine große Werft bekannt ist.

Belgirate: 7,6 km südl. von Stresa

SEHENSWERTES

Kirche San Sebastiano

Die Sebastianskirche aus dem 11. Jh. liegt auf einer Anhöhe oberhalb von Lesa und ist schon aus der Ferne zu sehen. Sie ist eine der wenigen romanischen Kirchen, die ihre ursprüngliche Struktur beibehalten haben. Das einschiffige Bauwerk beeindruckt in seiner Schlichtheit.

Lesa

Villa Stampa

Über 20 Jahre lang verbrachte der Dichter und Schriftsteller Alessandro

Manzoni ab dem Jahr 1839 die Sommermonate in der Villa Stampa. Sie gehörte seiner zweiten Ehefrau, einer verwitweten Gräfin. Zu der Zeit war das lombardische Ufer von den Österreichern besetzt und das piemontesische Ufer des Lago Maggiore war ein beliebter Zufluchtsort von Dichtern, Malern und Komponisten, die sich von der Gegend inspirieren ließen. Der Maler Francesco Hayez malte in dem Prachtbau sein berühmtes Porträt von Alessandro Manzoni. Heute befinden sich in dem Gebäude eine Bank und ein Manzoni-Museum. Manuskripte, Bücher und Möbel dokumentieren Leben und Werke des Dichters. Manzoni schrieb über den Lago: »… ich verliebe mich jeden Tag mehr in diesen See, diese Berge, diese Ruhe …«.

Lesa | Via alla Fontana 18 | Mitte Juni–Mitte Sept. Di–So 10–11.30, 15.30–18 Uhr

ÜBERNACHTEN

Casa Mariuccia

Kleines Juwel – Am Hang des Monte San Salvatore oberhalb von Lesa. Das Haus wurde schon im 14. Jh. von den Visconti erbaut. Es liegt auf 460 m Höhe und bietet einen wunderbaren Blick auf den Lago. Die Zimmer und Appartements sind nach den gängigen Blumen dieser Gegend benannt. Sehr angenehmer Garten mit Pool.

Massino Visconti | Via Lesa 2 | Tel. 03 22/21 95 31 | www.casamariuccia.com | 5 Zimmer/Appartements | €

ESSEN UND TRINKEN

Batti Palo

Kreative Küche – Direkt am Fähranleger in Lesa wird in diesem unprätentsiösen Restaurant kreativ gekocht: Spaghetti »aglio olio« mit Lavarello aus dem See oder Tempura von Gemüse und Fisch sind meine Favoriten! Sehr netter Service, kleine Terrasse am See.

Lesa | Via V. Veneto 2 | Tel. 03 22/7 60 69 | www.battipalolesa.it | Mo geschl. | €

SERVICE

I.A.T.

Direkt am Bootsanleger in Belgirate auf der Promenade | Tel. 03 93/7 03 14 29 01 | www.turismo-belgirate.it | Öffnungszeiten – nur im Sommer – auf der Website einsehen, da sie sich jedes Jahr ändern

◎ BORROMÄISCHE INSELN

B 4

Von Stresa, Baveno oder Carciano aus gelangt man mit Booten im Nonstop-System zu den drei Inseln Isola Bella, Isola Madre und Isola dei Pescatori. Mehr Infos finden Sie auch unter: www.borromeoturismo.it.

◎ ISOLA BELLA   B 4

Die Isola Bella ist das Neuschwanstein Oberitaliens. Man kann nicht an den Lago Maggiore fahren, ohne die Isola Bella – die berühmteste der Isole – besichtigt zu haben. Entsprechend groß ist der Andrang im Sommer bei den Booten, die hinüber zu den drei Inseln fahren. (Deswegen ein kleiner Tipp: Wenn möglich, fahren Sie nicht im Juli oder August.)

Im 17. Jh. bauten mehrere Generationen Borromäer die Insel zu der pompösen Anlage aus, die wir heute noch sehen. Sie engagierten dafür die bekanntesten Architekten ihrer Zeit. Carlo III. Borromeo benannte sie nach seiner Frau Isola Isabella, im Laufe der

Jahre wurde »Isola Bella« daraus. »Schön« ist sie ja auch.

Im Barockpalast befindet sich ein Museum mit Gemälden und Fresken aus dem 16. bis 19 Jh., flämischen Wandteppichen, Skulpturen, antiken Waffen und natürlich Möbeln. Neben dem Ballsaal, dem Thronsaal und dem Waffensaal gibt es auch einen »Salon Napoleon«, in dem der General 1797 mit Josephine übernachtete. Im Musiksaal fand 1935 die Konferenz von Stresa statt, in der England, Frankreich und Italien versuchten, Maßnahmen gegen Hitler-Deutschland zu treffen. Der Palast wird noch von der Familie Borromeo benutzt, sind sie anwesend, flattert ihre Fahne im Wind und Besichtigungen finden nicht statt.

Bevor Sie endlich die wunderbaren Gärten betreten dürfen, müssen Sie erst die »Grotten« durchwandeln. Sechs unterirdische Säle, dem Meeresgott Neptun gewidmet, deren Wände mit Tuffstein verkleidet und Mosaiken versehen sind. An heißen Tagen verschafften sie Abkühlung.

Im blühenden Prunkgarten, in dem raffiniert gebaute Terrassen ineinander übergehen, schlagen weiße Pfauen ihr Rad. An einer Seite des Gartens, bevor man die Aussichtsterrasse besteigt, finden Sie eine reich verzierte Steinwand mit Muscheln und mythologischen Figuren. Beeindruckend: das Einhorn, Wappenbild der Borromeos, das Symbol für Mut und Kraft.

Hinter dem Palast und den Gärten liegt das alte Dorf mit Restaurants und Souvenirshops. Der Palast und die Gärten können von März bis Oktober, gegen Eintrittsgeld, besichtigt werden.

Die Isola dei Pescatori (▶ S. 141), Teil der Borromäischen Inseln (▶ MERIAN TopTen, S. 138), erhebt sich als idyllisches Dorf aus dem See – hier von der Isola Bella (▶ S. 138) aus betrachtet.

Ein Sessellift bringt Sie bequem von Stresa (▶ S. 133) am See hinauf auf den 1500 m hohen Monte Mottarone (▶ S. 141). Der unschlagbare Ausblick ist inklusive.

In den Sommermonaten finden freitags und samstags auf der Isola Bella verschiedene Veranstaltungen statt, darunter Musik-, Show- und Foodevents (www.bellabynight.com).

◎ ISOLA MADRE   🚣📖 B 4

»Der Rundgang auf der Isola Madre war eine botanische Offenbarung, Pflanzen von denen ich niemals eine Vorstellung hatte – außer der, dass sie in ganz fernen Ländern wachsen, standen vor mir« schwärmte Walter Benjamin bei seinem Besuch im Jahr 1912. Auch der französische Schriftsteller

Gustave Flaubert bezeichnete die Insel als »irdisches Paradies«. Auch Giacomo Casanova schwärmte in seinen Erinnerungen von der Insel, als er 1763 dort eingeladen war. Auf der größten der Borromäischen Inseln liegt einer der ältesten botanischen Gärten Italiens, in dem mehr als 150 verschiedene Kamelienarten, sowie subtropische Pflanzen und Blumen wachsen. Weiße Pfauen, Fasane und bunte Papageien fühlen sich hier wohl.

Im Renaissancepalast kann man Sammlungen von Livreen, Wandteppichen und Porzellan sowie eine Puppensammlung französischer und deutscher Exponate bewundern.

◎ ISOLA DEI PESCATORI B 4

Vom See aus wirkt die Insel malerisch wie ein schönes Dorf. Doch sollten Sie im Sommer ankommen, kriegen Sie keinen Schreck: Massen drängen sich vor und in Souvenirständen und -läden, Eisbuden, Cafés und Restaurants. Ihren Namen hat sie von den Fischern, »pescatori«, erhalten, die seit Jahrhunderten hier leben. Sehenswert ist die Kirche San Vittore mit einer Apsis aus dem 11. Jh. und der übrigen Ausstattung im Barockstil. Im Inneren finden Sie diverse Gemälde aus dem 17. Jh. und die Holzbüsten der Apostel Peter und Andreas, der Schutzheiligen der Fischer.

Auf der Landzunge im Norden der Insel befindet sich ein beliebter Kiesstrand unter Platanen. Das schönste Restaurant der Insel (mit Hotel) ist das Verbano (▶ S. 24).

◎ MONTE MOTTARONE A 4

Oberhalb von Stresa liegt auf fast 1500 m Höhe der Mottarone. Bei klarer Sicht reicht der Blick bis in die Poebene. Die 360°-Aussicht ist ein eindrucksvolles Spektakel – von der ligurischen Apenninenkette und den Seealpen bis hin zum Monte Rosa, zum Monviso und zu den Schweizer Gipfeln entfaltet sich die Schönheit der Natur. Der Mottarone ist mit seiner Vielfalt an Wegen durch die Wälder, über Almen und Wiesen beliebt bei Wanderern. Zahlreiche Steinbrüche zeugen von seinem Reichtum an weißem und rosafarbenem Granit. Der Gipfel des Mottarone wurde 1911 mit einer Zahnradbahn, die später durch eine Seilbahn ersetzt wurde, mit Carciano-Stresa verbunden. Der Berg, der zwischen dem Lago Maggiore und dem Ortasee liegt, ist im Winter eine Treffpunkt von Skisportlern. Der erste Riesenslalom Italiens fand hier am 18. Januar 1935 statt. Wanderer wie Wintersportler finden auf der Bergspitze Rast und Stärkung in mehreren Restaurants. Seit einigen Jahren gibt es auch eine Achterbahn. Ein beliebtes Vergnügen für jung und alt (www.alpyland.com)!

ARONA B 5

15 000 Einwohner

Arona ist das wichtigste Wirtschaftszentrum am südlichen Ufer des Lago Maggiore. Und doch strahlt der Ort noch eine angenehme Atmosphäre aus: Alleen, Parks, Villen und Paläste machen die Stadt aus, sowohl mittelalterliche als auch barocke Architektur sind erhalten. Von der Piazza del Popolo hat man einen guten Blick auf das gegenüberliegende Angera und sein Castello. Hier befand sich einst der Handelshafen, der später aufgeschüttet wurde, um einem größeren Hafen weiter südlich Platz zu machen. In den Bogengängen der Piazza findet jeden Dienstag ein Markt statt.

Sieben Seen-Blick vom Mottarone 9

Der Monte Mottarone ist mit seinen Wegen durch Wälder, über Almen und Wiesen beliebt bei Wanderern. Die 360°-Aussicht ist ein eindrucksvolles Spektakel (▶ S. 14).

Die Ursprünge der Stadt reichen bis in die Antike zurück. Bedeutung gewann der Ort 1162, als Friedrich Barbarossa Mailand zerstörte, und viele unter den Schutz der Burg von Arona flüchteten. Von der Burg sind heute nur noch Ruinen erhalten, denn Napoleon ließ sie 1801 schleifen und verwendete ihre Steine zum Bau der Simplonstraße. Heute ist hier ein Park.

1744 verlieh Carlo Emanuele III. von Savoyen Arona den Stadtstatus. Vor allem wegen ihrer strategisch günstigen Lage wurde die Stadt bald zu einem wichtigen Handelszentrum zwischen Mailand und dem Tessin. Der Corso Cavour, eine Fußgängerzone in der Altstadt, lädt zum Bummeln ein.

SEHENSWERTES

Kirche Santi Martiri

Im romanischen Stil im 10. Jh. erbaut, wurde die Kirche Santi Martiri später mit einer Barockfassade versehen. Sehenswert ist die Altartafel von Bergognone aus dem 15. Jh. Der Märtyrer, unter anderem San Graziano, wird hier alljährlich am 13. März gedacht.

Piazza S. Graziano

Kollegiatskirche Santa Maria

In dem interessanten Renaissancebau ist das Polyptychon »Die Anbetung des Kindes« (1511) von Gaudenzio Ferrari, dem größten piemontesischen Maler zu sehen.

Piazza del Popolo

Palazzo di Giustizia

Ein schöner Palast aus dem 15. Jh. mit Laubengängen. Er ist das Symbol der freien Stadt Arona.

Piazza del Popolo

San Carlo

»Schweigend beherrscht diese Statue den See«, schrieb Stendhal im Jahre 1800 so treffend. In einem kleinen Park thront die Riesenstatue von San Carlone, wie die Einheimischen ihn nennen. Kardinal Carlo Borromeo wurde 1538 hier in einer Burg der Borromäer geboren. Der Heiliggesprochene war ein glühender Verehrer der päpstlichen Idee sowie ein Kämpfer der Gegenreformation und ließ Protestanten bis weit in den Norden verfolgen. Zudem war er ein Förderer der Sacri Monti, der Heiligen Berge. Er ist der einzige der Borromeo-Familie, der eine kirchliche Laufbahn eingeschlagen hatte.

Die kupferne Statue ist samt Sockel 34,5 m hoch. In Marmor geplant, wurde sie dann 1697 in Stein und Kupfer beendet. Auf dem Sockel ist eine Aussichtsplattform, von der man im Innern der Statue bis zum Kopf klettern und aus den Augen auf den See blicken kann. Machen Sie den Aufstieg nur, wenn Sie keine Platzangst haben! Gegenüber: die Kirche San Carlo.

Piazzale San Carlo | April–Okt. tgl. 9–12.30, 14–18.15, März, Nov. Sa, So 9–12.30, 14–16.30, Dez. So 9–12.30, 14–16.30, Jan., Feb. geschl. | Eintritt 4 €

Villa Ponti

Die Villa Ponti, die heute zum Eigentum der Stadt zählt, wurde im Jahr 1760 auf den Ruinen der Rocca Borromea von dem flämischen Händler Bartolomeo Pertossi errichtet, doch seither mehrmals umgebaut. Auch Napoleon war nach seinem Ägyptenfeldzug hier zu Gast. Im Jahr 1878 wurde in der Villa Gian Giacomo Ponti geboren, ein erfolgreicher Industrieller. Die Villa verdankt ihm ihren Namen. Seit 1999 organisiert die »Fondazione Art Museo« wechselnde Kunstausstellungen in den Räumen.

Via S. Carlo 63 | Tel. 03 22/4 46 29

MUSEEN UND GALERIEN

Museo Archeologico di Arona

Archäologische Funde aus der Gegend von Arona und dem unteren Verbano-Gebiet sind hier ausgestellt, von der Bronzezeit bis zur Spätrenaissance. Die Exponate sind chronologisch und nach Themen gegliedert.

Piazza S. Graziano 34 | Tel. 03 23/50 24 18

ESSEN UND TRINKEN

San Carlo

Der Blick ist alles – Oberhalb von Arona liegt dieses Restaurant zu Füßen des Denkmals von San Carlo. Es hat eine tolle Terrasse, auf der man weit über den Lago und auf das gegenüberliegende lombardische Ufer blickt. Da wird das Essen fast zur Nebensache: traditionelle italienische Küche.

Via Verbano 4 | Tel. 03 22/4 53 15 | www.hotelristorantesancarlo.it | €€

Trattoria Campagna

Traditionelle Köstlichkeiten – In alten Gemäuern führen die Brüder Zanetta diese schön umgebaute Trattoria. Ob im Garten oder im gemütlichen Innern, serviert werden Köstlichkeiten. Eine gute Wahl ist die hausgemachte Pasta, traditionell der Eselsbraten, aber auch Fisch fehlt nicht auf der abwechslungsreichen Karte. Der Weinkeller ist gut bestückt. Die Trattoria liegt in den Hügeln oberhalb von Arona, ist aber mit dem Auto nur 5 Minuten vom Zentrum entfernt.

Campagna | Via Vergante 12 | Tel. 03 22/5 72 94 | www.trattoriacampagna.it | €€

EINKAUFEN

Guffanti

Ein Paradies für alle, die Käse mögen! Auch die Spitzenköche der Region sind Kunden dieser Käserei. Käseliebhaber sollten eine Besichtigung der Keller einplanen, wo die besten Käsesorten seit fast 150 Jahren reifen.

Via Milano 140 | Tel. 03 22/24 20 30 | www.guffantiformaggi.com

SERVICE

Ufficio del Turismo

Largo Vidale 1 | Tel. 03 22/24 36 01 | www.arona.net/ufficioturismo | tgl. 9.30–12.30, 15.30–18.30 Uhr

BAVENO ⚑ B 4

5000 Einwohner

Der Ort Baveno wurde vor allem für seine Granitbrüche bekannt. Der rosafarbene Granit, der in der Mailänder Galleria Vittorio Emanuele und der Basilika San Paolo in Rom verbaut wurde, stammt von hier. Auch berühmte Gäste, die schon Mitte des 19. Jh. den Ort besuchten, verhalfen Baveno zu Ruhm. So beherbergte die Villa Henfrey-Branca Queen Victoria mit ihrer Tochter Beatrice im Jahr 1879. Winston Churchill kam auf seiner Hochzeitsreise nach Baveno, und Richard Wagner reiste von Norden über Domodossala an. Er notierte 1852: »Kurz nach Sonnenuntergang gewann ich noch den Anblick der aus dem Lago Maggiore anmutig aufsteigenden Borromeischen Inseln und konnte nun wieder vor Freude über das morgen zu Erlebende nicht schlafen.«

SEHENSWERTES

Villa Fedora

Der einfache, elegante Bau stammt aus dem 19. Jh. Er ist benannt nach der gleichnamigen Oper des Komponisten Umberto Giordano, der hier 20 Jahre – von 1904 bis 1924 – lebte.

Heute befindet sich die Handelskammer der Provinz Verbano in dem Gebäude. Der Park im englischen Stil, der bis an den See reicht, ist voller Kamelien, Mimosen und Azaleen. Er ist in den Sommermonaten zugänglich.

Strada Nazionale Sempione 4

Villa Henfrey-Branca

Die Villa Henfrey-Branca, die 1871 von dem englischen Ingenieur Charles Henfrey erbaut wurde, ist einer der ungewöhnlichsten Bauten in dieser Region. Inspiriert durch die Architektur englischer Schlösser mit den roten Ziegeln und ihren Türmchen und Zinnen hat sie etwas Märchenhaftes. 1877 war Kronprinz Friedrich Wilhelm, der spätere deutsche Kaiser Friedrich III., hier zu Besuch. Über zwei Jahre verbrachte Königin Victoria von England mit ihrer Tochter Beatrice hier ihre Ferien. Die Villa ist heute im Privatbesitz. Ihre Türme ragen rechts neben dem Lido Palace hervor.

Kirche Gervasio e Protasio

Von Neubauten umgeben, hat die romanische Kirche, die bereits am 13. Mai 1343 eingeweiht wurde, nichts von ihrer Präsenz und Ursprünglichkeit eingebüßt. Trotz häufiger Umbauten, vor allem im 17. und 18. Jh., zieht der Kirchenkomplex mit seinem imposanten, sechsstöckigen Glockenturm die Besucher in seinen Bann.

Allein schon der Anstieg über die Treppen ist ein Erlebnis, wenn sich dann der Kirchplatz unter einem öffnet, der auf der rechten Seite von einem Kreuzgang begrenzt ist mit eindrucksvollen Fresken, die den Leidensweg Christi abbilden. Sehenswert ist das achteckige Baptisterium aus dem 11. Jh., dem im 16. Jh. ein Portikus vorgesetzt wurde, neben der Kirche.

🕐 Ich empfehle Ihnen eine Besichtigung zur Abendstunde, wenn sich der Kreuzgang in einem besonderem Licht zeigt.

Via alla Chiesa | tgl. 9–18 Uhr

ÜBERNACHTEN

Lido Palace

Sehr viel Patina – Die ehemalige Villa Durazzo wurde in der zweiten Hälfte des 19. Jh. vom Marchese Durazzo aus Genua errichtet. Anschließend verwandelte Bürgermeister Gerolamo Rossi sie in ein Belle-Époque-Luxushotel. Berühmte Persönlichkeiten waren hier zu Gast, wie z. B. Sir Winston Churchill, der sich 1908, während seiner Hochzeitsreise, im Palace aufhielt und auch später oft zurückkehrte. Auch Queen Mum war in diesem Hotel schon zu Gast. Hier wird die Vergangenheit lebendig, denn das Haus hat noch das Flair von einst bewahrt. Die Pracht trägt Patina, aber das macht ihren besonderen Charme aus. Vom Salon öffnet sich eine wunderbare Terrasse mit Blick auf den See. Schöner Garten mit großem Pool.

Strada Statale des Sempione 30 | Tel. 03 23/92 44 44 | www.lidopalace.com | 82 Zimmer | €€

Turm und Fassade der Pfarrkirche Gervasio e Protasio (▶ S. 144) zeigen sich in ihrer ursprünglich romanischen Gestalt. Im Inneren lohnen die gut erhaltenen Fresken einen Besuch.

Rigoli

Strandlage – Gegründet 1954 wurde
das Hotel kürzlich renoviert. Die Lage
am See ohne Straßenlärm ist hervorragend. Geschmackvolle Zimmer, meist
mit Seeblick und Balkon. Frühstück auf
der Seeterrasse; eigener kleiner Strand.
Via Piave 48 | Tel. 03 23/92 47 56 | www.
hotelrigoli.com | 31 Zimmer | €

KULTUR UND UNTERHALTUNG
FESTIVALS
Festival Umberto Giordano

In der ersten Julihälfte findet das Festival Umberto Giordano statt, ein

Opernfestival, das nach dem Komponisten Umberto Giordano benannt
wurde, der lange in Baveno lebte
(▶ Villa Fedora, S. 144).
www.festivalgiordano.it | Erste Julihälfte

FREIZEITPARKS
Aquadventure Park

Dieser Erlebnispark ist ein Spaß für die
gesamte Familie. Er liegt etwas oberhalb von Baveno mit schönem Blick auf
die Borromäischen Inseln und bietet
neben drei Swimmingpools und Was-
serrutschen, auch eine Kletterwand,
Trampolinspringen, einen Mountain-

bikeparcours, Trekking, Canyoning und vieles mehr.

Olterfiumi | Strada Cavalli 18 | www.aquadventurepark.com | Eintritt je nach Aktivität

SERVICE

Ufficio Turismo

Piazza della Chiesa 8 | Tel. 03 23/ 92 46 32 | www.bavenoturismo.it | März–Okt. tgl. 10–12, 15–18.30, Nov.–Feb. Mo, Fr 10–12, 15–18, Sa 10–12.30 Uhr

Ziele in der Umgebung

 **FERIOLO** A/B 4

In einer natürlichen Bucht zu Füßen des Mont'Orfano (794 m) befindet sich Feriolo: Das einstige Fischer- und Steinhauerdorf wirkt klein und malerisch mit einer schönen Uferpromenade, der Kirche San Carlo, einem Strand und einigen Cafés. Der kleine Ort war durch seine strategisch wichtige Lage schon zu Römerzeiten ein bedeutender Handelsknotenpunkt vor allem für Granit, der auch heute hier abgebaut wird. Im Mündungsgebiet des Flusses Toce schließen etliche Campingplätze an den Ort an.

Im Jahr 1867 ereignete sich in Feriolo ein schweres Unglück. Ein Erdrutsch riss einen Teil des Ortes mit sich und stürzte in den See. In 18 m Tiefe sollen heute noch die Überreste der Häuser für Taucher zu sehen sein.

3,2 km nordwestl. von Baveno

SESTO CALENDE B 5

11 000 Einwohner

Sesto Calende gehört schon zur Lombardei. Hier verlässt der Ticino den Lago Maggiore und fließt weiter Rich-

tung Po. Das Ufer ist flach und vegetationsreich. Der Industrieort ist für Ferienreisende nur lohnend für Ausflüge in den größten Flusspark Europas, den Parco Regionale Lombardo della Valle del Ticino. Das »Sextum Calendarum« der Römer war ein wichtiger Handelsort und entwickelte sich zum Verkehrsknotenpunkt. Symbol dafür ist die doppelte Eisenbrücke (für Bahn und Autos) über den Ticino, die schon im Jahr 1868 erbaut wurde, und die Lombardei mit dem Piemont verbindet.

SEHENSWERTES

Kirche San Donato

Nördlich von Sesto steht die romanische Kirche aus dem 9. und 10. Jh., die zu einem Benediktinerkloster gehörte. In den Mauern wurden Elemente der Vorgängerbauten – auch der vorchristlichen Zeit – als Baumaterial wieder verwendet. Im Inneren der Kirche sind die frühromanischen Kapitelle und die Zeichnungen in der Vorhalle interessant. Aus verschiedenen Epochen stammen die Fresken.

Via San Donato 6

Oratorio di San Vincenzo

Das Ende des 11., Anfang des 12. Jh. erbaute Kirchlein steht auf einer Anhöhe zum Ticino. Schöne Fresken aus dem 16. Jh. Nicht weit von hier findet man den »Sasso della Preia Buia« mit prähistorischen Zeichen, Dokument dafür, dass dort eine antike Kultstätte war.

Via S. Vincenzo

MUSEEN UND GALERIEN

Museo Civico Archeologico

Im Museum, das erst nach dem Zweiten Weltkrieg entstand, sind Fundstü-

Strategische Bedeutung durch die Lage am Ende des Eschentals und weißer Granit als Rohstoff ließen Ferolio (▶ S. 146) schon in der Antike zu einem Handelsknotenpunkt werden.

cke der Golasecca-Kultur ausgestellt, Objekte aus der romanischen Periode und hochmittelalterliche Reliefsteine, die aus der Abtei San Donato stammen. Außerdem gibt es eine interessante Sammlung von Meeresfossilien.

Piazza Mazzini 1 | Tel. 03 31/92 81 60 | Mo–Do 9–12, 14.30–16.30, Fr 9–12, So 15–18 Uhr

ÜBERNACHTEN

Tre Re

Zentral und modern – Das kleine Hotel ist schon seit dem Jahr 1928 im Familienbesitz und wurde kürzlich sehr modern renoviert. Das Haus liegt mitten in der Stadt, direkt an der Uferpromenade. Einige Zimmer haben Blick aufs Wasser.

Piazza Garibaldi 25 | Tel. 03 31/92 42 29 | www.hotel3re.it | 35 Zimmer | €

ESSEN UND TRINKEN

Ristorante Pizzeria Molino

Köstliche Pizza – Zwar liegt das Restaurant an der Hauptstraße, aber das Mittagsmenü ist günstig. Ansonsten ist man spezialisiert auf Fisch und Pizza.

Via Alessandro Manzoni 64 | Tel. 03 31/92 21 67 | Mi geschl. | €

TOUREN
AM LAGO MAGGIORE

Mario Bottas Kirche Santa Maria degli Angeli
auf dem Monte Tamaro (▶ S. 166).

DER COMER SEE –
EIN KLEINER SEE MIT GROSSEM FLAIR

CHARAKTERISTIK: Der Comer See hat nicht die lichtüberflutete Weite, nicht den subtropischen Charme des Lago Maggiore. Er ist eng und verschlossen, fast wie ein Fjord, der tiefste Binnensee des Kontinents, der bis auf 410 m abstürzt. Er ist nicht unbedingt der See für Badeferien, denn es gibt nur sehr wenige öffentliche Seezugänge. Doch lohnend ist es, vom Badeurlaub am Lago Maggiore einen Ausflug zum Comer See zu machen, um die Villenpracht zu bewundern. **DAUER:** 1–2 Tage **EINKEHRTIPPS:** Harry's Bar, Cernobbio; River Side Beach Bar, Bellagio **AUSKUNFT:** Bellagio: I.A.T. Piazza Mazzini (am Bootsanleger) und Promobellagio,

Piazza della Chiesa 14 (www.bellagiolakecomo.com); Como: I.A.T. Piazza Cavour 17, Tel. 0 31/26 97 12 (www.provincia.como.it) ◢ D 4–F 2–F 4

Idyllische Uferorte, Villen, Palazzi und eine prächtige Alpenkulisse – so empfängt der Comer See den Besucher. Die Landschaft hat es in sich: die Berge, die den See umgrenzen, am Ufer Palmen und Zypressen, Azaleen und Rhododendren. Kulisse berühmter Liebes- und Skandalgeschichten. Wie ein auf dem Kopf stehendes »Y« liegt der Comer See zwischen bewaldeten Bergen und schroff ansteigenden Felsen. Der See wird auch Lario genannt, vom lateinischen »lacus larius«. »Larius« bedeutet Kurve oder gebogen. Zur Römerzeit lebten in Como bereits mehr als 15 000 Menschen und nutzten die windgeschützten Ufer für den Weinbau. Seither war die Stadt ein viel befahrener Handelsweg. Die reichen Grundbesitzer leisteten sich Villen in der Umgebung. Im Mittelalter ließen sich hier Adel und Klerus des milden Seeklimas wegen Paläste und Schlösser bauen. In den Gärten wuchsen Zypressen, Pinien, Zedern, Palmen und Maulbeerbäume, deren Anbau im Mit-

telalter einer der Florentiner Medici für die Seidenraupenzucht verfügte. Seit dem 16. Jh. produziert Como Seide. Aus den Seidenwebereien in und um Como kommt ein Viertel aller Seidenstoffe der Welt. In der autofreien Altstadt rund um den Dom Santa Maria Maggiore ist Como noch beeindruckend authentisch. Interessante Cafés und Restaurants grenzen an Boutiquen, die nicht nur Seide anbieten.

Wir starten unsere Tour in Como. Auf diesem Teil des Westarms des Sees wurden im 18. und 19. Jh. etliche Villen und Paläste erbaut, die zum Teil zu besichtigen sind. Zu empfehlen ist eine Besichtigung mit den Ausflugsbooten, die an der Piazza Cavour ablegen.

Como ▶ Bellagio

Nach Bellagio führt eine kurvenreiche Panoramastrecke über 30 km.

Der erste Ort ist Blevio mit den Villen Cademori, Pasta und Roccabruna.

Der kleine Ort Torno (www.proloco torno.it) erlebte im Mittelalter eine kurze wirtschaftliche Blüte durch

Gesäumt von freundlichen Ortschaften mit Promenaden, die zum Flanieren und Verweilen einladen, ist der Comer See (▶ S. 150) nicht erst seit George Clooney ein beliebter Ferienort.

Tuchverarbeitung. Er liegt direkt am See mit einem kleinen Hafen und der romanischen Kirche San Giovanni aus dem 12. Jh., erweitert mit einem Renaissance-Portal im 15. Jh. Unterhalb der Kirche führt ein halbstündiger Fußweg zu der etwas außerhalb liegenden Villa Pliniana, in der Napoleon, Lord Byron, Stendhal und die Komponisten Bellini und Rossini zu Gast waren. Letzterer soll hier in nur sechs Tagen seine Oper »Tancredi« komponiert haben. Die Villa wurde 1575 für den Statthalter von Como errichtet und gehörte lange Zeit den Visconti, kann

aber nicht besichtigt werden. Sie steht direkt am Wasser und ist nur über einen halbstündigen Fußweg oder vom Boot aus zugänglich.

In Careno erreichen wir die schmalste Stelle des Sees. Nur 650 m sind die Uferseiten des Sees hier voneinander entfernt. Von Nesso führt die Straße hinauf zum Piano del Tivano, einem grünen Hochplateau auf 977 m. Das Gebiet ist reich an Quellen und Höhlen und bietet im Winter ein Skigebiet zu Füßen des Monte San Primo.

Die »längste« Gemeinde auf dieser Uferseite ist Lezzeno, die sich über

7 km am See entlang erstreckt. Interessant ist hier die Kirche Santi Quirico e Giulitta aus dem Jahr 1520. Den einschiffigen Innenraum beherrscht ein beeindruckendes Fresko des Malers Giulio Quaglio. Lezzeno gilt als der Ort mit dem besten Wassersportangebot am See. Im Ortsteil Calvasino befindet sich die Werft Matteri (www.matteri.com), die etliche Riva-Boote beherbergt.

Während wir nun auf der anderen Uferseite die Villen der Tremezzina mit ihren üppigen Gärten sehen, ist das diesseitige Ufer fast kahl. Nackte, unbewohnte Hänge beherrschen den Weg und wirken sehr herb. Erst kurz vor Bellagio zeigt sich wieder eine fruchtbare Landschaft.

Bellagio, die »Perle des Lario«

Bellagio liegt genau in der Mitte des Sees, auf der Spitze des Gebirgsvorsprungs, der den See in zwei Arme teilt. Die »Perle des Sees« war ursprünglich ein idyllischer Ort mit schmalen Gassen und Treppen. Heute reihen sich hier Souvenirläden und Restaurants aneinander. In den Sommermonaten kann man vor lauter Tagestouristen, die mit den Fährschiffen aus Como, Menaggio, Varenna und Cadenabbia ankommen, keinen Schritt vorwärts machen. Doch gehen Sie die Treppen nach oben, stehen Sie vor der Basilika San Giacomo. Sie stammt aus dem 11. Jh. und ist eines der ersten Beispiele romanischer Baukunst. Weitere zehn Minuten bergauf haben Sie oberhalb des Ortes vom »Punta di Spartivento« (Spitze, an der sich die Winde teilen) einen wunderbaren Blick über die Seearme. Zur Ostseite des Sees liegt die Villa Giulia, sie gehörte dem belgischen König Leopold I. Heute ist sie nicht zugänglich, da sie in Privatbesitz ist. Außerhalb des Ortes Richtung Como liegt die Villa Melzi direkt am Wasser. Sie wurde zu Beginn des 19. Jh. für den Herzog Francesco Melzi d'Eril erbaut, einem Günstling Napoleons. Daraufhin baute Melzis Intimfeind Graf Sommariva die Villa Carlotta am gegenüberliegenden Ufer bei Tremezzo noch großartiger um. Doch dazu später. Die Villa Melzi ist im Privatbesitz, doch der Garten und die Orangerie – ein kleines Museum, das Fresken und archäologische Funde präsentiert – kann besichtigt werden (www.giardini divillamelzi.it). In der Villa erlebte Franz Liszt mit der Schriftstellerin Marie d'Agoult einen leidenschaftlichen Frühling. Der Komponist vernahm das »melancholische Murmeln der Wellen« und beobachtete das »magische Farbenspiel« der Sonnenuntergänge. Das Ergebnis dieser Leidenschaft kam am 24. Dezember 1837 in Como zur Welt: Cosima, die spätere Ehefrau von Richard Wagner. Bis in die Renaissance war der Ort eine Festung, dann entwickelte er sich zum Refugium reicher Sommerfrischler. Oberhalb des Ortes erbaute die Familie Stanga in der Frührenaissance (1492) einen Palazzo, der am Ende des 18. Jh. von den Serbellonis erworben und klassizistisch umgestaltet wurde. Auch der Park mit 18 km Alleen wurde hergerichtet und ist noch heute zu besichtigen. Die Villa Serbelloni allerdings ist nicht zugänglich, sie gehört heute der Rockefeller-Foundation und wird als Studien- und Tagungszentrum für Wissenschaftler genutzt. Im Park der Villa finden von April bis Oktober zweimal täglich Führungen statt. Im Grandhotel (▶ S. 27) am nördlichen Ende des Ortes findet sich der Name »Villa Serbelloni« noch einmal. Von Bellagio können Sie nun mit dem Schiff nach Varenna fahren, das sich gegenüber am Ostufer an der breitesten Stelle des Sees befindet.

Bellagio ▶ Varenna

Die Schiffe kommen in Olivedo an. Von hier nach Varenna verläuft entlang des Ufers ein Panoramaweg, »Passeggiata degli Innamorati« (Spaziergang der Verliebten). Varenna, idyllisch an einen Felsen gebaut, wird von der Ruine des Castello di Vezio überragt, das im 11. Jh. erbaut wurde. Der Komplex ist von rund 1000 Olivenbäumen umgeben (www.castellodivezio.it). Die Gärten und Gebäude der Villa Cipressi wurden zwischen dem 15. und 19. Jh. erbaut. Sie war Residenz verschiedener Adelsfamilien. Heute gehört sie der

Gemeinde und wird als Hotel genutzt (www.hotelvillacipressi.it).

Auch die Villa Monastero, ein ehemaliges Kloster, das mehrmals umgebaut wurde, gehört seit den 1950er-Jahren der Stadt und ist heute Kongresszentrum (www.villamonastero.eu).

Varenna ▶ Tremezzo/Cadenabbia

Mit dem Fährschiff geht es nun weiter auf die gegenüberliegende Seite nach Tremezzo/Cadenabbia. Schon vom Schiff aus sieht man allein am Felsen die Kirche San Martino (457 m). Hinter dem Dorf Griante beginnt der etwa halbstündige Aufstieg, der mit einem fantastischen Blick belohnt wird.

In der Villa La Collina verbrachte der frühere Bundeskanzler Konrad Adenauer 1957–1966 seine Sommerurlaube. Am Ufer wurde ihm zu Ehren ein Denkmal errichtet, das ihn bei seiner

Die Villa Carlotta (▶ S. 154), Ende des 17. Jh. für einen adligen Mailänder errichtet, und ihr herrlicher Garten am Ufer des Comer Sees sind mitunter über den Seeweg zu erreichen.

Diesen Ausblick von der Villa La Collina (▶ S. 153) auf den Comer See genoss schon Konrad Adenauer. Heute befindet sich hier der Sitz der Konrad-Adenauer-Stiftung.

Lieblingsbeschäftigung, dem Bocciaspiel, zeigt. Seit 1977 befindet sich die Villa im Besitz der Konrad-Adenauer-Stiftung und dient als internationales Begegnungszentrum. Die Villa Carlotta, die 1690 für einen adligen Mailänder errichtet wurde, ist die bekannteste der Villen am See. Benannt wurde sie nach der jungen Charlotte von Preußen, die das Juwel 1843 von ihrem Vater Prinz Albrecht von Preußen zur Hochzeit geschenkt erhielt. Kaiser Wilhelm II. und die Britenkönigin Victoria ließen hier die Seele baumeln. Heute beherbergt die Villa ein Museum mit

Skulpturen und Gemälden des 18. Jh. Auch der prachtvolle Garten lohnt einen Besuch (www.villacarlotta.it).

Lenno

Auf der Punta di Lavedo bei Lenno liegt die Villa Cassinella, verbunden mit einem alten Kloster. Einst wohnte hier der Graf Monzino, der 1971 den Nordpol mit einem Hundeschlitten erreichte und 1973 den Mount Everest bestieg – er vererbte das Ensemble dem italienischen Umweltschutz. Doch dann kaufte sie der Unternehmer Richard Branson, Besitzer der Fluglinie Virgin Islands. Zypressen prägen das

Bild der auf einem Felsvorsprung gelegenen Villa del Balbianello, die sich Kardinal Angelo Maria Durini im 18. Jh. bauen ließ. Sie gehört heute der Organisation FAI (Fondo Ambiente Italiano; www.visitfai.it/dimore/villadel balbianello) und kann besichtigt werden. Mobiliar aus dem 17. und 18. Jh., flämische Wandteppiche, und eine Glasmalereisammlung sind ausgestellt.

Ossuccio und die Isola Comacina

Der Heilige Berg (Sacro Monte) wurde 1635–1714 mit 14 Kapellen, die zur Wallfahrtskirche Madonna del Soccorso hinaufführen, bestückt. Etwa 1 km lang ist der Weg auf 419 m Höhe. 2003 wurde der Komplex zum UNESCO-Weltkulturerbe erklärt (www.sacrimonti.net). Ganz klein liegt die Insel Comacina vor Ossuccio. Im frühen Mittelalter gab es hier eine Burg mit fünf Kirchen, nach der Zerstörung im Jahr 1169 wurde sie mit einem Fluch belegt und nicht wieder aufgebaut. Heut befindet sich hier das Restaurant Locanda dell'Isola Comacina (www.comacina.it).

Cernobbio/Laglio

Bis vor Kurzem träumte der kleine Ort Laglio so vor sich hin, doch dann kam George Clooney und kaufte die Villa Oleandra, einen 25-Zimmer-Palazzo direkt am See, von dem Ketchup-Fabrikanten Heinz für zwölf Millionen Dollar. In Cernobbio liegt die Villa Erba, zu erkennen an dem florentinischen Turm. Hier verbrachte der italienische Filmregisseur Luchino Visconti seine Kindheit. Sein Vater stammte aus der Visconti-Familie, seine Mutter aus der Mailänder Industriellenfamilie Erba, denen ein Imperium von Munitions- und Chemiefabriken gehörte. Seit 1985 finden hier Ausstellungen statt und die

Villa kann für Events gemietet werden (www.villaerba.it). Die Crew um George Clooney drehte hier Szenen des Films »Ocean's Twelve«. Die berühmteste Villa vor Ort ist die Villa d'Este (▸ S. 27), heute ein Grandhotel. Die Villa le Fontanelle bei Moltrasio, die der unglückliche Modezar Gianni Versace für sich eingerichtet hatte, gehört heute dem Moskauer Restaurantkönig Arkady Novikov.

Von hier ist es nicht mehr weit zurück nach Como.

INFORMATIONEN

ÜBERNACHTEN

Villa d'Este und Villa Serbelloni

Villa d'Este: Cernobbio | Via Regina 40 | Tel. 0 31/34 81 | www.villadeste.it | 152 Zimmer | €€€€ D 4
Villa Serbelloni: Bellagio | Via Roma 1 | Tel. 0 31/95 02 16 | www.villaserbelloni. com | 95 Zimmer | €€€€ E 3

Hotel San Giorgio in Lenno E 3

Tremezzina | Via Regina 81 | Tel. 03 44/ 4 04 15 | www.sangiorgiolenno.com | 33 Zimmer | €

ESSEN UND TRINKEN

Harry's Bar D 4

Gute Küche bei der Schiffsanlegestelle. Cernobbio | Piazza Risorgimento 2 | Tel. 0 31/51 26 47 | www.harrysbar cernobbio.it | Di–So 10–24 Uhr | €€

River Side Beach Bar E 3

Außerhalb von Bellagio kann man hier an einer der wenigen Badestellen am See mit eigenem Steg und Strand kleine Snacks zu sich nehmen. Bellagio | Via La Spiaggia, Localita'Fiume | Tel. 0 31/91 45 35 | €

QUIRLIGES LUGANO

CHARAKTERISTIK: Lugano ist die größte Stadt des Tessins und ihr Wirtschaftszentrum. Zwischen schützenden Bergen eingebettet in Vorzugslage am Luganer See herrscht hier eine quirlige Atmosphäre. Elegantes Einkaufen unter Altstadtarkaden ist ebenso möglich wie Kunstgucken. **DAUER:** 1 Tag **EINKEHRTIPPS:** Mitten in der Altstadt steht das legendäre Café Al Porto schon seit 1803, gleich rechts in der Confiserie-Theke lauter süße Leckereien, aber mittags kann man hier auch essen (Via Pessina 3, Tel. 0 91/9 10 51 30, www.grand-cafe-lugano.ch, Mo–Sa 8–18.30, Küche von 11.30–14.30 Uhr €€); in der Bottegone al Vino ist die Menükarte klein, aber exzellent, die Weinkarte umso größer (Via Magatti 3, Tel. 0 91/9 22 76 89 (So geschl. €€) **AUSKUNFT:** www.lugano.ch; www.luganoturismo.ch; Auf der Seite www.myswitzerland.com finden Sie tolle Tipps für ein perfektes Wochenende in Lugano **APP:** City Guide Lugano
▸ **KLAPPE HINTEN**

Der Luganer See liegt eingebettet zwischen den beiden großen Seen, dem Lago Maggiore im Westen und dem Comer See im Osten. Die Einwohner nennen den See auch »Lago Ceresio«, See der Kirschen. Er verläuft nicht so klar auf Nord-Süd-Achse wie die beiden anderen Seen. Zweidrittel des Sees gehören zur Schweiz und ein Drittel zu Italien. In einer Bucht am Nordufer des Sees, umgeben von mehreren Aussichtsbergen, liegt Lugano. Wirkungsvoll in Szene gesetzt liegt die Stadt da, mit einem Logenplatz nach Süden. 60 000 Einwohner leben in der Stadt voller Kontraste: Dolce Vita und Schweizer Präzision, schneebedeckte Alpengipfel und mediterrane Palmen, Geld und Geist, Kunst und Handel.

»Wenn ich diese gesegnete Gegend am Südfuß der Alpen wiedersehe, dann ist mir zumute, als kehrte ich aus einer Verbannung heim, als sei ich endlich wieder auf der richtigen Seite der Berge«, schwärmte Hermann Hesse einst über seine Tessiner Wahlheimat. Seit der deutsche Literaturnobelpreisträger diese Zeilen in Montagnola oberhalb von Lugano schrieb, sind viele Jahrzehnte vergangen. Damals waren erst die Anfänge einer Entwicklung zu beobachten, die aus dem romantischen Ort am Luganer See ein hoch frequentiertes Refugium für Europas wintermüde Elite machte. Heute ist Lugano sicherlich kein Ort, in dem man seine Ferien verbringt. Die Stadt selbst sieht sich auch mehr als Geschäftszentrum in privilegierter Lage.

Altstadtbummel

Am schönsten ist es, in Lugano am Bahnhof anzukommen. Dort kann man sich erst einmal von oben einen

Der Zuckerhut der Schweiz – auf dem Monte San Salvatore

Mit der Drahtseilbahn geht es auf Luganos Hausberg mit grandiosem Rundum-Panorama (▸ S. 15).

Die lebendige Piazzetta Maraini in Luganos (▶ S. 156) Fußgängerzone präsentiert die größte Stadt des Tessins in einem Licht, in dem sich die Einwohner gern sehen: geschäftig.

Überblick verschaffen. Wer vom Lago Maggiore kommt, kann sein Auto in Ponte Tresa stehen lassen und mit der Bahn nach Lugano fahren, ohnehin gibt es zu wenig Parkplätze in der vom Stau geplagten Stadt. Man kann dann hinunterschlendern oder mit der Zahnradbahn zur Piazza Cioccaro herabfahren. Und schon sind Sie mittendrin in der autofreien Altstadt mit ihren südländisch anmutenden Plätzen und Arkaden.

Mittelpunkt Luganos ist die Piazza della Riforma, das Wohnzimmer der Luganesi. Hier sitzen die Einheimischen neben Touristen unter den gepflegten Geranienkästen im Café Vanini (www.vanini-dolce-caffe.ch), im Caffè Federale (www.caffefederale.ch) oder im Sass Café (www.sasscafe.ch) und genießen nachmittags einen Espresso oder einen Aperitivo und abends ein Glas Tessiner Merlot. Mit Blick auf den Palazzo Civico mit seiner Neo-Renaissancefassade, den heutigen Sitz der Stadtverwaltung. Er wurde zwischen 1842–1844 erbaut.

Sehr sehenswert sind die angrenzenden Straßen Via Nassa und Via Pessina mit ihren Laubengängen und kleinen

Geschäften: Hier reihen sich Nobel-Boutiquen der Modedesigner und Juweliere wie Schmuckstücke an einer Perlenkette aneinander. 270 m Lauben sorgen selbst im Hochsommer für einen kühlen Kopf und bei Regen für trockene Füße. Verlockend ist auch das üppige kulinarische Angebot: An dem Geschäft Gabbani in der Via Pessina kommt keiner vorbei: Salami, Käse, Obst, Gemüse, Wein, Olivenöl, Kaviar, Foie gras.

In der um 1500 erbauten früheren Klosterkirche Santa Maria degli Angioli am Ende der Via Nassa finden Sie das Hauptwerk von Bernardino Luini, seinen Leidensweg Christi. Die Fresken bedecken die ganze Lettnerwand, die das Schiff abschließt. Daneben soll 2015 Luganos neues Kulturzentrum eröffnet werden (Centro Culturale LAC). Neben der städtischen Kunstsammlung sollen hier Theaterstücke, Konzerte und Ballette aufgeführt werden (www.luganolac.ch).

Durch die viel befahrene Uferstraße ist die Seepromenade von der Altstadt abgeschnitten. Die Perle der Seepromenade ist der Parco Civico mit seinen 63 000 qm Fläche. Prächtige Baumriesen und subtropische Pflanzen laden zum Dolcefarniente ein. Die spätklassizistische Villa Ciani im Park beherbergt Wechselausstellungen.

Doch Lugano bietet noch mehr: Mit altmodischen Zahnradbahnen geht es auf einen der Hausberge, den Monte Brè und den Monte San Salvatore. Am Anleger stehen die Schiffe zur Seerundfahrt bereit. In Montagnola, oben am Berg, kann man dem Hermann-Hesse-Museum im ehemaligen Wohnhaus des Schriftstellers einen Besuch

abstatten (www.hessemontagnola.ch). Hesse kam 1907 erstmals ins Tessin zum Monte Verità. 1919 ließe er sich in Montagnola nieder und blieb dort bis zu seinem Tod.

Wer sich für Kunst interessiert, findet im »Museo d'Arte«, in der Villa Malpensata aus dem 18. Jh., eine interessante Sammlung zur Kunst des 20. und 21. Jh. (www.mda.lugano.ch).

Von Künstleridyll zu Bankenmetropole

Viele Künstler reisten bereits im 19. Jh. aus ganz Europa an den Lago di Lugano und scheuten keine noch so weite Anfahrt. Eher nüchtern betrachteten im August 1910 Max Brod und Franz Kafka die Kulisse, als sie von Zürich über Lugano nach Mailand unterwegs waren. Max Brod fielen vor allem die Kontraste auf, zunächst der noch ganz deutsch anmutende Bahnhof, dann, direkt angrenzend, »italienische Gassen mit Gemüsemarkt. Arkaden … man sieht charakterlose Prachtgebäude. Den Quai entlang Palasthotels. – Der See ist grün.« Im flüchtigen Telegrammstil des Durchreisenden notierte Brod weiter: »Wir fahren an einem Stadtteil von Lugano vorbei, der nur aus Hotels besteht. Gut, daß wir nie hier waren. Paradiso, ein reklamehafter Name.«

Emigrantenziel

Es sollte nur noch wenige Jahre dauern, bis neben den Manns und Bertolt Brecht zahlreiche Künstler aus Deutschland an den Luganer See kamen, allerdings nicht wegen der »unbeschreiblichen Pracht«, sondern um die Emigration vorzubereiten.

Nach dem Zweiten Weltkrieg veränderte sich die Stadt rasant. Sie entwickelte sich als Fluchtpunkt für Kapital aus dem wohlhabenden, industrialisierten Norden Italiens. Man begann, Grünflächen zu roden, Kastanienwälder abzuholzen, Platz zu schaffen für Neubauten, Wohnblocks und Banken. Mehr als 100 Bankinstitute haben heute hier ihren Sitz, und die Immobilienspekulation hat dazu geführt, dass sowohl Seeufer als auch Berghänge fast völlig zugebaut sind. Mit den Zeugnissen seiner eher unspektakulären Vergangenheit ist Lugano nicht gerade liebevoll umgegangen. Villen und Hotelpaläste wurden gegen Betonklötze ausgetauscht, die den ersehnten Fortschritt symbolisieren wollten, aber weite Teile der Stadt mit gesichtsloser Architektur überzogen. Das Bedürfnis der Reichen, ein kleines Stück vom Paradies im Grundbuch eintragen zu lassen, beschleunigte das Wuchern von Neubauten. Das legendäre Hotel du Parc von 1855 war nach einem Brand im Jahre 1994 fast 20 Jahre Spekulationsobjekt, bis nun das neue Kulturzentrum dort gebaut wurde. Das Hotel Splendide Royal widerstand als eines der wenigen Häuser dem Wandel und erhielt mit bewundernswerter Hartnäckigkeit den Glanz der Vergangenheit. Ein wahres Kleinod: Denn in den eleganten Salons scheint die Zeit still zu stehen (▶ S. 29).

Schokoland Schweiz

Auf dem Rückweg zum Lago Maggiore können Sie – wenn Sie den Rückweg über Ponte Tresa nehmen – noch dem »Schokoland Museum« in Caslano einen Besuch abstatten. Interessante Kulinarische Einblick, Geschmäcker und Gerüche in die Welt der Schokolade bieten sich hier (www.alprose.ch).

Weg vom Trubel Luganos (▶ S. 156) führt die Standseilbahn hinauf auf den Monte Bre mit unberührter Natur, Wanderwegen, typischen Dörfern, Kunst- und Kulturschauplätzen.

DER ORTASEE ⭐ 9 – KLEIN, ABER OHO!

CHARAKTERISTIK: Am und im Ortasee gibt es historische Architektur zu entde-
cken, mystische Legenden zu erzählen und umwerfende Ausblicke zu genießen.
Ein Tag am Ortasee vereint Geschichte und Entspannung. **DAUER:** 1 Tag **EIN-
KEHRTIPPS:** Auf dem Rückweg lohnt sich ein Stopp bei La Quartina in Mergozzo.
Hier wird auf der Terasse und der Rasenfläche zum See hin leckeres Slow-Food serviert (Via Pallanza 20, Tel. 03 23/8 01 18, www.laquartina.com €€); gute Küche und
sympathischen Service bietet die Taverna Antico Agnello in Miasino (Via Solaroli 5,
Tel. 03 22/98 05 27, www.anticoagnello.it, Mi geschl. €€). In der Villa Crespi speist es
sich im herrschaftlichen Stil. Sehr geschmackvoll, toller Blick auf den See. Im Zwei-
sternerestaurant wird mediterrane Küche serviert (Orta San Giulio, Via G. Fava 18,

Tel.03 22/91 19 02, www.villacrespi.it €€€€). **AUSKUNFT:** I.A.T., Via Pa-
noramico, Orta San Guilio, Tel. 03 22/90 58 00; www.distrettolaghi.it
🚩 A 4–A 5

Gerade einmal 13 km durchmisst der lang gezogene Lago d'Orta westlich des Lago Maggiore. Reizvolle Ausblicke sind bei einer Umrundung des kleinen italienischen Sees immer wieder zu er-haschen. Ein Highlight des Lago d'Orta sind das am Ostufer gelegene maleri-sche Orta San Giulio und die Isola San Giulio. In Orta muss das Auto am Ortsrand geparkt werden, denn das Dorf auf der Halbinsel ist verkehrs-beruhigt. Kleine Gassen verlaufen zwi-schen hübschen Häusern im Renais-sance- und Barockstil auf die sich weit zum See hin öffnende Piazza. Auf dem schönen mittelalterlichen Marktplatz, der Piazza Mario Motta, steht der Palazzo della Communità aus der Renaissancezeit, geschmückt mit ver-blassenden Fresken.

Sacro Monte d'Orta

Ein breiter Treppenweg führt hinauf zur ockergelben Kirche Santa Maria Assunta mit einer Vorhalle aus dem 17. Jh. Hinter der Treppe beginnt der Weg durch das Naturschutzgebiet Ri-serva Naturale Speciale, einem jahr-hundertealten Wald mit mächtigen Buchen, Linden und Fichten. Auf 401 m Höhe liegt hier das UNESCO-Weltkulturerbe Sacro Monte d'Orta. 20 Kapellen – allesamt auf den See aus-gerichtet – ließ ein Kapuzinermönch im Jahr 1591 auf der Anhöhe errichten. In den Kapellen werden Auszüge aus dem Leben des Heiligen Franz von As-sisi u. a. mit 376 Terrakottastatuen ge-zeigt. Wer möchte, kann auch mit dem Auto zum Sacro Monte d'Orta hinauf-fahren – der 15-minütige Fußweg ist aber wesentlich schöner.

Isola San Giulio

Doch Franz von Assisi ist nicht der ein-zige Heilige, dem hier mit Bauten ge-huldigt wird. Bevor die Isola San Giulio ihren Namen erhielt, soll sie sowohl ein Schlangennest als auch von Dra-chen besiedelt gewesen sein. Niemand, so heißt es, konnte die Insel betreten. Im 4. Jh. erreichte Giulio, ein reisender Heiliger aus Griechenland, die Insel. Er bekämpfte die Schlangen und Dra-

Schlendert man in Orta San Giulio (▶ S. 160) die Renaissance- und Barockgassen weiter bis in den Ortsteil Legro, gelangt man in das »bemalte Dorf« mit etlichen bunten Hauswänden.

chen, ließ sich dort nieder und die Insel der wilden Tiere wurde zur Isola San Giulio. So will es zumindest die Legende. Fest steht allemal, dass im Jahre 390 hier eine Kirche errichtet wurde. Wo diese einst stand, findet sich heute die im 12. Jh. erbaute Basilica di San Giulio. In ihr steht die bemerkenswerte schwarze Marmorkanzel aus dem 11. Jh. In der Krypta der Basilica sollen die Gebeine des Heiligen ruhen. Die Insel wurde zu einem wichtigen Wallfahrtsort mit ihrer Palastresidenz, der großen Basilika und den prächtigen Landsitzen für verschiedene adlige Bischöfe. Im ehemaligen Priesterseminar leben heute Benediktinerschwestern, die mittlerweile die einzigen Bewohner der Insel sind.

Die rund 400 m vom Ufer entfernte Isola di San Giulio ist mit Booten von Orta San Giulio zu erreichen und in einem Rundgang schnell zu erkunden (Boote fahren ca. alle 10 Minuten).

Madonna del Sasso

Sollte noch Zeit sein und die Sicht gut, lohnt sich die Weiterfahrt ans Westufer zur Wallfahrtskirche Madonna del Sasso. Der Ausblick auf den Ortasee ist der Schönste, den sie bekommen können.

Im Fokus
Monte Verità –
der Traum von einem anderen Leben

*Oberhalb von Ascona liegt der Höhenzug des legendären
Monte Verità auf 350 m Höhe. Auf dem »Berg der Wahrheit«
ließen sich um 1900 naturbewegte Reformer nieder. Man trug
weite Gewänder, aß vegetarisch und lief barfuß.*

Alles beginnt mit der Ankunft des Belgiers und Industriellensohns Henri
Oedenkoven, der den verwilderten Hügel oberhalb von Ascona kaufte.
Zusammen mit der Pianistin Ida Hofmann suchte er nach einer neuen
Lebensform. Es zog sie gen Süden und so errichteten sie hier eine Natur-
kolonie, sammelten Gleichgesinnte um sich. Man trug weite Gewänder, aß
vegetarisch, kleidete sich luftig, ließ die Haare wachsen, lief barfuß und
lebte in Licht-Luft-Hütten aus Holz. So erregte man Aufsehen in Ascona.

GEIST DER UTOPIE
Hier wehte der Geist der Utopie und das zog die europäische Boheme an,
aber auch alle, die von einer besseren Gesellschaft träumten: Hesse, Isadora
Duncan, Mary Wigman, Lenin, Trotzki, Ernst Bloch, Hans Arp, Marianne
von Werefkin und auch Rudolf von Laban, der den deutschen Ausdrucks-

◄ Hauptgebäude der Aussteigerkolonie auf
dem Monte Verità (▶ S. 162).

tanz auf dem Monte Verità weiterentwickelte. 1913 verlegte er seine Tanz-schule von München hierher. Während der Erste Weltkrieg tobte, zelebrierte man auf dem Berg mit Tänzen und Fackelumzügen eine Hymne an die Sonne. Als Oedenkoven den Berg 1920 verließ, schloss auch die Schule, doch Dank Charlotte Bara fand der Ausdruckstanz in Ascona eine Fortsetzung, den Hang hinunter im Teatro San Materno (▶ S. 18).

Ein »Bermudadreieck des Geistes« nannte der Kurator Harald Szeemann den Berg, der hier Ende der 1970er-Jahre eine Ausstellung in der Casa Anatta organisierte, die den Mythos neu belebte. Leider ist sie nicht mehr zu sehen, seit das Haus auf nicht voranschreitende Renovierungen wartet.

VON HOLZHÜTTE ZU BAUHAUS

Die Idylle der Selbstfindung, die Oase der Ruhesuchenden hielt nur ein Vierteljahrhundert. Die 1920er-Jahre bescherten dem Berg und Ascona den Einzug des Kapitals und eine neue Gesellschaft. Die Zeit der Vegetarier war vorbei. 1927 kaufte Eduard von der Heydt, Bankier, Kunstsammler und Finanzberater des letzten deutschen Kaisers, den Monte Verità. Er ließ sich von dem deutschen Architekten Emil Fahrenkamp ein Hotel im Bauhausstil errichten. Vom Flachdach bis zum Türbeschlag harmonierte alles. Kurz zuvor hatte schon der Bremer Architekt Carl Weidemeyer die Moderne nach Ascona gebracht: Er erbaute das Teatro San Materno.

Von der Heydt, der Kunstwerke von Picasso, Cézanne, Van Gogh u. a. an die Wände des Hotels nagelte, bot fortan eine mondäne Mischung aus Dekadenz und südlicher Erotik. Im Hotel trafen sich meist Deutsche, manchmal zum eleganten Seitensprung. Auf dem Monte Verità fanden der Drang nach Süden und die Sehnsucht nach einer neuen, unbürgerlichen Lebensweise abermals ein Paradies. Ascona wurde zum exklusiven Kurort mit Bademeile, Golfplatz und gepflasterter Piazza ausgebaut.

Als Von der Heydt 1964 starb, vererbte er den Hügel dem Tessin mit der Auflage, den »Berg der Wahrheit« zu einem Kulturzentrum zu machen. Die Ausstellung von Harald Szeemann wird erst wieder ab 2016 zu sehen sein, wenn die Casa Anatta renoviert ist. Die Casa Selma wurde restauriert, im Teehaus wird eine japanische Teezeremonie angeboten, im Park können Sie dem Kulturpfad folgen oder an einer Führung teilnehmen. Vor allem sollten Sie auf dem Monte Verità übernachten, etwa im Hauptgebäude, wo sich auch ein Restaurant befindet (www.monteverita.org)!

TOUR NACH VARESE

CHARAKTERISTIK: Varese bietet Kunst, Kultur und kulinarische Köstlichkeiten. In der charmanten Altstadt faszinieren die Architektur, die eleganten Shops und die traditionellen Cafés. Auf den die Stadt umgebenden Hügeln wird Kunst in großer Vielfalt geboten. **DAUER:** 1 Tag **EINKEHRTIPPS:** Die beste Küche der Stadt wird in der Osteria Di Piazza Litta serviert (Piazza Litta 4, Tel. 03 32/ 28 91 67, www.osteria dipiazzalitta.it, geschl. Mo, So abends, Sa mittags und Juli €€). Regionale Bioprodukte kommen hier auf den Tisch. Die leckersten Kuchen gibt es in der altmodischen Pasticceria Ghezzi am Corso Matteotti 36 **AUSKUNFT:** I.A.T.-Varese, Via Romagnosi 9, Tel. 03 32/2 81 913, www.varesecittagiardino.it

C 4

Varese, zwischen dem Lago Maggiore und dem Luganer See gelegen, ist eine Stadt mit 90 000 Einwohnern. Wohlhabend wurde Varese durch die Textil- und Haushaltsindustrie. Zahlreiche Villen, Gärten und Parks umgeben die Stadt, was ihr im 19. Jh. auch den Namen »città-giardino«, Gartenstadt, einbrachte. Die Geschichte und die besondere geografische Lage inmitten der Seenregion haben die Einwohner und das Erscheinungsbild der Stadt gezeichnet. 1927 wurde sie zur Hauptstadt der gleichnamigen Provinz und leider verschandelte die rege Bautätigkeit des »Fascismo« mit ihrer Kolossalarchitektur die Innenstadt. Jedoch blieben die schöne Altstadt und die beeindruckende Villenvorstadt erhalten. Vareses Altstadt befindet sich innerhalb der einstigen Grenzen des im Mittelalter befestigten Ortes. Flaniermeile ist der Corso Matteotti mit seinen Seitengassen. Die lebhafte Fußgängerzone lädt mit ihren gut erhaltenen Palazzi und Bogengängen in Cafés und elegante Geschäfte. Fast alle bekannten Designer von Hermès bis Gucci haben hier ihre Läden. Durch einen Torbogen fällt der Blick auf die Basilica di San Vittore aus dem 16. und 17. Jh. mit ihrem hohen Campanile. Im Innenraum finden sich neben dem Hochaltar und der Apsis vor allem die Malereien lombardischer Meister. Das Baptisterium, gleich neben der Basilika, wurde zwischen dem 12. und 13. Jh. errichtet und beherbergt sehr schöne gotische Fresken. Am Ende des Corso Matteotti liegt das ehemalige Benediktinerinnenkloster San Antonio, das vor allem seines Kreuzgangs und ehemaligen Refektoriums wegen interessant ist. Das Refektorium, die »Sala Veratti«, ist heute Eigentum der Gemeinde Varese und wird zu Ausstellungszwecken genutzt.

Der Palazzo Estense beherbergt heute das Rathaus. Francesco III. d'Este ließ ihn 1766–1771 von Giuseppe Bianchi erbauen. Besonders schön ist der Park

Aufstieg auf den Sacro Monte Varese 11

An den Hängen des Campo dei Fiori liegt einer der bedeutendsten Kreuzwege Italiens (▶ S. 15).

hinter dem Palazzo, der im 18. Jh. angelegt wurde und eine Kopie des Parks von Schönbrunn in Wien ist. Vom Park aus gelangen Sie in die Gärten der Villa Mirabello, die auf einem Hügel liegt. Sie beherbergt die Musei Civici, die archäologischen Museen der Stadt.

Sammlung des Grafen Panza di Biumo

Etwas außerhalb des Zentrums befindet sich in der Castellanza Biumo Superiore nicht nur ein architektonisches Juwel, die **Villa Menafoglio Litta Panza** 🟊, sondern sie beherbergt eine äußerst eindrucksvolle Kunstsammlung: zeitgenössische Kunst des Grafen Giuseppe Panza di Biumo, die größte Sammlung abstrakter amerikanischer Kunst in Italien. Über 40 Jahre sammelten Panza und seine Frau. Bald füllten die Kunstwerke Salons, Gänge, Flügel, Ställe und Remisen. 1996 schenkte

Panza seine Villa samt der Kollektion der FAI, einer Stiftung für italienisches Kulturgut. Leider ist ein Teil seiner Sammlung nach L. A. ins MOCA gezogen, aber es gibt noch genug zu sehen. Zudem werden interessante Wechselausstellungen gezeigt (www.visitfai.it/dimore/villapanza). Bis zu seinem Tod 2010 durchstreifte der Grandsignore selbst noch regelmäßig Villa und Park und erfreute sich an seiner Sammlung.

Castiglioni di Mantegazza

In einem anderen Ortsteil von Varese, in Masnago, steht das Schloss Castiglioni di Mantegazza, in dem sich heute das Museum für moderne und zeitgenössische Kunst der Gemeinde Varese befindet (www.varesecultura.it/musei).

Varese ist Universitätsstadt und durch einen schnellen S-Bahn Anschluss mit Mailand verbunden.

Architekt Giuseppe Bianchi schuf im Park des Palazzo Estense eine Kopie des Gartens der Residenz Schönbrunn in Wien. Vom Hügel eröffnet sich ein Panorama über Varese (▶ S. 164).

VOM MONTE TAMARO ZUM MONTE LEMA

CHARAKTERISTIK: Die klassische Gratwanderung über 13 km vom Monte Tamaro zum Monte Lema durch die Alpenflora lockt mit traumhaften Ausblicken auf den Luganer See sowie den Lago Maggiore und ist leicht zu begehen. **DAUER:** 5 ½ Std. **EINKEHRTIPPS:** Auf dem Monte Tamaro steht das Selbstbedienungsrestaurant gleich neben der Botta-Kapelle und einem modernen Spielplatz. Auf dem Monte Lema kann im Ostello-Ristorante Vetta Kraft getankt werden. Auch hier Selbstbedienung. **AUSKUNFT:** Monte Tamaro SA, Rivera, Tel. 0 91/9 46 23 03, www.montetamaro.ch; Monte Lema SA, Miglieglia, Tel. 0 91/6 09 11 68, www.montelema.ch; Luftseilbahn Rivera-Alpa Foppe & Monte Lema-Miglieglia, Betrieb April–Okt., erste Bergfahrt in Rivera: 8.30 Uhr, danach alle 30 Minuten. Letzte Talfahrt: 17 Uhr.

17.15 Uhr Bus von Miglieglia zurück nach Rivera (22 km). Busticket in Rivera kaufen (inkl. Reservierung). Gondeln und Bus: 51 CHF.

C 3

Von Lugano aus ist es nicht weit bis nach Rivera, wo der Klassiker unter den Schweizer Wanderungen beginnt. Bequem startet der Aufstieg mit einer 20-minütigen Gondelfahrt. Bevor die Wanderung beginnt, können Abenteuerlustige im Hochseilpark des Adventure Park ihre akrobatischen Fähigkeiten testen, mit der mit 400 m längsten Tyrolienne der Schweiz oder dem 15 m Sprung beim Tamaro Jumping den Herzschlag spüren. Kinder lieben die 800 m lange Sommerrodelbahn. Doch auch Ruhe findet sich auf dem Monte Tamaro. Auf der Alpa Foppa steht die Kirche Santa Maria degli Angeli an der Bergkante, 1990 vom Stararchitekten Mario Botta erbaut. Vom 65 m langen Steg ist die Panoramasicht schlicht atemberaubend.

Alpa Foppa ▶ Gipfel Monte Tamaro

Auf der Alpa Foppa beginnt die Wanderung der guten Beschilderung folgend zum Gipfel des Monte Tamaro.

Nach ca. einer Stunde erreicht der Weg die Capanna Tamaro. Hier entfaltet sich das malerische Alpenpanorama. Weiter auf dem Weg bleibend, lässt sich bald der glitzernde Luganer See und der Monte San Salvatore erblicken. Der Weg steigt zwar etwas an, wird dann aber zunehmend wieder ebener. Der Lago Maggiore mit Locarno und Ascona rücken ins Blickfeld. An der nächsten Weggabelung beginnt es steiler zu werden. Nach einem ca. 20-minütigen Aufstieg zum Gipfelkreuz des Monte Tamaro folgt die Belohnung: ein grandioser Ausblick auf den Lago Maggiore und in die Magadino-Ebene.

Monte Tamaro ▶ Gipfel Monte Lema

Nun heißt es auch schon absteigen. Weniger steil als zuvor führt der Weg mit Blick auf das idyllische Steindorf Indemini (▶ S. 75) hinab. Immer den Lago Maggiore vor Augen geht es beständig im mäßigen Auf und Ab zur Bassa di Montoia. An der übernächsten

Der Monte Tamaro (▶ S. 167) bietet auf knapp 2000 m Höhe einen Adventure Park, in dem Abenteuerlustige bei der längsten Tyrolienne der Schweiz Adrenalin ausschütten können.

Gabelung folgen Sie dem Schild (ohne Zeitangabe) »Monte Lema« nach rechts durch die schöne Alpenflora. Bald rückt Lugano ins Blickfeld, auch der Gipfel des Monte Lema ist nun zu sehen. Am Paso d'Agario steht das ehemalige Wachhäuschen mit einem Selbstbedienungs-Getränkestand. Nun beginnt ein locker zu gehender Weg mit großartigem Ausblick auf beide Seen. Am Häuschen im Sattel Zattone steigt der Weg bis unterhalb des Poncione di Breno steil an. Auf Steintreppen, teils mit Geländer, geht es so bis Piano del Poncione. Zwar ist von hier schon die Bergstation der Lema-Seilbahn sichtbar, aber bevor diese erreicht wird, geht es noch einmal hinab ins Tal, bevor es hoch hinauf geht. Ob man nun den kurvigen Weg oder die steilen Treppen wählt – wer den Monte Lema erklimmen möchte, muss noch einmal kurz Kondition beweisen. Von der Bergstation aus sind es dann aber nur noch fünf Minuten bis zum Gipfel. Das Panorama belohnt den tapferen Wanderer mit einem umwerfenden Blick auf den Lago Maggiore und den Luganer See. Bis in die Poebene schaut man herab, selbst Mailand wird sichtbar.

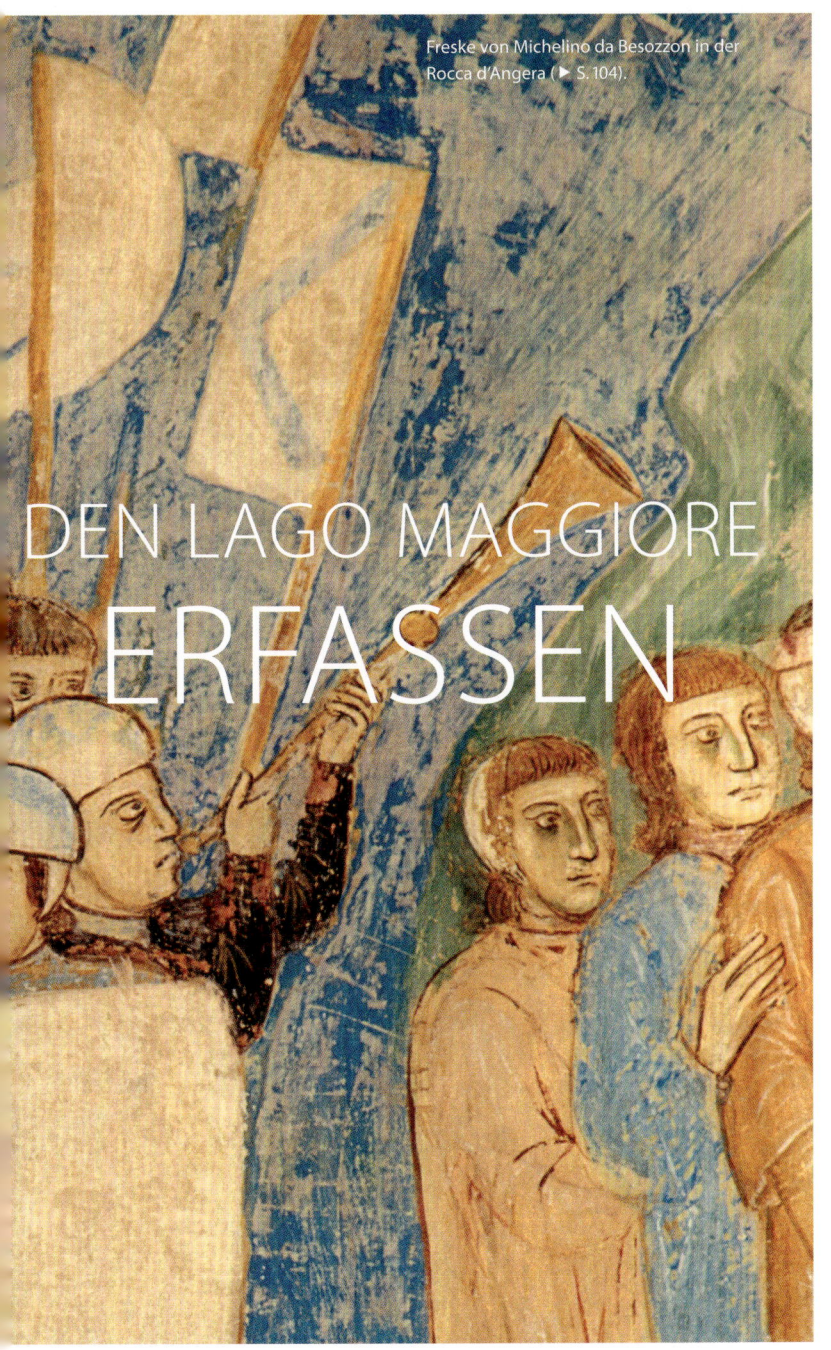

Freske von Michelino da Besozzo in der Rocca d'Angera (▶ S. 104).

DEN LAGO MAGGIORE
ERFASSEN

AUF EINEN BLICK

Hier erfahren Sie alles, was Sie über den Lago Maggiore wissen müssen – kompakte Informationen über Land und Leute, von Bevölkerung und Sprache über Geografie und Politik bis Religion und Wirtschaft.

BEVÖLKERUNG

In den Bergtälern ist die Bevölkerung rund um den See in den letzten 100 Jahren rapide gesunken, da es zu wenige Arbeitsplätze und Siedlungsfläche für alle Bewohner gab. Die Städte am See verzeichneten Zuwächse. Im Tessin leben etwa 50 % Ticinesi, 15 % Schweizer aus anderen Kantonen, und etwa 30 % Ausländer, meist Italiener.

LAGE UND GEOGRAFIE

Seine Entstehung verdankt der Lago Maggiore den Gletschern, die den See ausgeschürft haben. Durch die geschützte Lage am Südrand der Alpen und dank der großen Wassermassen ist hier ein Mikroklima entstanden, das eine subtropische Vegetation begünstigt. Der Lago Maggiore ist mit seinen 212 qkm nach dem Gardasee der zweitgrößte See Italiens. Er reicht von der südlichen Alpenkette bis an den Rand der Poebene. Der Ticino mündet in der Magadinoebene im Norden in den See und verlässt ihn im Süden bei Sesto Calende. Der Lago Maggiore ist im Grunde nichts anderes als ein vollge-

◀ Garibaldi ist allgegenwärtig. Auch in den engen Gassen Cannobios (▶ S. 125).

laufenes Flusstal des Flusses Ticino – und das 66 km lang. Die tiefste Stelle beträgt 372 m. Sie liegt zwischen Ghiffa und Porto Valtravaglia. Die schmalste Stelle ist bei Arona (2 km), die breiteste bei Baveno (12 km). 20 % des Ufers gehören zum Tessin, das Ostufer gehört zur Lombardei und das West- und Südwestufer zum Piemont.

POLITIK UND VERWALTUNG

Das Tessin ist einer von 26 Schweizer Kantonen. Seine Hauptstadt ist Bellinzona. Es gibt acht Verwaltungsbezirke (»distretti«). Der Staatsrat (»Consiglio di Stato«) wird alle vier Jahre gewählt und besteht aus fünf Mitgliedern. Sie bilden die Regierung des Kantons.
In Italien: Die Ostseite des Sees gehört zur Lombardei, Provinz Varese. Sie ist in zwölf Provinzen aufgeteilt. Das Piemont teilt sich in acht Provinzen, wobei das Westufer zur Provinz Verbania Cusio-Ossola gehört und das südwestliche Ufer zur Provinz Novara. Die Bevölkerung in Oberitalien wählt eher konservativ.

SPRACHE

Die Amtssprache ist Italienisch, auch im Tessin. Ein großer Teil der Bevölkerung – vor allem in den Bergtälern – spricht lokale Dialekte, die sich untereinander und vom Italienischen teilweise stark unterscheiden.

WIRTSCHAFT

Der gesamte oberitalienische Wirtschaftsraum mit den Industriezentren Turin und Mailand gehört zu der wirtschaftlich stärksten Region Italiens. Die Arbeitslosenquote ist hier deutlich unter dem Durchschnitt Italiens. Und doch: Schwarzarbeit hat Hochkonjunktur, auch im Norden. Rund um den Lago Maggiore spielt der Tourismus eine große Rolle (vor allem auf der piemontesischen Seite). In der Landwirtschaft geht es vor allem um Wein-, Gemüse-, Obst,- und Käseproduktion. Zwischen Baveno und dem Lago di Mergozzo sorgten jahrhundertelang die Granitsteinbrüche für Arbeit, das ist zum Teil auch heute noch so. Im Süden und Osten des Sees ist es die Blumenzucht, die etwa 30 % des Exportumsatzes der Seeregion ausmacht.

Auch im Tessin wird der größte Teil des Bruttosozialprodukts im Tourismus- und Dienstleistungsgewerbe erwirtschaftet. Eine zweite wichtige Rolle spielt die Finanzwirtschaft. Lugano ist der drittgrößte Finanzplatz der Schweiz und Bindeglied zwischen Zürich und Italien. Viele Italiener, die am West- und Ostufer des Lago Maggiore wohnen, pendeln täglich zur Arbeit in die Schweiz: nach Locarno, Bellinzona und Lugano. Hier liegen die Löhne deutlich höher als im krisengeschüttelten Italien.

AMTSSPRACHE: Italienisch
FLÄCHE: 212 qkm groß ist der Lago Maggiore, gut vier Fünftel gehören zu Italien, der Rest gehört zum Tessin
GRÖSSTE STADT: auf Schweizer Gebiet Locarno, auf italienischem Gebiet Verbania
INTERNET: www.derlagomaggiore.de
HÖCHSTER BERG: Monte Rosa
RELIGION: 90 % katholisch
WÄHRUNG: Schweiz: Schweizer Franken (CHF), Italien: Euro (€)

GESCHICHTE

Der Lago Maggiore teilt und eint seine Anwohner. Stets waren politische Geschehnisse der beiden Seeseiten verschiedenen Macht-gefügen und geografischen Gegebenheiten unterlegen – und doch bot ein und dasselbe Gewässer den Menschen ihre Existenzgrundlage.

3. Jh. v. Chr. Römische Einflüsse

Das Gebiet um den Lago Maggiore ist schon in prähistorischen Zeiten besiedelt, wie zahlreiche archäologische Ausgrabungen zeigen. Im 3. Jh. v. Chr. beginnen die Römer, sich für die Gegend zu interessieren. Sie nennen den See Lacus Verbanus und bauen sogleich eine Straße von der Poebene bis in die Alpen. Zur Sicherung werden erste Festungen erbaut, in Locarno im Norden und in Angera im Süden.
Ab dem 6. Jh. herrschen die Langobarden, was bleibt ist der Name für die östliche Region: Lombardei. 774 fallen die Franken unter Karl dem Großen ein, der die germanischen Stämme eint und das Land in Grafschaften aufteilt.

Während im 9. Jh. Bischöfe aus Como ihr Herrschaftsgebiet auf Locarno, das Maggiatal und Bellinzona ausdehnen, geht im 13. Jh. endlich der Stern der Visconti auf. Sie bestimmen fortan die Geschicke und auch heute findet man noch ihre Spuren. 1450 übernimmt Francesco Sforza, Schwiegersohn des letzten Visconti, die Macht in Mailand.

1291 Schweizer Nationalfeiertag

Am 1. August feiern die Schweizer ihren Nationalfeiertag. An diesem Tag sollen sich im Jahre 1291 per »Rütlischwur« die drei Urkantone Uri, Schwyz und Unterwalden zusammengeschlossen haben. Ab 1500 beginnen die Schweizer Eidgenossen das Gebiet

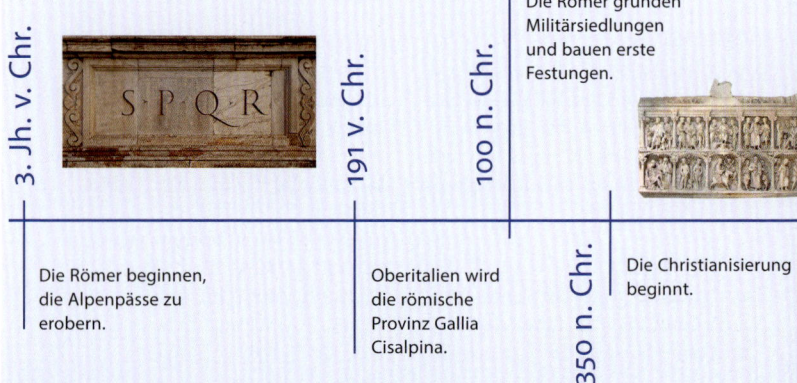

3. Jh. v. Chr.
Die Römer beginnen, die Alpenpässe zu erobern.

191 v. Chr.
Oberitalien wird die römische Provinz Gallia Cisalpina.

100 n. Chr.
Die Römer gründen Militärsiedlungen und bauen erste Festungen.

350 n. Chr.
Die Christianisierung beginnt.

des heutigen Tessin zu erobern, im Jahr 1516 wird dies im »Ewigen Frieden« besiegelt. Luino entwickelt sich für die nahen Tessiner Gebiete zu einem Anziehungspunkt, nachdem Karl V. im Jahr 1541 das Recht verliehen hat, mit Maccagno im Wechsel einen Wochenmarkt durchzuführen, der noch heute eine wichtige Rolle spielt.

1632 Höhepunkt der Macht der Borromäer

Auf der italienischen Seite übernehmen die Borromäer, die zuvor Lehnsherren der Sforza waren, die Macht. Sie konzentrieren sich vor allem auf den Südwesten, bauen Burgen in Angera und Arona. Auf dem Höhepunkt ihrer Macht 1632 verwandeln sie eine ganze Insel, die heutige Isola Bella, in einen Palast. Ab 1567 setzt sich Kardinal Carlo Borromeo mit den Beschlüssen des Konzils von Trient (1567) vehement für die Gegenreformation ein. Als 1584 die Pest wütet, stirbt auch Borromeo, der sich um Pestkranke kümmert. Nach seinem Tod wird er als Karl Borromäus heiliggesprochen.

Im Spanischen Erbfolgekrieg fällt das Ostufer 1706 an Österreich, das Westufer fällt an die Savoyer und wird Teil des Königreiches Sardinien-Piemont.

1798 gründet Napoleon die Cisalpinische Republik und will dieser das Tessin zuschlagen. Doch die Tessiner entscheiden sich unter der Losung »liberi e svizzeri« (frei und schweizerisch) für den Verbleib in der Helvetischen Republik. Napoleon baut 1800–1805 eine Heerstraße über den Simplon, was später den Tourismus begünstigt.

Nach dem endgültigen Sturz Napoleons 1814 spricht der Wiener Kongress die Lombardei und Venetien wieder Österreich zu. Ab 1848 drängt die italienische Einigungsbewegung (»Risorgimento«) auf Unabhängigkeit. Nach Niederlagen muss Wien die Lombardei und Venetien an das im Jahr 1861 gegründete Königreich Italien abgeben. Giuseppe Garibaldi gilt als Held der italienischen Einigungsbewegung.

Im Tessin entvölkern sich zu dieser Zeit wegen drückender Armut die Täler. Ein Exodus ins Ausland – vor allem nach Amerika – beginnt.

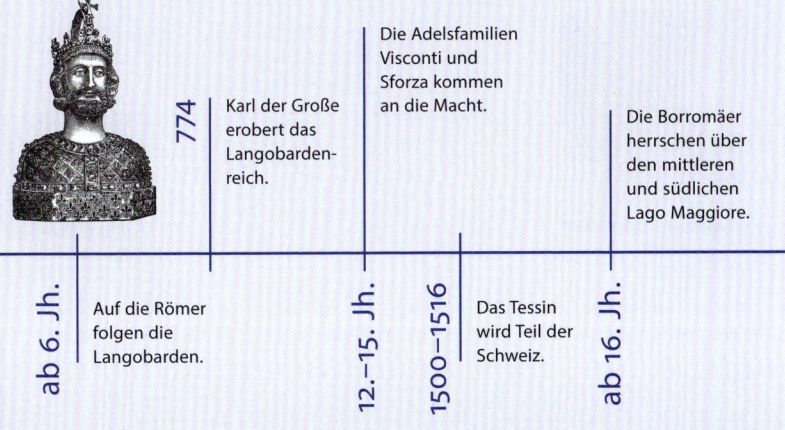

774 Karl der Große erobert das Langobardenreich.

Die Adelsfamilien Visconti und Sforza kommen an die Macht.

Die Borromäer herrschen über den mittleren und südlichen Lago Maggiore.

ab 6. Jh. Auf die Römer folgen die Langobarden.

12.–15. Jh.

1500–1516 Das Tessin wird Teil der Schweiz.

ab 16. Jh.

Ab 1872 Bau der Gotthard-Eisenbahnlinie

Die Schweiz sprengt sich durchs Bergmassiv, eröffnet 1882 den Gotthardtunnel und treibt den Bahnausbau voran. Durch die Eisenbahnlinie beginnt ein wirtschaftlicher Aufschwung im Tessin. Finanzkräftige Unterstützung winkt von den Heimkehrern aus dem Ausland. Sie bringen ihr erwirtschaftetes Kapital zurück ins Tessin und lassen prachtvolle Paläste im italienischen Renaissancestil bauen. Die ehemaligen Fischerorte gelangen ins Visier der europäischen Boheme (▶ S. 162). Auch für die italienische Seite spielt die Eröffnung des Gotthardtunnels eine wichtige Rolle. Die Strecke Bellinzona–Luino wird eröffnet. Luino kommt zu einem internationalen Bahnhof und die Zahl der in Luino gewerbetreibenden Schweizer verdoppelt sich. 1883 wird für sie eine Schweizer Schule eingerichtet (geschlossen um 1990).

1915–1945 Die Kriegsjahre

1915 tritt Italien in den Ersten Weltkrieg ein. Benito Mussolini gründet 1919 in Mailand die ersten faschistischen Verbände, die »fasci di combattimento«.

Eine der bedeutendsten Bootsfahrten auf dem Lago Maggiore findet im Herbst 1925 statt. Damals ebnet die Konferenz von Locarno der Weimarer Republik den Weg in den Völkerbund. Die Außenminister von Frankreich und Deutschland, Briand und Stresemann, besteigen am Ufer in Ascona das Motorboot »Arancio« und beschließen, erst an Land zurückzukehren, wenn sie sich geeinigt haben – diese Fahrt soll etliche Stunden gedauert haben.

Auf der Konferenz von Stresa 1935 verständigt sich Italien mit Frankreich und Großbritannien im Palast auf der Isola Bella über Maßnahmen gegen die drohende Expansionspolitik der Deutschen. Doch genützt hat es nichts.

Im Zweiten Weltkrieg kämpft Italien ab 1940 auf der Seite Deutschlands. Die Schweiz verhält sich – wie auch im Ersten Weltkrieg – offiziell neutral. Im März 1945 findet im La Casetta, das heute zum Hotel Eden Roc in Ascona gehört, die »Operation Sunrise« statt, die – so wird geschätzt – den Zweiten

1798

Napoleon erobert die Lombardei und gründet die Cisalpinische Republik.

1803

Das Tessin wird einer von 19 Schweizer Kantonen.

1814/15

Nach Napoleons Sturz und dem Wiener Kongress kommt die Lombardei unter österreichische Herrschaft.

ab 1848

Die Einigungsbewegung »Risorgimento« kämpft für die Unabhängigkeit von Österreich.

Weltkrieg um sechs bis acht Wochen verkürzt haben soll. In dieser Geheimoperation werden die Grundbedingungen für die kampflose Übergabe Italiens an die deutschen Truppen vereinbart. Die Teilnehmer dieses historischen Ereignisses: der amerikanische Geheimdienstchef der Schweiz Allen Dulles, der SS-General Wolff und weitere Vertreter der Alliierten werden unter Decknamen in den Hotelzimmern in Ascona und Locarno untergebracht. Im April 1945 wird Benito Mussolini auf der Flucht bei Tremezzo am Comer See von Partisanen erschossen.

Zur Zeit des Hitlerregimes strömt eine Welle von Exilkünstlern ins Tessin. Bertolt Brecht, Ernst Bloch, Else Lasker-Schüler, Leonhard Frank machen hier Halt oder versuchen, sesshaft zu werden. Vor allem das Onsernonetal eignet sich wegen seiner fehlenden Infrastruktur als idealer Zufluchtsort. Dort beherbergen der Anwalt und spätere Antiquitätenhändler Wladimir Rosenbaum und seine Frau während des italienischen und deutschen Faschismus in ihrem Palazzo in Comologno die Schriftsteller Aline Valangin, Ignazio Silone, Ernst Toller und Kurt Tucholsky.

Ab den 1950er-Jahren
Touristenmagnet

Das deutsche Wirtschaftswunder dominiert die Schweizer Ufer des Lago Maggiore und des Luganer Sees. Neben Schauspielern und Schlagertextern zieht es plötzlich die breite Masse hierher. Lilli Palmer, Hazy Osterwald, Udo Jürgens, Karel Gott und Helmut Zacharias kaufen sich Häuser und Conny Froboess besingt in den 1960er-Jahren die Faszination des Sees: »Lago Maggiore, Traumparadies, See der Verliebten …«. 1969 erhalten die Tessiner Frauen das allgemeine Wahlrecht auf kantonaler Ebene. Der 16 km lange Gotthard-Straßentunnel wird 1980 eröffnet.

1993 richtet eine Hochwasserkatastrophe Verwüstungen an den Ufern des Lago Maggiore an.

Bellinzonas Burgen werden im Jahr 2000 in die Liste des UNESCO-Weltkulturerbes aufgenommen.

2017 geplante Eröffnung des Gotthard-Basistunnels (Länge 57 km).

Das Königreich Italien wird gegründet.

Italien kämpft auf der Seite Deutschlands im Zweiten Weltkrieg.

1940

1861

1925   Locarno-Pakt zur Friedenssicherung.

1946   Italien wird eine Republik.

2017   Geplante Eröffnung des Gotthard-Basistunnels (Länge 57 km).

KULINARISCHES LEXIKON

A

aceto – Essig
acqua – Wasser
aglio – Knoblauch
agnello – Lamm
agnolotti – kleine gefüllte Ravioli
amaretti – Bittermandelmakronen
analcoholico – alkoholfrei
anatra – Ente
aperitivo – Aperitif
arancia – Orange
aranciata – Orangenlimonade
arrosto – Braten
asparagi – Spargel

B

bibita – Getränk
birra – Bier
biscotto – Keks
bistecca ai ferri – Schnitzel vom Grill
bocconcini – Gulasch
bollito – gekochtes Rindfleisch
bottiglia – Flasche
brasato – gespickter Rinderbraten
brasato con polenta – Rinder-
   schmorbraten mit Maisbrei
bressaola – luftgetrocknetes
   Rind- oder Gemsenfleisch
brodo – Fleischbrühe
burro – Butter

C

caprese – Mozzarella und Tomaten
capretto – Zicklein
capriolo – Reh
carciofi – Artischocken
carne – Fleisch
castagne – Kastanien
ceci – Kichererbsen

cicorietta – klein geschnittener
   grüner Salat
cinghiale – Wildschwein
cioccolata – Trinkschokolade
coniglio – Kaninchen
coregone – Felchen (Flussfisch)
cotoletta – Kotelett, Schnitzel
crostata – Obsttorte

D

dolce – süß, Süßspeise

F

fagiolini – grüne Bohnen
fegato – Leber
finocchio – Fenchel
focaccia – Brot mit Olivenöl, belegt
   mit Tomaten, Zwiebeln
formaggio – Käse
forno (al) – im Ofen gebacken
fragola – Erdbeere
frittata – Omelett
fritto misto – gebackene Fische,
   Fleisch, Gemüse
frutti di mare – Meeresfrüchte
funghi porcini – Steinpilze

G

galletto – Hähnchen
gallinacci – Pfifferlinge
gelato – Eis
ghiaccio – Eiswürfel
grappa – Traubenschnaps

I

insalata – Salat
   mista – gemischter Salat
   verde – grüner Salat
involtini – kleine Roulade

L

latte – Milch
lattuga – Kopfsalat
lavarello – Felchen
limonata – Limonade
limone – Zitrone
litro – Liter
   mezzo litro – halber Liter
   quarto litro – viertel Liter

M

maiale – Schwein
mandorla – Mandel
manzo – Rindfleisch
mela – Apfel
melanzane – Aubergine
merluzzo – Kabeljau
miele – Honig
minestrone – Gemüsesuppe
mortadella – Schweinefleischwurst
   mit Leber

N

nocciola – Haselnuss
nocino – Nusslikör

O

olio – Öl
ossi da morto – hartes Mandelgebäck
ossobuco – Kalbshaxe

P

pancetta – gesalzene Speckwurst
pane – Brot
panino – Brötchen, belegtes Brot,
   Sandwich
panna – Sahne
parmigiano – Parmesankäse
pasta al ragù – Teigwaren mit
   Fleischragut
patate – Kartoffeln
pepe – Pfeffer
persico – Flussbarsch

pesce – Fisch
pesto alla genovese – Basilikumsoße
piatto – Teller, Gang
   del giorno – Tagesgericht
piccante – scharf gewürzt
piselli – Erbsen
polenta – Maisbrei
polenta negra – Buchweizenbrei
pollo – Huhn
porcini – Steinpilze
prosciutto – Schinken

R

ragù – Ragout, Fleischsoße
ratafià – Nusslikör

S

sale – Salz
salsicia – würzige Schweinswurst
salumi – Wurst
scaloppina – Kalbsschnitzel
spezzatino – Gulasch
spremuta – frisch gepresster Saft
spiedo, spiedino – Spieß(-chen)
spuntino – kleiner Imbiss
succo di frutta – Fruchtsaft

T

tagliatelle – Bandnudeln
tartufo – Trüffel, Trüffeleis
trota – Forelle

U

uovo – Ei
uva – Trauben

V

verdura – Gemüse
vino – Wein
vitello – Kalb

Z

zuppa – Suppe

SERVICE

Anreise und Ankunft

MIT DEM AUTO

Auf der A5 kommen Sie über Basel, auf der A98 via Schaffhausen/Zürich auf die Gotthardroute. Von München/Österreich aus fahrend, nehmen Sie die A13 über Chur. Von hier aus gelangen Sie über den San Bernardino ins Tessin. Auf den schweizerischen Autobahnen besteht Mautpflicht. Eine Jahresvignette muss für 33 € erworben und gut sichtbar an der Windschutzscheibe angebracht werden. Im Winter sind entsprechende Reifen und Ketten empfehlenswert.

MIT DER BAHN

Täglich verkehren Intercity- und Eurocity-Züge zwischen Deutschland/Österreich und dem Tessin sowie dem Lago Maggiore.

Über Basel und Stuttgart/Zürich fahren Züge durchs Tessin nach Italien und zurück. Von München/Wien kommend, muss in Zürich umgestiegen werden. Es lohnt sich, bei der Schweizer SBB nach Sparangeboten Ausschau zu halten (www.sbb.ch).

Von Wien aus fahren Sie mit dem Railjet oder mit so gut klingenden Zügen wie »Wiener Walzer« über Zürich, von Graz mit dem EuroNight nach Zürich.

MIT DEM FLUGZEUG

Norditalien und die Schweiz werden aus vielen Städten Deutschlands und Österreichs angeflogen. Mit Zwischenlandung in Zürich kann der Flughafen Lugano-Agno (www.lugano-airport.ch)

angeflogen werden. Auch Mailand-Malpensa und Bergamo können angeflogen werden. Die Flughäfen sind mit Shuttlebussen ausgestattet oder an den öffentlichen Verkehr angebunden, auch Mietwagen können gebucht werden.

Auskunft

Schweiz Tourismus

Rossmarkt 23, 60311 Frankfurt am Main
Postfach 34, 1015 Wien
In Deutschland und Österreich können Prospekte und Informationen kostenlos bestellt werden.
Tel. 0800 00 10 00 29
www.myswitzerland.com

Italienische Zentrale für Tourismus ENIT (Agenzia Nazionale del Turismo)

– Direktion für die deutschsprachigen Länder, Benelux, Mitteleuropa |
Barckhausstrasse 10, 60325 Frankfurt a. M. | Tel. 0 69/23 74 34 | www.enit-italia.de
Hier können Sie Informationen und Prospekte anfordern.
– Mariahilferstraße 1b/XVI, 1060 Wien |
Tel. 01/5 05 16 39 | www.enit.at
– Uraniastr. 32, 8001 Zürich | Tel. 043/4 66 40 40 | www.enit.ch

Ticino Turismo

Villa Turrita | Via Lugano 12, 6501 Bellinzona | Tel. 0 91/8 25 70 56 | www.ticino.ch
Das Hauptbüro für das lombardische Ufer liegt in Varese, aber auch in den einzelnen Orten am Lago gibt es Touristeninformationen:

– I.A.T. Varese | Via Romagnosi 9 | Tel. 03 32/2 81 913 | www.varese cittagiardino.it
– I.A.T. Stresa | Corso Italia 18 | Tel. 03 23/3 04 16 | www.distrettolaghi.it

Buchtipps

Regina Bucher: Mit Hermann Hesse durchs Tessin (insel Taschenbuch, Frankfurt 2010) 1907 kam Hesse zu Besuch auf den Monte Verità. Eine lebenslange Faszination begann. 1919 siedelte er nach Montagnola oberhalb des Luganer Sees über und lebte dort bis zu seinem Tod 1962. Seiner Begeisterung für diese Landschaft hat er in zahlreichen Erzählungen, Briefen und in seinen Aquarellen Ausdruck verliehen. In zehn Spaziergängen führt Regina Bucher, Direktorin des Hermann Hesse Museums in Montagnola, die Leser durch Hesses »Märchentessin«.

Dario Fo: Meine ersten sieben Jahre und ein paar dazu (KiWi, Köln 2005) Der Nobelpreisträger Dario Fo (▶ S. 112), aufgewachsen am Ufer des Lago Maggiore, beschreibt in diesem Buch seine Kindheit und Jugend in den 1930er- und -40er-Jahren als Sohn eines Stationsvorstehers der Bahn. Aus der Perspektive eines Kindes erzählt er, wie er von der armen Seite des Lagos auf die Schweizer Seite sieht und davon träumt, dass dort die Dächer aus Schokolade sind.

Max Frisch: Der Mensch erscheint im Holozän (Suhrkamp, Frankfurt a. M. 2001) Regen fällt im Onsernetal katastrophenartig vom Himmel und ein 73-Jähriger setzt sich mit Sterben und Tod auseinander.

Ernest Hemingway: In einem anderen Land (rororo, Reinbek bei Hamburg 1999) Es ist der erste große Roman von Hemingway, in dem er seine im Ersten Weltkrieg gemachten Erfahrungen als junger Soldat verarbeitet hat. Der Ich-Erzähler Frederic Henry kämpft in der italienischen Armee. Der Roman spielt teilweise in Stresa, wo der Protagonist eine schottische Krankenschwester kennenlernt und sich verliebt. Zusammen versuchen sie, über den See in die Schweiz zu fliehen.

Curt Riess: Ascona. Geschichte des seltsamsten Dorfes der Welt (Europa Verlag, Zürich 2012) Riess erzählt auf interessante Weise die Geschichte Asconas und die seiner Bewohner. Eine wunderbare Reise in die Vergangenheit für alle, die mehr über Asconas Klatsch und Tratsch vergangener Jahre lesen wollen.

Diplomatische Vertretungen

IN DER SCHWEIZ

Deutsches Konsulat ▶ Klappe hinten, b 3

Via Soave 9, Lugano | Tel. 0 91/9 22 78 82

Österreichisches Konsulat
▶ Klappe hinten, c 3

Via Pretorio 7, Lugano | Tel. 0 91/9 13 40 07

IN ITALIEN

Generalkonsulat der Bundesrepublik Deutschland

Via Solferino 40, Mailand | Tel. 02/6 23 11 01 | www.mailand.diplo.de

Österreichisches Konsulat
Piazza del Liberty 8, Mailand |
Tel. 02/78 37 43
Schweizer Konsulat
Via Palestro 2, Mailand | Tel. 02/7 77 91 61

Feiertage

1. Januar Cappodanno (Neujahr)
6. Januar Epifania (Heilige Dreikönige)
19. März San Giuseppe (Vatertag, nur im Tessin)
Pasqua/Lunedì di Pasqua (Ostern/Ostermontag)
25. April Liberazione (Befreiung vom Faschismus/Nationalfeiertag Italien)
1. Mai Festa del Lavoro
Pentecoste/Lunedì di Pentecoste (Pfingsten/Pfingstmontag, nur Tessin)
Ascensione (Christi Himmelfahrt, nur Tessin)
2. Juni Festa della Repubblica (Tag der Republik, nur Italien)
Corpus Domini (Fronleichnam)
29. Juni Santi Pietro e Paolo (nur Tessin)
1. August Festa nazionale (Nationalfeiertag Schweiz)
15. August Ferragosta/Assunzione (Mariä Himmelfahrt)
1. November Ognissanti (Allerheiligen)
8. Dezember Immacolata Concezione (Mariä Empfängnis)
25./26. Dezember Natale/Santo Stefano (Weihnachten/Stefanstag)

Geld

Während in Italien ebenso mit dem Euro (€) bezahlt wird wie in Deutschland und Österreich, ist die Währung in der Schweiz der Franken (CHF). Den Schweizer Franken gibt es in 1000-, 200-, 100-, 50-, 20- und 10-er Noten. Münzen zu 5, 2, 1 Franken sowie 50, 20, 10 und 5 Rappen. 100 Rappen entsprechen 1 Franken.

Bei den meisten Banken gibt es Geldautomaten (Bancomaten). Im Tessin können Sie fast überall mit Euronoten bezahlen, bekommen dann allerdings Franken zurück.

Links und Apps

LINKS

www.derlagomaggiore.de
Sehr gute Website zum gesamten Lago Maggiore, auch Info über aktuelle Events und Fahrpläne der Schiffe (im Netz oder auch als App).
www.lagomaggiore.net
Informative Seite über einzelne Orte am Lago, auch auf Deutsch.
www.lago-maggiore-netz.de
Ausführliche Ortsbeschreibungen und Ausflugstipps, zudem hilfreich bei der Suche nach einer Unterkunft.
www.distrettolaghi.it/de
Neben der Beschreibung von Seen, Parks und Bergen werden hier noch Veranstaltungen aufgelistet. Webcam auf den Bergen und am Lago.
www.myswitzerland.com und
www.ticino.ch
Die Schweizer Portale sind einfach super gut und sehr hilfreich, mit Hintergrundinformationen und Wandertipps (auch als App).
www.grotticino.ch
Super Seite mit etwa 100 Tipps zu Grotti im Tessin.
www.maggiore.ch, www.info-locarno. ch und lugano-tourism.ch
Alles, was man als Tourist zum Lago Maggiore bzw. Locarno und Lugano wissen muss, erfahren Sie hier.

**www.ticinonline.ch und
www.ticinonews.ch**
Auf den neuesten Stand bringt Sie das Tessiner Newsportale.
www.meteoschweiz.ch
Ob die Sonne scheint oder der Regen fällt und welche Pollen gerade herumwirbeln (auch als App).

APPS
I ticino
Diverse Apps wie z. B. über Schweizer Hütten, das Wetter, Schneebericht, Parks und Bellinzona-Guide.
Android/iOS | meist kostenlos
Lago Maggiore
Deutschsprachige App mit Adressen (und interaktiven Karten) zu den Themen Übernachten, Essengehen, Sehenswertes, Aktivitäten, Veranstaltungen, Wetter und Fotogalerie.
Android/iOS | kostenlos
Ossola in Tasca
Deutschsprachige App mit u. a. aktuellen Veranstaltungen für Domodossola und das Ossolatal. Schönes Extra: Wenn Sie sich in der Nähe eines historischen oder kulturellen Ortes aufhalten, macht Sie die App darauf aufmerksam und bietet Hintergrundinformationen an.
Android/iOS | kostenlos

Medizinische Versorgung

In der Schweiz: Apotheken (Farmacia) sind sehr gut ausgestattet, allerdings teurer als in Deutschland oder Österreich. Hotelrezeptionen und Touristeninformationen halten Adressen von Ärzten parat.
Medizinische Notfälle: Tel. 144
In Italien gibt es neben dem privat organisierten Gesundheitssystem auch die staatlichen Gesundheitszentren (Unità Sanitaria Locale), wo Patienten immer kostenlos versorgt werden. Medikamente gegen Rezeptgebühr.

KRANKENVERSICHERUNG
Eine Auslands-Krankenversicherung ist empfehlenswert.

KRANKENHAUS
Schweiz: In Bellinzona und Lugano sind es die »Ospedale Regionale«.
Italien: In Luino und Varese heißen die Krankenhäuser »Ospedale«.

Klima (Mittelwerte)

	Januar	Februar	März	April	Mai	Juni	Juli	August	September	Oktober	November	Dezember
Tagestemperatur	6	9	14	18	22	26	28	28	24	17	11	7
Nachttemperatur	-2	-1	3	7	10	14	16	15	13	8	3	0
Sonnenstunden	4	5	5	6	7	7	8	8	6	5	4	3
Regentage pro Monat	6	6	7	10	13	12	10	10	9	9	8	7
Wassertemperatur	7	6	8	11	16	21	22	22	20	15	11	8

APOTHEKEN

In der Schweiz: 8–12 Uhr und 14 bis 18.30 Uhr, teilweise auch durchgängig geöffnet. In Italien: 8.30–12.30 Uhr und 15.30–19.30 Uhr. Nachtapotheken sind in beiden Ländern vorhanden.

Nebenkosten

Es gibt große regionale Preisunterschiede. Städte wie Ascona, Lugano und Locarno sowie Touristenorte sind dabei die teuersten.

1 Tasse Kaffee (im Stehen an der Bar)	0,90 €/3 CHF
1 Bier	ab 3 €/4 CHF
1 Cola	ab 3 €/3 CHF
1 Teller Pasta	ab 7 €/11 CHF
1 Schachtel Zigaretten	ab 3 €/8 CHF
1 Liter Benzin	ab 1,79 €/1,80 CHF
Mietwagen/Tag	ab 30 €/40 CHF

Notruf

IN DER SCHWEIZ

Allgemein Tel. 112
Rettungsdienst (pronto soccorso) Tel. 144
Polizei Tel. 117
Feuerwehr (pompieri) Tel. 118

IN ITALIEN

Allgemein Tel. 112
Polizei/Unfallrettung Tel. 113
Ärztlicher Notruf Tel. 118

Post

Postämter sowohl in der Schweiz als auch in Italien haben häufig mittags geschlossen. Wochentags geöffnet von 7.30–12 und von 14–18 Uhr sowie am Samstagvormittag. Briefmarken sind auch am Kiosk/im Tabakgeschäft erhältlich für 1,30 CHF; schnellere »priority-Post«: 1,40 CHF (www.post.ch).

Aus Italien kostet das Porto 0,85 € für Postkarte und Brief in Richtung Deutschland oder Österreich.

Regionen-Card

Im Tessin gibt es die Ticino Discovery Card. Wahlweise kann man an drei von sieben Tagen fast das ganze Tessin durchstreifen – mit Seil-, Zahnradbahnen, Postautos, Zug, Bus und Schiff. Außerdem enthalten: freier Eintritt in Museen, Freizeitparks, Schwimmbädern etc. (87 CHF, mit Halbtax, GA oder Swisspass 77 CHF, für Kinder von 6–16 Jahren 47 CHF; Tel. 0 91/9 85 28 20; www.cartaturisticaticino.ch).

Reisedokumente

Für EU-BürgerInnen genügt ein Personalausweis oder ein Reisepass. Seit 2012 benötigt jedes Kind ein eigenes Reisedokument. Autofahrer sollten den Kfz-Schein sowie ihren Führerschein bereithalten. Auch die Grüne Versicherungskarte macht Sinn. Haustiere wie Hunde und Katzen müssen einen eigenen EU-Heimtierausweis und ein tierärztliches Zeugnis haben.

Reiseknigge

Auch wenn um den Lago Maggiore viele deutsche Reisende unterwegs sind und auch – zumindest im Tessin – viele Deutsch sprechen, so ist die erste Sprache Italienisch. Statt also gleich auf Deutsch eine Frage zu stellen, ist es höflich, vorweg auf Italienisch anzufragen, ob derjenige Deutsch oder Englisch spricht. Die darauf folgende Freundlichkeit wird Ihnen gefallen.

Auch im Sommer bei Hitze sollten Sie nicht knie- und schulterfrei Kirchen besuchen.

Reisezeit

Von Juni bis September lässt es sich am Lago wunderbar baden. Im Winter findet man immer sonnige Plätze zum Kaffeetrinken im Freien. In den schneesicheren Gebieten kann man Ski fahren.

Wenn es am Lago regnet, ist es wie ein Monsun. In den höheren Lagen kann es empfindlich kalt werden.

Es gibt keine eindeutige Hochsaison, aber Unterkünfte während des Filmfestivals in Locarno und Ascona könnten teuer werden. Dasselbe gilt für Messen in Lugano. Wichtige Sehenswürdigkeiten sind im Sommer oft überlaufen. Auf der italienischen Seite sind viele Hotels von November bis Ostern geschlossen.

Strom

Die Netzspannung beträgt 125 oder 220 Volt. Für elektrische Geräte wird meist ein Adapter benötigt.

Telefon

Wer aus Deutschland oder Österreich anruft, lässt die Null zu Beginn der Ortsvorwahl weg. In Italien jedoch muss die gesamte Ortsvorwahl mitgewählt werden. In den Tälern kann es teilweise schwierig sein mit dem Handy Empfang zu kriegen. Wer das eigene Handy im Ausland verwendet, sollte sich beim Roaming über aktuelle Tarife informieren, z. B. auf www.teltarif.de/roaming/schweiz/handy.html. Unbedingt vor der Abreise die Mailbox ausschalten, die hohe Kosten verursachen kann. Ansonsten besteht die Möglichkeit sich eine schweizerische oder italienische Prepaidkarte zu besorgen. Bei eingehenden Anrufen entfallen so die

Gebühren. Die günstigste Variante ist in jedem Fall das Schreiben von SMS.

VORWAHLEN

D, A, CH ▶ **Italien** 0 39
D, A, I ▶ **Schweiz** 0 41
Italien/Schweiz ▶ **D** 00 49
Italien/Schweiz ▶ **A** 00 43

Verkehr

Wer mit dem Auto unterwegs ist, sollte auf Tempolimits achten. In der Schweiz gelten: innerorts 50, außerorts 80, auf Autobahnen 120 km/h. Gelbe Kreuze sowie gelbe Linien am Fahrbahnrand bedeuten Parkverbot. In »blauen Zonen« ist das Parken nur mit Parkscheibe gestattet. Pannenhilfe: Tel. 1 40.

In Italien: 130 auf Autobahnen, außerorts 90, innerorts ebenfalls 50 km/h. Parkverbot gilt an schwarz-gelb markierten Bordsteinen und an gelben Parkflächen. Pannenhilfe: 116.

Für beide Länder gilt die Promillegrenze von 0,5. Eine Warnweste muss mitgeführt werden.

ÖFFENTLICHE VERKEHRSMITTEL

Die normalen Tarife in der Schweiz wirken zunächst sehr hoch. Diese sind aber mit Spezialangeboten gut zu senken. Ab einem Urlaub von über drei Tagen lohnt es sich, die Offerten vom Swiss Travel System wahrzunehmen (www.sbb.ch). Im Tessin fahren überall Postbusse, Postautos genannt. Sie haben eine leuchtend gelbe Farbe und fahren bis in die entlegensten Dörfer. Für Normalfahrten kann man dieselben Fahrscheine und Spezialkarten wie für die Bahn nutzen (www.postauto.ch). Auf der Ostseite des Sees verbindet die Bahn von Bellinzona bis Laveno die

Orte am Ufer. Darüber hinaus gibt es auch Züge, die von hier bis zum Flughafen Malpensa und ins Zentrum von Mailand fahren. Auch die Südwestseite des Sees von Arona bis Baveno ist per Bahn verbunden. Auf der italienischen Westseite fahren Busse, allerdings nicht sehr häufig.

SCHIFFFAHRT

Die beste Wahl bei den Verkehrsmitteln und die schönste Art, um am Lago Maggiore von Ort zu Ort zu kommen, sind die Schiffe, die mehrmals am Tag von einer Seite zur anderen fahren. Das Ostufer ist mit dem Westufer per Autofähre von Laveno nach Verbania verbunden. Sie fährt alle 20 Minuten (www.navigazionelaghi.it).

FAHRRADVERLEIH

In den meisten Orten der Gegend besteht die Möglichkeit, Fahrräder oder E-Bikes zu leihen.

Zeitungen

Die meisten wichtigen deutschsprachigen Zeitungen und Zeitschriften sind in den großen Orten zu erhalten. Die deutschsprachige »Tessiner Zeitung« erscheint freitags immer mit einem Veranstaltungskalender für die kommende Woche (www.tessinerzeitung. ch, 2,90 CHF).

Zoll

Im Personenverkehr finden seit dem Schengener Abkommen 2008 nur noch unregelmäßig Ausweiskontrollen an der Grenze statt. Es sollte einem dennoch bewusst sein, dass keine Zollunion mit der Schweiz besteht und der Warenverkehr nach wie vor beschränkt bleibt.

In die Schweiz sowie aus der Schweiz in die EU dürfen Sie u. a. 2 l Wein, 1 l Spirituosen, 200 Zigaretten und Souvenirs im Wert von 300 CHF/175 € importieren. Nähere Infos unter www.zoll. admin.ch, www.zoll.de

Entfernungen (in km) zwischen wichtigen Orten

	Angera	Ascona	Como	Locarno	Lugano	Luino	Orta	Stresa	Varese	Verbania
Angera	–	77	64	78	51	38	36	34	26	57
Ascona	77	–	72	2	42	40	64	51	75	37
Como	64	72	–	74	34	53	90	91	34	97
Locarno	78	2	74	–	41	39	66	52	74	39
Lugano	51	42	34	41	–	24	94	101	51	78
Luino	38	40	53	39	24	–	73	80	36	91
Orta	36	64	90	66	94	73	–	24	45	27
Stresa	34	51	91	52	101	80	24	–	51	14
Varese	26	75	34	74	51	36	45	51	–	62
Verbania	57	37	97	39	78	91	27	14	62	–

ORTS- UND SACHREGISTER

Wird ein Begriff mehrfach aufgeführt,
verweist die **fett** gedruckte Zahl auf die Hauptnennung.
Abkürzungen: Hotel [H] · Restaurant [R]

Liebe Leserinnen und Leser,

vielen Dank, dass Sie sich für einen Titel aus unserer Reihe MERIAN *momente* entschieden haben. Wir wünschen Ihnen eine gute Reise. Wenn Sie uns nun von Ihren Lieblingstipps, besonderen Momenten und Entdeckungen berichten möchten, freuen wir uns. Oder haben Sie Wünsche, Anregungen und Korrekturen? Zögern Sie nicht, uns zu schreiben!

Alle Angaben in diesem Reiseführer sind gewissenhaft geprüft. Preise, Öffnungszeiten usw. können sich aber schnell ändern. Für eventuelle Fehler übernimmt der Verlag keine Haftung.

© 2017 TRAVEL HOUSE MEDIA GmbH, München
MERIAN ist eine eingetragene Marke der GANSKE VERLAGSGRUPPE.

TRAVEL HOUSE MEDIA
Postfach 86 03 66
81630 München
merian-momente@travel-house-media.de
www.merian.de
Tel. 0 89/4 50 00 99 41

Alle Rechte vorbehalten. Nachdruck, auch auszugsweise, sowie die Verbreitung durch Film, Funk, Fernsehen und Internet, durch fotomechanische Wiedergabe, Tonträger und Datenverarbeitungssysteme jeglicher Art nur mit schriftlicher Genehmigung des Verlages.

BEI INTERESSE AN MASSGESCHNEIDERTEN MERIAN-PRODUKTEN:
veronica.reisenegger@travel-house-media.de

BEI INTERESSE AN ANZEIGEN:
KV Kommunalverlag GmbH & Co KG
Tel. 0 89/9 28 09 60
info@kommunal-verlag.de

2., unveränderte Auflage

REDAKTIONSLEITUNG
Susanne Kronester
REDAKTION
Wilhelm Klemm
LEKTORAT
bookwise, München
BILDREDAKTION
Dr. Nafsika Mylona
SCHLUSSREDAKTION
Christiane Gsänger
HERSTELLUNG
Bettina Häfele, Katrin Uplegger
SATZ/TECHNISCHE PRODUKTION
bookwise, München
REIHENGESTALTUNG
Independent Medien Design, Horst Moser, München (Innenteil), La Voilà, Marion Blomeyer & Alexandra Rusitschka, München und Leipzig (Coverkonzept)
KARTEN
Gecko-Publishing GmbH für MERIAN-Kartographie
DRUCK UND BINDUNG
Printer Trento, Italien

Ein Unternehmen der
GANSKE VERLAGSGRUPPE

PEFC/18-31-506

BILDNACHWEIS
Titelbild (Promenade in Ascona), laif: I. Kuerschner
arkivi UG: 192o, 26 | Bildagentur Huber: 20/21, A. Serrano 73 | Cooper.ch/CC BY-SA 2.5 175r | G. Dall'Orto 172r | dpa Picture-Alliance: J.-C. Bott 50, M. Ruetschi 15, Ticino Turismo 162 | F1online: 123, age fotostock 66 | fotolia.com: lamio 136, stillkost 120 | gemeinfrei: 174l, 174r, 175l. | Getty Images: R. I'Anson/Lonely Planet 41, pixelprof/E+ 101, W. Zerla/Cultura Travel/The Image Bank 45 | Glow Images: 84, 71, imagebroker.com 14, 124, 140, 145, Sonderegger/Prisma/age fotostock 53 | U. Homberger 22 | Hotel de Charme Laveno 16 | imago: imagebroker.com 54, 119 | JAHRESZEITEN VERLAG: P. Koschel 151, 154 | laif: P. Adenis 12, contrasto 112, C. Gollhardt S. Wieland 38, F. Heuer 116, 132, A. Hub 42, Keystone Schweiz 55, I. Kuerschner 87, 147, H. Madej 135, J. Modrow 33, 58/59, 167, B. Steinhilber 157, C. Zahn 96 | look-foto: age fotostock 60, 64, F.M. Frei 4/5, I. Pompe 192u, A. Strauß 94 | mauritius images: Alamy 37, 80, 109, 168/169, C. Bäck 48, S. Beuthan 159, Pixtal 83, 127, 153, 161, J. Wackenhut/imagebroker.com 129 | Max1940/CC BY-SA 3.0 76r, 76l | Photoshot: TIPS 165 | Schapowalow: S. Amantini 103, M. Carassale/SIME 148/149, L. Da Ros/SIME 131, D. Erbetta/SIME 2, 106, M. Ripani/SIME 30, A. Serrano/SIME 6, 170 | Shutterstock: Z. Biczo 172l, foto76 34, MIMOHE 13l, H. Nouwens 173l, ultimathule 57 | Termali Salini & Spa Lido Locarno 19 | vario images: AGF Creative 13r, foto-begsteiger 90, McPHOTO 93, RHPL 139 | Villa Orselina 25

Auf der **Isola Bella** (▶ S. 138), einer der Borromäischen Inseln (▶ MERIAN TopTen, S. 138), erhebt sich aus dem Lago Maggiore unübersehbar der barocke Palazzo Borromeo mit vier Stockwerken, die üppig und prunkvoll mit Kostbarkeiten und Kunst ausgestattet sind. Auf der ersten Etage birgt die Galleria degli Arazzi (Gobelingalerie) bereits seit mehreren Generationen sechs Gobelins flämischer Herkunft aus dem 16. Jh. Die Saaldecke in Fassform ist mit goldenen Fensterrosetten geschmückt.